全国农业推广专业学位研究生教育指导委员会推荐教材

森林资源与林业可持续发展

SENLIN ZIYUAN YU LINYIE KECHIXU FAZHAN

李际平　主编

中国林业出版社

内容提要

本教材立足林业领域农业推广硕士培养目标，主要阐述森林与人类的关系、中国森林资源的概况、森林资源调查技术、可持续发展理论及森林可持续经营与林业可持续发展理论、并对中国林业可持续发展战略及森林可持续经营的市场实施手段——森林认证进行了介绍。目的是使学生通过本教材的学习，学会用可持续发展的思想和理念解决林业发展过程中的实际问题。

本教材是农业推广专业硕士的研究生课程教材，也可供高等农业院校林学、农学、环境、生态、农林经济等相关专业的本科生和有关科技人员参考使用。

图书在版编目（CIP）数据

森林资源与林业可持续发展/李际平主编．—北京：中国林业出版社，2012.12（2018.5 重印）

全国农业推广专业学位研究生教育指导委员会推荐教材

ISBN 978-7-5038-6826-9

Ⅰ.①森… Ⅱ.①李… Ⅲ.①森林资源-可持续性发展-中国-研究生-教材②林业-可持续性发展-中国-研究生-教材 Ⅳ. ①F326.2

中国版本图书馆 CIP 数据核字（2012）第 268582 号

国家林业和草原局生态文明教材及林业高校教材建设项目

中国林业出版社·教育出版分社

责任编辑：许 玮 牛玉莲

电话：83143559 **传真**：83143516

出版发行：中国林业出版社（100009 北京西城区德内大街刘海胡同 7 号）
E-mail：jiaocaipublic@163.com 电话：（010）83143500
http://lycb.forestry.gov.cn

经 销：新华书店北京发行所

印 刷：三河市祥达印刷包装有限公司

版 次：2012 年 12 月第 1 版

印 次：2018 年 5 月第 2 次印刷

开 本：787mm×1092mm 1/16

印 张：12

字 数：280 千字

定 价：23.00 元

主　编：李际平

副主编：刘　萍　陈世清

编写成员（以姓氏笔画为序）：

邓华锋（北京林业大学）

李际平（中南林业科技大学）

刘　萍（华南农业大学）

陈世清（华南农业大学）

曹小玉（中南林业科技大学）

廖为民（江西农业大学）

前 言

本教材是全国农业推广专业学位研究生教育指导委员会 2010 年立项的全国农业推广专业学位研究生教学用书建设项目，同时也是中南林业科技大学研究生教材建设项目。

1987 年，联合国世界环境与发展委员会在其报告《我们共同的未来》中，系统地阐述了人类面临的一系列重大经济、社会和环境问题，提出了可持续发展思想。特别是自 1992 年联合国环境与发展大会以来，可持续发展思想逐渐得到全世界的普遍认同和接受。我国已把实施《中国 21 世纪议程》，走可持续发展之路，作为一项基本国策来实施，而林业既是国民经济的主要支柱产业，又是关系生态环境建设的公益事业，肩负着优化环境与促进发展的双重使命，对国家经济社会的可持续发展起着至关重要的作用。因此，如何实现我国森林资源与林业的可持续发展是摆在我国政府和林业工作者面前的一个迫切而艰巨的任务。

正是基于上述背景，本教材立足于林业领域农业推广硕士培养目标，主要向读者阐述森林与人类的关系、中国森林资源的概况、森林资源调查技术、可持续发展理论及森林可持续经营与林业可持续发展理论，并对中国林业可持续发展战略及森林可持续经营的市场实施手段——森林认证进行了介绍。目的是使学生通过本教材的学习，学会用可持续发展的思想和理念解决林业发展过程中的实际问题。

本教材由长期从事林业教学和科学研究的一线人员编写而成，中南林业科技大学教授李际平博士任主编。本教材共分 7 章，具体编写分工如下：第 1 章由陈世清编写；第 2、3 章由刘萍编写；第 4 章由李际平、曹小玉编写；第 5 章由李际平和廖为民编写；第 6 章由邓华锋、李际平编写；第 7 章由李际平、曹小玉编写。

在编写本教材的过程中，我们征求了许多人的意见和建议，特别是吕勇教授、林辉教授等人对本教材的编写提出了系统、切实的意见和建议，在此表示衷心的感谢。在本教材的计划、编写和出版的过程中得到了全国农业推广硕士专业学位教育指导委员会、中南林业科技大学研究生部和学科建设处的热情鼓励和大力支持，在此一并表示感谢。但鉴于我们的水平有限，书中难免有不足之处，敬请广大读者批评指正。

编　者

2012 年 6 月

目 录

第 1 章

森林及其与人类的关系

1.1 森林概述

森林是人类赖以生存和发展的基础资源与环境，也是林学学科的最基本的概念，是人类认识、研究、经营利用的对象。掌握森林的含义、标准、类型、功能等对经营管理森林资源，促进林业可持续发展，提升林业对区域，乃至全人类可持续发展的贡献至关重要。

1.1.1 森林的含义

在我国，“森林”有时也叫“山林”。“山林”一语最早见于周朝。《周礼·周官》记载了木材生产，“邦工入山林而抡材”。《孟子·梁惠王》则认为木材生产，必须“斧斤以时入山林，材木不可胜用也。”至于“森林”一词则可追溯到唐代，蔡希寂的《文苑英华》就有“翠色绵森林”一语。东汉许慎著《说文解字》认为“平土有丛木曰林”；森为“多木貌”，指生长着的大片树木(崔岚，1985)。

在我国，对森林进行较为系统的解释始于20世纪30年代，我国著名林学家陈嵘教授提出“大地表面，树木丛生之处谓之森林，其树木为林木，其土地为林地。故森林者概指林木和林地而言。”他既肯定了丛生树木，不论生于山地和平地，都应称为森林，还肯定了森林是林地和林木的总称(王永安，1983)。梁希先生认为：单位面积的土地上，达到一定数量而成为一个集群，这个集群一方面受环境的影响，另一方面又影响周围环境，使环境因它而发生显著变化，像这样许多树木的总和才叫做森林。森林是植被类型之一，以乔木为主体，包括灌木、草本植物以及其他植物在内，占有相当大的空间，密集生长，并能显著影响周围环境的生物群落(西北林学院，1983)。亢新刚(2001)认为森林是由树木为主体所组成的地表生物群落。沈国舫(2000)认为森林是以乔木为主体，包括其他植物(灌木、草本、藤本、苔藓等)、动物及微生物在内组成的生物群落与其所处非生物环境(气候、岩石、土壤等)紧密联系在一起的综合体。《中华人民共和国森林法实施细则》规定：森林包括乔木和竹林。在《林业资源分类与代码——森林类型》(GB/T 14721.1—1993)将森林定义为“以乔木为主体的，包括灌木、草本植物、其他生物及林中土壤在内的自然综合体。”

前苏联林学家莫洛佐夫在1903年指出：“森林是林木、伴生植物、动物及其与环境的综合体。森林群落学、地植物学、植被学称之为森林植物群落，生态学称之为森林生态系统。在林业建设上森林是保护、发展，并可再生的一种自然资源。”到了1939年，苏联林学家聂斯切洛夫，给森林下的定义是：“森林是彼此起着相互作用的森林植物、动物、土壤和大气的总体，即森林是森林有机体植物和动物和环境土壤和气候的统一体”。又说：“什么样的环境有什么样的森林”，把森林和环境密切相连，把森林视为生态系统中的主体和活的有机体，这个概念比原始的概念——森林即树木，前进了一大步(王永安，1983；张嘉宾，1986)。

Barnes等人(1998)认为森林是一个由林木和其他木本植物植被占优势，并与景观中空气—地球本底相互作用的动态三维生态系统。在日本“森林一词，系指成片生长着树木、竹林的土地，以及该土地上的树木、竹林；此外还包括为成片培育树木、竹林所提供的土地”(李俊清，2006)。

虽然人们生活的环境和社会发展阶段不同，导致对森林的认识和价值取向存在差异，从而对森林的定义千差万别，但从目前全世界1 056种公开的或是官方的森林的定义(见表1-1)来看，可以分为4种主要类型，即基于行政的定义、基于土地利用的定义、基于土地覆盖的定义和基于生态或综合型的定义。其中，基于行政的定义有95个，如孟加拉、不丹、博茨瓦纳、中非共和国等发展中国家采用了这一类型的定义，其他国家，如美国、英国也存在该种定义，但不用于森林和林业统计中；基于土地覆盖的定义有535个，包括中国、印度等；基于土地利用的定义有383个，如德国、古巴等；基于生态或综合型的定义有43个，主要为发达国家，如美国、加拿大、日本、澳大利亚以及欧盟国家等采用(Lund，2010)。

表1-1　国际森林定义类型统计(2010年3月22日止)

定义类型	范围				合计
	一般性	国际	国家	地方	
行　政	16	0	62	17	95
覆　盖	184	57	210	84	535
利　用	96	36	148	103	383
生态/综合型	13	0	16	14	43
合　计	309	93	436	218	1 056

译自：Lund，2010。

从森林的国际定义看，同一组织因不同目的，或在不同时期采用了不同的定义。联合国粮农组织(FAO)对森林的定义有基于土地覆盖的，也有基于土地利用的，如在1990年和2000年世界森林资源评估报告中采用了不同的定义(张小全，2003)。联合国教科文组织(UNESCO)和《联合国防治荒漠化公约》(UNCCD)采用基于土地覆盖的森林定义，《联合国气候变化框架公约》(UNFCCC)则采用基于土地利用的森林定义(Lund，2010)。

综上所述，森林是指占有一定空间区域，包括动物、植物、微生物及其生长发育环境在内的以乔木树种为主体的自然综合体。

1.1.2　森林的标准

森林经理是以森林为对象、以持续满足人类对森林各种需求(现在与将来)为宗旨的社会经济管理活动。因此，界定“森林”以确定经营管理范围是进行科学森林经理活动的前提与基础。中文“森林”一词有 5 个“木”字，表明森林是由众多树木所组成的，俗语云:“独木不成林”。那么多少树在一起才能称为森林呢？即界定森林的标准是什么？至今世界上尚没有统一标准(亢新刚，2001)。

从表 1-2 可以看出，大多数国家、国际公约和组织往往采用最小面积、郁闭度、成熟时最低树高和林带最小宽度 4 个指标来界定森林，有的采用了单个指标，有的采用了多个指标。据不完全统计，目前有 31 个国家、组织和公约采用单指标界定森林，如英国、阿富汗、古巴等，其中有 11 个国家采用面积指标，15 个国家采用郁闭度指标，5 个国家采用树高指标；有 28 个国家、组织和公约采用 2 个指标界定森林，如澳大利亚、中非共和国等，其中有 21 个国家采用郁闭度-树高这 2 个指标；采用 3 个指标来界定森林的国家、组织和公约则有 32 个国家，如中国、阿尔巴尼亚、阿根廷等，其中 16 个国家采用面积-郁闭度-树高指标，12 个国家采用面积-郁闭度-林带宽指标；美国、法国、荷兰、比利时瓦隆地区等 7 个国家或地区、国际组织采用了 4 个指标来界定森林(Lund，2010)。

表 1-2　部分国家/地区/国际组织森林定义类型与界定标准

国家/地区/国际组织	定义类型	最小(临界)值			
		面积(hm^2)	郁闭度(%)	树高(m)	林带宽(m)
阿富汗	覆盖		20		
阿尔巴尼亚	覆盖	0.1	30	5	
阿根廷	利用	0.5	10	5	
澳大利亚	覆盖		30	5	
奥地利	利用	0.1	30		10
比利时佛兰芒	利用	0.05	20		25
比利时瓦隆	利用	0.01	10	5	9
波斯尼亚和黑塞哥维那	覆盖	0.1			
保加利亚	行政	0.1		3	10
柬埔寨	覆盖		30	5	
加拿大	利用	0.5	20	5	
智　利	覆盖	5	10		
中　国	覆盖	0.067	20	5	10
刚果民主共和国	覆盖		10		
哥斯达黎加共和国	覆盖	2	70		
古　巴	利用			5	
捷　克	利用	0.01	20		20

（续）

国家/地区/国际组织	定义类型	最小(临界)值			
		面积(hm^2)	郁闭度(%)	树高(m)	林带宽(m)
丹　麦	利用	0.5	30~50	6	20~30
多米尼加共和国	覆盖		40	5	
厄立特里亚	覆盖		10		
爱沙尼亚	利用	0.5	30	1.3	
埃塞俄比亚	覆盖		68	7	
斐　济	覆盖	4	15		
芬　兰	潜力	0.25			
法　国	覆盖	0.05	10	5~7	25
冈比亚	覆盖		10	3	
德　国	利用	0.1	50		10
英　国	覆盖		20		
希　腊	利用	0.5	10		30
危地马拉	覆盖	2			
几内亚比绍	覆盖		10		
匈牙利	利用	0.15	15/30		
冰　岛	利用	0.25			
印　度	覆盖		10		
伊　朗	覆盖		1		
爱尔兰	利用	0.5	20		40
以色列	覆盖		10	4	
意大利	利用	0.2	20		20
牙买加	覆盖	4	75	5	
日　本	利用	0.3	30	5	
肯尼亚	覆盖		40	2	
吉尔吉斯斯坦	利用		20	2	25
老　挝	覆盖		20		
拉脱维亚	利用	0.1	20	7	
列支敦士登	覆盖		20		25~50
立陶宛	覆盖	0.1	20		10
卢森堡	利用	0.5	10	5	
马拉维	覆盖	100	80		
马来西亚	覆盖		10	5	
马　里	利用		20		
墨西哥	利用	0.15	10	3	
摩洛哥	覆盖	3	30	7	
莫桑比克	覆盖		25	7	
纳米比亚	覆盖		20	5	
尼泊尔	利用		10		
荷　兰	利用	0.5	20	6	30
新西兰	利用	5	20	6	
尼加拉瓜	覆盖		25		
北马里亚纳群岛	覆盖	0.01			
挪　威	潜力	0.1			
巴拿马	覆盖		45		

（续）

国家/地区/国际组织	定义类型	最小(临界)值			
		面积(hm^2)	郁闭度(%)	树高(m)	林带宽(m)
巴布亚新几内亚	覆盖	100	10	5	
菲律宾	地形和覆盖	1	10		60
波　兰	利用	0.1			
葡萄牙	利用	0.2	10~15	1.5	15
罗马尼亚	利用	0.25		7	
俄罗斯联邦	覆盖		30		
塞尔维亚和黑山共和国	利用	0.5			
塞舌尔	国际			10	
斯洛伐克	利用	0.01			
斯洛文尼亚	覆盖	0.05			
索马里	覆盖		20	5	
南　非	覆盖		75	3	
西班牙	利用	0.2	5~10		20
斯里兰卡	覆盖		45		
苏　丹	覆盖		40	10	
瑞　典	潜力	0.25	20	5	
瑞　士	覆盖		20~100	3	25~50
台湾(中国)	利用	0.5		10	50
坦桑尼亚	覆盖		60	8	
土耳其	利用	3	10	8	
土库曼斯坦	未知				
乌克兰	覆盖		60		
英　国	利用	0.25~1	20		20~50
美　国	利用	0.4	10	4	36
乌拉圭	覆盖	0.25			
瓦努阿图	覆盖			10	
委内瑞拉	利用			5	
越　南	利用		30		
美属维尔京群岛	覆盖		50	5	
也　门	覆盖	3	10	5	
津巴布韦	覆盖		80	15	
欧　盟	覆盖		10	5	
国际应用系统分析研究所	覆盖		40	6	
南部非洲发展共同体	覆盖		70	5	
联合国 防治荒漠化公约	覆盖				
联合国教科文组织	覆盖		40	5	
联合国土地覆盖分类系统	利用				
联合国土地利用分类系统	覆盖			3	
全球森林资源评估 2000	利用	0.5	10	5	20
联合国气候变化框架公约	利用	0.05~1	10~30	2~5	

译自：Lund，2010。

虽然各个国家采用的指标可能相同，但其具体的指标值却存在很大差异，郁闭度范围 0.01～0.80，树高 1.3～15 m，面积 0.01~100 hm^2，林带宽度 9～60 m。例如，同是采用面积单指标来界定森林，在北马里亚纳群岛(Northern Mariana Islands)只要乔木面积达到 0.01 hm^2 就可算作森林了，而在危地马拉(Guatemala)则要达到 2 hm^2。同是采用“面积-郁闭度”指标，我国对面积的要求为大于 0.067 hm^2，郁闭度不小于 0.20；非洲的马拉维(Malawi)不仅要求面积达到 100 hm^2，而且要求郁闭度在 0.80 以上。

联合国粮农组织在《全球森林资源评估 2010(主报告)》中将森林定义为“面积在 0.5 hm^2 以上、树木高于 5 m、郁闭度超过 10%，或树木在原生境能够达到这一阈值的土地。不包括主要为农业和城市用途的土地。”(FAO，2010)

在我国，1994 年以前“森林”包括有林地、灌木林地、四旁树和林网，面积大于 0.067 hm^2、郁闭度 0.3 以上，林带在 10 m 以上；1994 年以后“森林”仅包括有林地和国家特别规定的灌木林地，郁闭度降为 0.2，同时也给“国家规定的灌木林地”以明确的界定标准，即国家特别规定的灌木林地特指分布在年均降水量 400 mm 以下的干旱(含极干旱、干旱、半干旱)地区，或乔木分布(垂直分布)上限以上，或热带亚热带岩溶地区、干热(干旱)河谷等生态环境脆弱地带，专为防护用途，且覆盖度大于 30%的灌木林地，以及以获取经济效益为目的进行经营的灌木经济林。

我国森林界定标准有 4 条：

① *面积标准*　在 0.067 hm^2 及以上的林地；

② *覆盖标准*　郁闭度在 0.20 及以上；

③ *林带宽度标准*　大于 10 m 的林带；

④ *组成成分*　形成了以乔木树种为主体的自然综合体，包括植物、动物、微生物及其赖以生存与发展的环境；也可以是国家特别规定的灌木林地上的灌木。

1.1.3　森林的分类

为了更好地认识与把握客观世界的复杂性、多样性、变化性，人们往往会根据客观事物或现象的性质对其进行分门别类。在认识、研究与经营森林的过程中，也是如此。森林经理学常采用森林起源、森林外貌、树种组成、经营目的等标准对森林进行分类。

1.1.3.1　按森林起源分类

森林起源是指森林形成的最初动力。森林起源不同，其森林生长发育规律也不同，经营管理的目的、目标、措施等也各异。因此，区分森林的起源是认识、研究与经营管理森林的基础。根据森林起源不同，可以将森林分为天然林和人工林。

(1) 天然林

由天然下种、人工促进天然更新或萌生所形成的森林称为天然林。

(2) 人工林

由植苗(包括植苗、分殖、扦插)、直播(穴播或条播)或飞播方式形成，包括人工林采伐后萌生形成。

确定森林起源，可靠的方法主要是查阅现有档案资料、现场调查或访问等。现场调查时，是根据森林特征进行判断。一般来说，天然林具有树种多样、排列混沌、年龄和个体差异明显等特点；人工林则具有树种单纯、排列规则、年龄和个体差异不明显等特点(孟宪宇，2006)。

1.1.3.2　按森林外貌分类

森林外貌是指森林的外部特征，包括层次、形状、颜色等，是森林最基本、最明显、最易辨认的特征。在实践中多采用林层与树叶形状来划分。

(1)林层

林层也叫林相，是指组成森林的树木因其树高差别而形成的树冠层所呈现的高低起伏状态。将森林划分为不同的林层不仅有利于经营管理，而且有利于森林调查、研究森林特征及其变化规律。根据林层结构，将森林分为单层林和复层林。

① *单层林*　林分中乔木树种的树冠只有一个层次的林分(孟宪宇，2006)。

② *复层林*　林分中乔木树种的树冠形成了两个或两个以上明显层次的林分(孟宪宇，2006)。

单层林外貌比较整齐，林木个体差异不明显，多为人工同龄纯林。复层林外貌起伏多变，林木个体差异明显，多为天然异龄混交林，也有经过人工择伐后形成的人工异龄纯林或混交林。

根据《国家森林资源连续清查技术规定(2003)》林层划分标准是：

- 各林层每公顷蓄积量不少于 30 m^3；
- 主林层、次林层平均高相差 20%以上；
- 各林层平均胸径在 8 cm 以上；
- 主林层郁闭度不少于 0.30，次林层郁闭度不少于 0.20。

这些标准是人为确定的林层划分的一般标准，同时满足这 4 个条件就可以划分林层。林层序号以罗马数字Ⅰ、Ⅱ、Ⅲ等表示，最上层为第Ⅰ层，其次是第Ⅱ层、第Ⅲ层(孟宪宇，2006)。

(2)树叶形状

根据建群树种的树叶形状，将森林分为针叶林和阔叶林 2 种类型(李俊清，2006)，在我国针叶林约占 53%，阔叶林约占 47%。

① *针叶林*　针叶林是指以针叶树种为建群树种所组成的各种森林群落的总称。针叶林在中国分布广泛，但作为地带性的针叶林则只见于东北和西北两隅以及西南、藏东南的亚高山针叶林，其余的则常为次生性针叶林，如各种次生松林，更多的则是人工营造而成，如杉木林等。这些针叶林不仅植物组成丰富，而且这里还栖息着大量的动物物种，成为众多特有物种的栖息地和避难所。《国家森林资源连续清查技术规定(2003)》将针叶林进一步细分为寒温性针叶林、温性针叶林、温性针阔混交林、暖性针叶林、暖性针阔混交林、热性针叶林、热性针阔混交林等。

A. 寒温性针叶林。我国寒温性针叶林与欧亚大陆北部的泰加林带有着密切关系，尤其是分布在我国大兴安岭北部(寒温带)的寒温性针叶林是其向南延伸的部分。在我国温带、暖温带、亚热带和热带地区，寒温性针叶林则分布到高海拔山地，构成垂直分布的山地寒温性针叶林带，分布的海拔高度，由北向南逐渐上升。寒温性针叶林按其生活型不同，又可分为落叶松林和云杉、冷杉林 2 个亚林型。

B. 温性针叶林。温性针叶林系指主要分布于暖温带地区平原、丘陵及低山的针叶林，还包括亚热带和热带中山的针叶林。平原、丘陵针叶林的建群种要求温和干燥、四季分明、冬季寒冷的气候条件和中性或石灰性的褐色土与棕色森林土，这些特性显然与暖温带针叶林特性不同。另一类亚热带中山针叶林建群种则要求温凉潮湿的气候条件，以及酸性、中性的山地黄棕壤与山地棕色土。根据区系与生态性质不同，此类型又可分为温带松林、侧柏林和柳杉林 3 种。

C. 温性针阔叶混交林。温性针阔叶混交林在我国仅分布于东北和西南，分布在东北的是以红松（*Pinus koraiensis*）为主的针阔叶混交林，为该地区的地带性森林；分布在西南的是以铁杉（*Tsuga* spp.）为主的针阔叶混交林，为山地阔叶林带向山地针叶林带过渡的森林，此类型又可细分为红松针阔叶混交林和铁杉针阔叶混交林。

D. 暖性针叶林。暖性针叶林主要分布于亚热带低山、丘陵和平地。森林建群种喜温暖湿润的气候条件，分布区气候大致为年平均气温 15~22℃，积温 4 500~7 500℃，此类森林也会向北侵入温带地区的南缘背风山谷及盆地，向南也会分布到热带地区地势较高的凉湿山地。暖性针叶林分布区的基本森林类型属常绿阔叶林或其他类型阔叶林，但在现存森林中，针叶林面积之大，分布之广，资源之丰富均超过了阔叶林。暖性针叶林按其生活型的不同，可分为暖性落叶针叶林和暖性常绿针叶林。

E. 热性针叶林。热性针叶林也称热带针叶林，是指主要分布在我国热带丘陵平地及低山的针叶林，这种针叶林产地的地带性森林为热带季雨林和雨林。此种针叶林面积分布不大，也有极少人工针叶林，成片森林的只有海南松（*Pinus latteri*）和南亚松（*Pinus latteri*），分布于海南、雷州半岛、广东南部及广西南部。其他为零星的陆均松林和鸡毛松（*Podocarpus imbricatus*）。

② 阔叶林　阔叶林是指以阔叶树种为建群树种所组成的各种森林群落的总称。《国家森林资源连续清查技术规定（2003）》将阔叶林进一步细分为落叶阔叶林，常绿、落叶阔叶混交林，常绿阔叶林，硬叶常绿阔叶林，季雨林，雨林，珊瑚岛常绿林，红树林和竹林。

A. 落叶阔叶林。温带半湿润或湿润夏雨地区，由冬季落叶的阔叶乔木组成的森林类型，因其冬季落叶、夏季葱绿，故称夏绿林。几乎完全分布在北半球受海洋性气候影响的温暖地区。在大陆性气候影响较大的地方，落叶阔叶林过渡成针叶林。在欧亚大陆的温带，西欧典型的落叶针阔林可分布到前苏联的欧洲部分。在北美东部，约沿北纬 45°一线以南地区。南美洲分布于巴塔哥尼亚高原。欧洲由于受墨西哥湾暖流的影响，西北可分布到北纬 58°。亚洲东部分布在中国、前苏联东部滨海地区、堪察加、库页岛、朝鲜和日本北部诸岛。我国的落叶阔叶林主要分布在东北地区的南部和华北各省。

落叶阔叶林是我国温带地区的主要森林类型，也是华北暖温带的地带性森林。组成这种群落的乔木多数为冬季落叶的喜光阔叶树种，林下灌木也是冬季落叶的种类，草本植物冬季地上部分枯死或以种子形式过冬，因此冬季整个群落处于休眠状态。春季重新长出新叶，群落季相变化非常明显。我国的落叶阔叶林类型很多，根据优势树种的生活习性和所要求的生境条件，可分成三大类型：典型落叶阔叶林、山地杨桦林和河岸落叶阔叶林。主要建群树种有辽东栎（*Quercus liaotungensis*）、麻栎（*Q.acutissima*）、栓皮栎（*Q.variabilis*）、白桦（*Betula platyphylla*）、胡杨（*Populus euphratica*）、钻天柳（*Chosenia arbutifolia*）林等。

B. 常绿、落叶阔叶混交林。常绿落叶阔叶混交林是常绿阔叶林和落叶阔叶林的过渡性森林类型，在我国亚热带地区广有分布。该森林类型内物种丰富、结构复杂，优势树种不明显。亚热带地区也有明显的季相变化，主要是秋冬气候变干、变冷时，相对比较高大的并处于林冠层的落叶树种此时叶片脱落。第二或者第三亚层的常绿树种比较耐寒，有时林分内的常绿树种成分增多，树木较高，形成较典型的常绿与落叶树种的混交林。组成常绿、落叶阔叶混交林的主要树种有苦槠（*Castanopsis sclerophylla*）、青冈（*Cyclobalanopsis glauca*）、冬青（*Ilex chinesis*）、石楠（*Photinia serrulata*）等。

C. 常绿阔叶林。常绿阔叶林大致分布在南纬、北纬 22°～34°。主要见于亚洲的中国长江流域南部、朝鲜和日本列岛的南部，非洲的东南沿海和西北部，大西洋的加那利群岛，北美洲的东端和墨西哥，南美洲的智利、阿根廷、玻利维亚和巴西的部分地区，大洋洲东部以及新西兰等地。常绿阔叶林是我国亚热带地区最具代表性的森林类型。

该类型林木个体高大，森林外貌四季常绿，林冠整齐一致。其最基本的组成成分为壳斗科、樟科、山茶科、木兰科等树种。由于这类森林的建群树种的叶片多为革质、常绿、稍坚硬、叶表面光泽无毛，叶片排列方向与太阳光线垂直，故有照叶林之称。

D. 硬叶常绿阔叶林。硬叶常绿阔叶林是世界上一个很重要的森林类型，在地中海沿岸、澳大利亚西南部、北美西南部、北非南部等都有分布。群落主要树种具有硬叶、常绿、多茸毛等旱化的典型特征，反映了分布地气候在一定季节具有温暖干燥的特点，世界各地这类森林的优势种是多样的，以栎树、木犀榄属（*Olea*）、桉属（*Eucalyptus*）植物为主要的树种，硬叶常绿阔叶林的发生、发展、分布生境及组成的植物区系成分有很大差异。

我国硬叶常绿阔叶林主要由壳斗科硬叶常绿栎类树种所组成，主要分布于海拔 2 600～4 000 m，是我国亚热带西部和西南部青藏高原东南线及横断山脉地区所特有的一种森林类型。

硬叶常绿阔叶林对夏季多雨而冬季干冷气候有较强的适应能力，它们的叶片具有最典型的旱生构造，常绿且硬，常具茸毛，并无光泽。有的叶片退化成针刺状，但茎为绿色可代替叶子进行光合作用。硬叶常绿阔叶植物的叶不与阳光成直角而是成锐角。它的生活型特殊，不仅有 25～28 m 高的大树，也有 7～8 m 高的矮林，更有 1.5～2 m 高的灌丛。这些生活型的变化往往在同一山坡上体现出来，而且没有明确的分界线。

E. 季雨林。季雨林主要分布在具有明显周期性干、湿季节变化的热带地区，是介于热带雨林向热带稀疏林过渡的居间类型，也是热带季风气候条件下的一种相对稳定的森林类型。季雨林具有明显的季节性变化：旱季，上层乔木多数落叶，林冠稀疏，下层草本枯黄；雨季，林冠浓密，整个季相由黄褐色转为绿色，故有“雨绿林”之称。季雨林的主要组成树种多为桑科、楝科、无患子科、椴树科、紫薇科和大戟科等。

F. 雨林。雨林是雨量甚多的生物区系。雨林依位置的不同分热带雨林、温带雨林等。

雨林大多数靠近赤道，在赤道经过的非洲、亚洲和南美洲都有大片的雨林。湿润的气候保证了树和植物的快速生产。同时，树和植物也为雨林中的成千上万种生物提供了食物和庇护所。此外还有亚热带雨林，分布在南、北纬 10°之间的迎风海岸。该处有雨季和旱季之分，有温度和日照的季节变化。亚热带雨林的树木密度和树种均较热带雨林稍少。其他雨林类型还有：红树雨林、平原湿地森林和洪泛森林等。中国的雨林主要分布在台湾南部、海南、广西十万大山、云南河口及西双版纳、西藏南部等地迎风坡面的丘陵低地，山麓或沟谷等处水分充足的地段。

G. 红树林。红树林是指生长在热带、亚热带海岸潮间带上部，受周期性潮水浸淹，以红树植物为主体的常绿灌木或乔木组成的潮滩湿地木本生物群落，被誉为“海底森林”、“水上绿洲”。主要组成树种有红树(*Rhizophora apiculate*)、红海榄(*R. stylosa*)、秋茄树(*Kandelia candel*)等，普遍具有胎生、泌盐、高渗透压以及具有各种地上根系等生理生态适应性。在中国，红树林主要分布于海南、广西、广东、福建和台湾。

1.1.3.3 按树种组成分类

组成林分的树种成分称为树种组成。根据树种组成，将森林分为纯林和混交林。

(1)纯林

由单个树种所组成的林分。根据单个树种蓄积(或断面积)所占百分比不同，又分为纯林与相对纯林两种。

(2)混交林

由两个或更多个树种组成的林分。

我国现阶段的森林资源调查，先将树种分为针叶树种和阔叶树种，然后根据各占比例不同，将林分的针阔叶树种组成分为 7 等级(见表 1-3)。凡单个树种蓄积所占百分比在 90%以上的林分为纯林；单个树种蓄积所占百分比在 65%以上、90%以下的林分为相对纯林；同一叶形的 2 个以上树种蓄积之和所占百分比在 65%以上，或不同叶形的 2 个以上树种蓄积之和所占百分比在 35%以上、不超过 65%的林分，即为混交林。

表 1-3　树种结构划分标准

树种结构类型	划　分　标　准
类型 1	针叶纯林(单个针叶树种蓄积≥90%)
类型 2	阔叶纯林(单个阔叶树种蓄积≥90%)
类型 3	针叶相对纯林(单个针叶树种蓄积占 65%～90%)
类型 4	阔叶相对纯林(单个阔叶树种蓄积占 65%～90%)
类型 5	针叶混交林(针叶树种总蓄积≥65%)
类型 6	针阔混交林(针叶树种或阔叶树种总蓄积占 35%～65%)
类型 7	阔叶混交林(阔叶树种总蓄积≥65%)

注：本表引自《国家森林资源连续清查技术规定(2003)》。

1.1.3.4 按经营目的分类

林种是根据经营目的，以及森林主导功能的不同，旨在提高森林经营效益而划分的森林类型。因此，林种是经营目的的集中体现，确定森林经营目的为森林可持续经营指明了方向，从而成为森林可持续经营的基础与前提。

在我国，一般采用三级林种分类系统。首先按主导功能不同将森林(含林地)分为生态公益林和商品林 2 个类别；然后根据经营目标的不同，将有林地、疏林地、灌木林地分为 5 个林种、23 个亚林种(表 1-4)。

表 1-4　林种分类系统

森林类别	林　种	亚林种
生态公益林	防护林	水源涵养林
		水土保持林
		防风固沙林
		农田牧场防护林
		护岸林
		护路林
		其他防护林
	特种用途林	国防林
		实验林
		母树林
		环境保护林
		风景林
		名胜古迹和革命纪念林
		自然保护林
商品林	用材林	短轮伐期用材林
		速生丰产用材林
		一般用材林
	薪炭林	薪炭林
	经济林	果树林
		食用原料林
		林化工业原料林
		药用林
		其他经济林

注：本表引自《国家森林资源连续清查技术规定(2003)》。

(1)生态公益林

生态公益林是指以保护和改善人类生存环境、维持生态平衡、保存物种资源、科学实验、森林旅游、国土保安等需要为主要经营目的的有林地、疏林地、灌木林地和其他林地，包括防护林和特种用途林。

① *防护林*　防护林是指以发挥生态防护功能为主要目的的有林地、疏林地和灌木林地，包括水源涵养林、水土保护林、防风固沙林、农田牧场防护林、护岸林、护路林和其他防护林。

A. 水源涵养林。以涵养水源、改善水文状况、调节区域水分循环，防止河流、湖泊、水库淤塞，以及保护饮用水水源为主要目的的有林地、疏林地和灌木林地。具有下列条件之一者，可划为水源涵养林：

a. 流程在 500 km 以上的江河发源地汇水区，主流与一级、二级支流两岸山地自然地形中的第一层山脊以内；

b. 流程在 500 km 以下的河流，但所处地域雨水集中，对下游工农业生产有重要影响，其河流发源地汇水区及主流、一级支流两岸山地自然地形中的第一层山脊以内；

c. 大中型水库与湖泊周围山地自然地形第一层山脊以内或平地 1 000 m 以内，小型水库与湖泊周围自然地形第一层山脊以内或平地 250 m 以内；

d. 雪线以下 500 m 和冰川外围 2 000 m 以内；

e. 保护城镇饮用水源的有林地、疏林地和灌木林地。

B. 水土保持林。以减缓地表径流、减少冲刷、防止水土流失、保持和恢复土地肥力为主要目的的有林地、疏林地和灌木林地。具备下列条件之一者，可划为水土保持林：

a. 东北地区(包括内蒙古东部)坡度在 25°以上，华北、西南、西北等地区坡度在 35°以上，华东、中南地区坡度在 45°以上，森林采伐后会引起严重水土流失的；

b. 土层瘠薄，岩石裸露，采伐后难以更新或生态环境难以恢复的；

c. 土壤侵蚀严重的黄土丘陵区塬面、侵蚀沟、石质山区沟坡、地质结构疏松等易发生泥石流地段的；

d. 主要山脊分水岭两侧各 300 m 范围内的有林地、疏林地和灌木林地。

C. 防风固沙林。以降低风速、防止或减缓风蚀，固定沙地，以及保护耕地、果园、经济作物、牧场免受风沙侵袭为主要目的的有林地、疏林地和灌木林地。具备下列条件之一者，可以划为防风固沙林：

a. 强度风蚀地区，常见流动、半流动沙地(丘、垄)或风蚀残丘地段的；

b. 与沙地交界 250 m 以内和沙漠地区距绿洲 100 m 以外的；

c. 海岸基质类型为沙质、泥质地区，顺台风盛行登陆方向离固定海岸线 1 000 m 范围内，其他方向 200 m 范围内的；

d. 珊瑚岛常绿林；

e. 其他风沙危害严重地区的有林地、疏林地和灌木林地。

D. 农田牧场防护林。以保护农田、牧场减免自然灾害，改善自然环境，保障农牧业生产条件为主要目的的有林地、疏林地和灌木林地。具备下列条件之一者，可以划为农田牧场防护林：

a. 农田、牧场境界外 100 m 范围内，与沙质地区接壤 250～500 m 范围内的；

b. 为防止、减轻自然灾害，在田间、牧场、阶地、低丘、岗地等处设置的林带、林网、片林。

E. 护岸林。以防止河岸、湖岸、海岸冲刷或崩塌，固定河床为主要目的的有林地、疏林地和灌木林地。具备下列条件之一者，可以划为护岸林：

a. 主要河流两岸各 200 m 及其主要支流两岸各 50 m 范围内的，包括河床中的雁翅林；

b. 堤岸、干渠两侧各 10 m 范围内的；

c. 红树林或海岸 500 m 范围内的有林地、疏林地和灌木林地。

F. 护路林。以保护铁路、公路免受风、沙、水、雪侵害为主要目的的有林地、疏林地和灌木林地。具备下列条件之一者，可以划为护路林：

a. 林区、山区国道及干线铁路路基与两侧(设有防火线的在防火线以外，下同)的山坡或平坦地区各 200 m 以内，非林区、丘岗、平地和沙区各 50 m 以内；

b. 林区、山区、沙区的省、县级道路和支线铁路路基与两侧各 50 m 以内，其他地区各 10 m 范围内的有林地、疏林地和灌木林地。

G. 其他防护林。以防火、防雪、防雾、防烟、护鱼等其他防护作用为主要目的的有林地、疏林地和灌木林地。

② *特种用途林*　特种用途林是指以保存物种资源、保护生态环境，用于国防、森林旅游和科学实验等为主要经营目的的有林地、疏林地和灌木林地，包括国防林、实验林、母树林、环境保护林、风景林、名胜古迹和革命纪念林、自然保护林。

A. 国防林。以掩护军事设施和用作军事屏障为主要目的的有林地、疏林地和灌木林地。具备下列条件之一者，可以划为国防林：

a. 边境地区的有林地、疏林地和灌木林地，其宽度由各省按照有关要求划定；

b. 经林业主管部门批准的军事设施周围的有林地、疏林地和灌木林地。

B. 实验林。以提供教学或科学实验场所为主要目的的有林地、疏林地和灌木林地，包括科研试验林、教学实习林、科普教育林、定位观测林等。

C. 母树林。以培育优良种子为主要目的的有林地、疏林地和灌木林地，包括母树林、种子园、子代测定林、采穗圃、采根圃、树木园、种质资源和基因保存林等。

D. 环境保护林。以净化空气、防止污染、降低噪音、改善环境为主要目的，分布在城市及城郊结合部、工矿企业内、居民区与村镇绿化区的有林地、疏林地和灌木林地。

E. 风景林。以满足人类生态需求，美化环境为主要目的，分布在风景名胜区、森林公园、度假区、滑雪场、狩猎场、城市公园、乡村公园及游览场所内的有林地、疏林地和灌木林地。

F. 名胜古迹和革命纪念林。位于名胜古迹和革命纪念地(包括自然与文化遗产地、历史与革命遗址地)的有林地、疏林地和灌木林地，以及纪念林、文化林、古树名木等。

G. 自然保护林。各级自然保护区、自然保护小区内以保护和恢复典型生态系统和珍贵、稀有动植物资源及栖息地或原生地，或者保存和重建自然遗产与自然景观为主要目的的有林地、疏林地和灌木林地。

(2)商品林

商品林是指以生产木材、竹材、薪材、干鲜果品和其他工业原料等为主要经营目的的有林地、疏林地、灌木林地和其他林地，包括用材林、薪炭林和经济林。

① *用材林*　用材林是指以生产木材或竹材为主要目的的有林地和疏林地，包括短轮伐用材林、速生丰产用材林和一般用材林。

A. 短轮伐期用材林。以生产纸浆材及特殊工业用木质原料为主要目的，采取集约经营措施进行定向培育的乔木林地。

B. 速生丰产用材林。通过使用良种壮苗和实施集约经营，森林生长指标达到相应树种速生丰产林国家或行业标准的乔木林地。

C. 一般用材林。其他以生产木材和竹材为主要目的的有林地和疏林地。

② *薪炭林*　薪炭林是以生产热能燃料为主要经营目的的有林地、疏林地和灌木林地。

③ 经济林　经济林是指以生产油料、干鲜果品、工业原料、药材及其他副特产品为主要经营目的的有林地和灌木林地，包括果品林、食用原料林、林化工业原料林、药用林和其他经济林。

A. 果品林。以生产各种干鲜果品为主要目的的有林地和灌木林地。

B. 食用原料林。以生产食用油料、饮料、调料、香料等为主要目的的有林地和灌木林地。

C. 林化工业原料林。以生产树脂、橡胶、木栓、单宁等非木质林产化工原料为主要目的的有林地和灌木林地。

D. 药用林。以生产药材、药用原料为主要目的的有林地和灌木林地。

E. 其他经济林。以生产其他林副特产品为主要目的的有林地和灌木林地。

1.1.4　森林的功能

森林是陆地生态系统的主体，也是陆地上面积最大、结构最复杂、生物量最大、初级生产力最高的生态系统。这一生态系统在其生长发育过程中对人类及其生存环境产生的影响和作用，就是森林的功能。主要体现在以下 3 个方面。

1.1.4.1　森林的生态功能

中国政府一直把保护和发展森林资源放在了生态建设的首要位置，并力求改变中国森林资源稀少的状况，维护中华民族的生存根基，为维护全球生态安全做出贡献。经过中国政府和人民长期艰苦的努力，中国的森林覆盖率从新中国成立时的 8.6%，增加到目前的 20.36%，全国森林面积为 $1.95\times10^{8}\ hm^{2}$，森林蓄积量达到 $137.21\times10^{8}\ m^{3}$。其中人工林蓄积量为 $19.61\times10^{8}\ m^{3}$，面积继续保持世界首位。在世界森林资源总体减少的情况下，中国的森林资源持续增长，已成为世界上增长最快的国家。森林生态系统具有涵养水源、保育土壤、固碳释氧、积累营养物质、净化大气环境、森林防护、生物多样性保护和森林游憩等多种服务功能。中国的生态学者和生态经济学者对我国森林生态系统服务功能及其评价理论、方法和实践应用等方面进行了初步探索，基于我国几次森林资源清查数据及中国森林生态系统定位研究网络(CFERN)长期定位观测的数据，对我国森林生态系统生态服务功能进行了评价，特别是 21 世纪以来，在不同地区、不同尺度和不同类型的生态系统服务方面开展了大量工作，积累了丰富的资料，取得了一些有价值的研究成果。根据我国第七次(2005—2009 年)森林资源清查数据结果表明，中国森林生态系统服务功能总价值每年为 100 147.61 亿元，如表 1-5 所示。

表 1-5　我国 2009 年森林生态系统总服务功能价值　　亿元/年

总服务功能价值	涵养水源功能总价值	固土功能总价值	固碳释氧功能总价值	林木营养积累功能总价值	净化大气环境功能总价值	生物多样性保护功能总价值
100 147.61	9 920. 59	70.35	15 593.55	2 077.06	7 931.90	24 050.23

(1)涵养水源

我国林业通过退耕还林、天然林资源保护、京津风沙源治理等六大林业重点工程持续开展，长江防护林体系工程、沿海防护林体系工程建设，采取生物措施和工程措施相结合的治理模式，改写了工程区“越垦越穷，越穷越垦”的历史，实现了中国垦殖史上的重大转折，并成为世界上最伟大的生态工程之一。据我国第七次资源清查结果和森林生态定位监测结果评估，全国森林生态系统每年涵养水源量为 4 947.66×10^8 m^3，调节水量价值为 30 233.68 亿元，净化水质价值为 10 340.62 亿元，每年森林涵养水源总价值为 40 574.30 亿元(表 1-6)。

表 1-6　森林生态系统涵养水源功能价值

涵养水源量 (×10^{8}m^3/a)	调节水量价值 (亿元/年)	净化水质价值 (亿元/年)	涵养水源价值 (亿元/年)
4 947.66	30 233.69	10 340.62	40 574.30

(2) 固土保肥

中国是世界上水土流失最严重的国家之一。全国水土流失面积为 356×10^4 km^2，占国土面积的 37.1%。1998 年长江、松花江流域发生特大洪灾后，中国政府把“封山植树，退耕还林”放在灾后重建综合措施的首位，并做出了实施天然林保护和退耕还林工程等重大战略决策，有效减轻了水土流失，改善了生态环境。退耕还林工程现已完成的造林全部成林后，木材蓄积量将超过 10×10^8 m^3。在我国第七次资源清查结果和森林生态定位监测结果评估中，我国林业每年固土量 70.35×10^8 t，固土价值为 861.52 亿元/年；年保肥量 3.64×10^8 t，年保肥总价值为 9 059.04 亿元/年(表 1-7)。

表 1-7　森林生态系统保育土壤功能价值

固定土壤功能 (×10^{4}t/a)	固土价值 (亿元/年)	保肥 (×10^4 t/a)				保肥价值 (亿元/年)	保育土壤总价值(亿元/年)
		氮	磷	钾	有机质		
703 467.5	861.52	1 299.6	675.5	11 394.6	23 043.5	9 059.04	9 920.57

(3) 固碳释氧

由于森林具有巨大的碳储存、碳排放源和碳汇等能力(表 1-8)，特别是随着人类对森林在全球碳循环中所起到的作用有着越来越深入的理解，对世界森林的关注现已达到了前所未有的高度，通过减少毁林和森林退化所引起的碳排放有可能会缓解气候变化，同时植树造林和可持续森林经营也能够增加碳吸收(FAO，2010)，因此在应对气候变化中林业具有特殊地位。

《京都议定书》明确规定了 2 种减排途径，一是工业直接减排，二是通过森林碳汇间接减排。森林通过光合作用，可以吸收 CO_2，放出 O_2。这就是森林的碳汇功能。森林每生长 1 m^3 蓄积，约吸收 CO_2 1.83 t，释放 O_2 1.62 t。中国政府采取了一系列措施着力加快植树造林步伐、提高森林质量，同时还大力发展沼气、改灶节材，以减少森林资源低值消耗，保护和增加了森林资源。随着中国森林资源持续增长，吸收 CO_2 的能力也显著增加。中国科学家研究表明，中国森林固碳能力由 20 世纪 80 年代初的 136.42 t/hm^2 增加到 21 世纪初的 150.47 t/hm^2。1980—2005 年，中国通过持续不断地开展造林和森林经营，累计净吸收 CO_2 46.8×10^8 t，通过控制毁林减少 CO_2 排放量 4.3×10^8 t。2004 年中国森

林净吸收了约 5×10^8 t CO_2 当量，约占同期全国温室气体排放总量的 8%以上。2006 年年底，来自中国、芬兰、苏格兰及美国等国的 6 位不同学科的国际著名专家共同对全球森林吸收 CO_2 的能力进行了评估。一致认为，1999—2005 年间，中国是世界上森林资源增长最快的国家，吸收了大量 CO_2，为中国乃至全球经济社会的可持续发展创造了巨大的生态价值。

表 1-8　2010 年各区域和分区域森林碳储量

区域/分区域	生物量中的碳		枯死木和枯枝落叶中的碳		土壤中的碳		总碳量	
	$\times10^6$ t	t/hm^2	$\times10^6$ t	t/hm^2	$\times10^6$ t	t/hm^2	$\times10^6$ t	t/hm^2
东南非	15 762	58.9	3 894	14.6	12 298	46.0	31 955	119.4
北　非	1 747	22.2	694	8.8	2 757	35.0	5 198	66.0
西部和中部非洲	38 349	116.9	3 334	10.2	19 406	59.1	61 089	186.2
非洲总计	55 859	82.8	7 922	11.7	34 461	51.1	98 242	145.7
东　亚	8 754	34.4	1 836	7.2	17 270	67.8	27 860	109.4
南亚和东南亚	25 204	85.6	1 051	3.6	16 466	55.9	42 722	145.1
西亚和中亚	1 731	39.8	546	12.6	1 594	36.6	3 871	89.0
亚洲总计	35 689	60.2	3 434	5.8	35 330	59.6	74 453	125.7
欧洲(除俄罗斯联邦外)	12 510	63.9	3 648	18.6	18 924	96.6	35 083	179.1
欧洲总计	45 010	44.8	20 648	20.5	96 924	96.4	162 583	161.8
加勒比	516	74.4	103	14.8	416	60.0	1 035	149.2
中美洲	1 763	90.4	714	36.6	1 139	58.4	3 616	185.4
北美洲	37 315	55.0	26 139	38.5	39 643	58.4	103 097	151.8
北美和中美洲总计	39 594	56.1	26 956	38.2	41 198	58.4	107 747	152.7
大洋洲总计	10 480	54.8	2 937	15.3	8 275	43.2	21 692	113.3
南美洲总计	102 190	118.2	9 990	11.6	75 473	87.3	187 654	217.1
世界	288 821	71.6	71 888	17.8	291 662	72.3	652 371	161.8

译自：FAO. Global Forest Resources Assessment 2010(Main report).

森林植物通过光合作用吸收 CO_2，放出 O_2，把大气中的 CO_2 吸收和固定在植被和土壤中，这是森林的“碳汇”功能。中国政府认为，大力发展林业，不仅是缓解气候变暖的重要途径，而且是充分利用太阳能实现资源循环利用、改善能源结构、维护能源安全的重要手段。中国政府通过采取有力措施不断提升森林的“碳汇”功能，积极发展生物质能源，为应对全球气候变暖做出了重大贡献。中国林业科学研究院根据中国第 7 次(2005—2009 年)森林资源清查资料估算出我国森林生态系统每年固碳释氧的总价值为 53.23 亿元(表 1-9)。

表 1-9　森林生态系统固碳释氧功能价值

森林固碳功能($\times10^4$ t/a)	固碳价值(亿元/年)	制氧功能($\times10^4$ t/a)	制氧价值(亿元/年)	固碳制氧总价值(亿元/年)
140.41	16.85	363.86	36.39	53.23

(4) 农田防护

通过建设规模宏大的农田防护林体系工程，我国逐步探索出了以农田林网为主体，

“四旁”（宅旁、村旁、路旁、水旁）植树、农林间作、成片造林相配套，网、带、片、点相结合的农田综合防护林体系建设模式，主要农区森林覆盖率从 1987 年的 7.3%提高到现在的 15.8%，新营造农田防护林 376.8×10^4 hm^2，农田林网控制率由 1987 年的 59.6%增加到现在的 74%，有 $3\,356\times10^4$ hm^2 农田得到保护。据测定，农田林网通常可减缓低空风速 30%~40%，提高相对湿度 5%~15%，增加土壤含水量 10%~20%，可有效改善农作物生长条件，提高农作物产量。过去一些风、沙、旱、涝、碱等自然灾害严重的地区，如今绿树成荫、林茂粮丰。“三北”防护林体系建设工程中，工程区森林覆盖率由 1977 年的 5.05%增加到 10.51%，森林蓄积量由 7.2×10^8 m^3 增加到 10×10^8 m^3，改善了工程区生态状况，提高了农业综合生产能力，扭转了沙进人退的局面。

同时大力发展林业生物质能源，主要是通过工业化利用途径，将富含油脂、木质纤维及非食物类果实淀粉的林木生物质材料转化为多种形式的能源产品和生物质产品，包括液体生物柴油和燃料乙醇、固体成型燃料、气体燃料、直燃发电以及生物塑料等。中国木本油料树种总面积超过 400×10^4 hm^2，种子含油量在 40%以上的植物有 154 种。目前，具有良好的资源和技术基础并可规模化培育的油料能源树种约有 10 种，如黄连木、麻疯树、光皮树、文冠果、油桐、乌桕、石栗树等。其中，麻风树栽培 2~3 年即可结果，结果期长达 30~50 年，其果实平均含油率 40%左右，5 年生果实产量达 3 000 kg/hm^2，可生产生物柴油 60 kg/hm^2 左右。中国森林资源中果实富含淀粉的树种也很丰富，如栎类果实经加工提炼可转化燃料乙醇和生物化工产品，现有面积逾 $1\,800\times10^4$ hm^2，开发潜力很大。中国现有宜林荒山荒地逾 $5\,700\times10^4$ hm^2 和近 1×10^8 hm^2 的盐碱地、沙地以及矿山、油田的复垦地等边际性土地，培育能源林的潜力和空间很大。

中国林业科学研究院（以下简称中国林科院）根据中国第七次森林资源清查资料估算出我国林木每年营养积累氮肥 981.43×10^4 t，磷肥 125.81×10^4 t，钾肥 542.38×10^4 t，林木营养积累功能价值 2 077.06 亿元（表 1-10）。

表 1-10　森林生态系统林木营养积累功能价值

林木营养积累量（$\times10^4$ t/a）			林木营养积累价值（亿元/年）
氮	磷	钾	
981.43	125.81	542.38	2 077.06

(5) 净化大气环境

森林具有吸收有毒气体和监测大气污染物的作用，能够在低浓度范围内，吸收二氧化硫、氟化氢、氯气、氮氧化物等有毒气体，净化空气。许多林木能够分泌有强大杀菌力的挥发性物质，使林区空气中的含菌量大大减少。林木对于大气中的粉尘污染能起到阻滞过滤的作用。林木枝叶茂盛，能够降低风速，从而使大粒灰尘沉降地面。同时，植物叶子表面粗糙不平，多茸毛，有些植物还能分泌油脂和黏性物质，因而又能吸附滞留在空气中的一部分粉尘。城市的强烈噪声是危害人们健康的一个因素，森林通过其枝叶的微振作用，能够减弱这种有害的噪声。中国林科院根据中国第七次森林资源清查资料估算出我国林木每年森林生态系统净化大气环境总价值 7 931.90 亿元（表 1-11）。

表 1-11　森林生态系统净化大气环境功能价值

净化环境价值(亿元/年)	提供负离子量(×10^{25}个/年)	负离子价值(亿元/年)	吸收二氧化硫量(×10^8 kg/a)	吸收二氧化硫价值(亿元/年)	吸收氟化物量(×10^8 kg/a)	吸收氟化物价值(亿元/年)	吸收氮氧化物量(×10^8 kg/a)	吸收氮氧化物价值(亿元/年)	滞尘量(×10^8 kt/a)	滞尘价值(亿元/年)
7 931.90	168.08	55.85	297.45	356.94	10.81	7.46	15.13	9.53	50.01	7 502.12

(6)野生动植物保护

物种是最珍贵的自然遗产和人类未来的财富，维护物种安全是可持续发展的重要标志。一个物种一旦灭绝，就不可复得，人类就失去了一种独特的基因库，并将永远失去利用它的可能性，这对人类将是无法挽回的巨大损失。中国幅员辽阔，生态系统多样，野生动植物极其丰富，仅脊椎动物就有 6 481 种，居世界前列；高等植物达 3 万多种，居世界第三位。为保护这些珍贵的野生动植物资源，早在 1956 年，中国政府就开始建立自然保护区，截至 2009 年年底，林业系统自然保护区已达 2 012 处，总面积 1.23×10^8 hm^2，占全国国土面积的 12.8%。建立野生动物种源繁育基地 431 个，野生植物种源培育基地 244 个，保存了许多北半球地区濒临灭绝的孑遗物种，如大熊猫、朱鹮、金丝猴、华南虎、扬子鳄和水杉、银杉、香果树等数百种珍稀濒危野生动植物。圈养大熊猫种群达到 239 只，野外种群数量达到 1 596 只；朱鹮从 1981 年发现时的 7 只，增加到 1 000 多只。中国政府将保护野生动植物种作为自己的重大责任，为此做出了巨大努力，并于 2001 年实施了野生动植物保护及自然保护区建设工程，取得了重大进展。中国林科院根据中国第七次森林资源清查资料估算出我国林业每年对野生动植物保护总价值 24 050.23 亿元(表 1-12)。

表 1-12　森林生态系统生物多样性保护功能价值　　亿元/年

生物多样性保护功能总价值	其中功能价值最大的 3 个行政区		
	云南	四川	广西
24 050.23	2 697.77	2 309.51	1 882.34

(7)湿地保护与恢复

湿地具有保持水源、蓄洪防旱、调节气候、净化水质和维护生物多样性等重要生态功能。健康的湿地生态系统，不仅为人类提供多种物质产品和文化产品，而且对维护生态安全具有十分重要的作用。中国湿地类型众多，生物多样性丰富。单块面积大于 100 hm^2 的湿地总面积为 $3\ 848\times10^4$ hm^2，居世界第四位、亚洲第一位。2005 年，国家林业局等 10 个政府部门，编制了《全国湿地保护工程实施规划(2005—2010 年)》，确定了湿地保护、恢复、可持续利用、能力建设等工程建设项目，计划投资 90 亿元，实施 400 多个项目。在国家项目的示范带动下，全国已建立国家湿地公园 18 处，面积 27×10^4 hm^2；建立 470 多处湿地自然保护区，使 $1\ 715\times10^4$ hm^2、近 45%的现有自然湿地得到有效保护；一批退化湿地的生态功能正在恢复；湿地可持续利用的示范模式正在形成。

三江源是指长江、黄河、澜沧江的发源地，这一地区湿地资源十分丰富，关系到中国乃至东南亚地区的水资源供给，被誉为“中华水塔”。为保护这一地区的湿地，2003 年中国政府建立了三江源国家级自然保护区，将生态功能最重要的 15.23×10^4 km^2 区域纳入保护范围；2005 年制定了《青海三江源自然保护区生态保护和建设总体规划》，计划投资 75 亿元，对河流、高原、湖泊、沼泽等类型的湿地进行重点保护，同时通过退耕还林、防沙治沙、草原恢复、水土流失治理等措施，全面保护和恢复这一地区的生态环境，增强水源涵养能力。

中国湿地保存了全国 96%的可利用淡水资源，分布高等植物 2 276 种和野生动物 724 种，其中水禽类 271 种，两栖类 300 种，爬行类 122 种，兽类 31 种。湿地水鸟中属国家重点保护的有 56 种，在亚洲 57 种濒危鸟类中，中国湿地内有 31 种，占 54%。由于中国湿地保护强度大、措施有力，制定了抢救性保护自然湿地、制止随意侵占和破坏湿地、开展示范工程建设等一系列切实有效的政策。目前已取得显著成效。全社会保护湿地的意识明显增强，保护行动得到落实，科研监测等基础工作得到强化，管理能力和水平得到提高，受到国际社会的高度赞誉，中国政府先后获得“献给地球的礼物”特别奖、“全球湿地保护与合理利用杰出成就奖”、“湿地保护科学奖”、“自然保护杰出领导奖”等国际荣誉。

(8) 美学和保健

社会文化功能即森林的社会效益，即森林优化社会发展环境、改善人居环境，为人民提供精神产品，提供自然环境的娱乐、游憩、美学、精神和文化价值等。森林的社会功能十分广泛，主要表现在美化生活环境，改变自然景观布局，提高生活情趣，丰富科学知识，促进科学技术进步功能，提高环境意识，促进文化教育发展以及促进社会就业等方面。森林还依托其可观的经济功能和广泛的社会功能，对于促进城市的生态文明建设，提高市民的生活质量，提升城市的形象、文化品位和综合竞争力，同样具有不可替代的重要作用。通过建设森林城市和生态宜居城区，不仅完全改变了当地的形象，也极大地提高了当地居民的生活品质。

同时林业具有巨大的保健功能，在调节人体生理机能、促进人的身心健康方面发挥着重要作用。维系人的生命不仅要有吃的、穿的、住的等物质产品，而且也离不开氧气、水、适宜的生境等生态产品。据科学家研究，人的寿命，主要受遗传圈、社会圈和自然圈的影响。其中，遗传因素占 20%左右，其他取决于社会圈和自然圈。社会圈影响人的喜、怒、哀、乐，会给人带来压抑、忧郁等问题。自然圈可以愉悦人的心情，舒缓人的压力，消除忧郁和压抑，森林还能释放出大量的负氧离子，像保健品一样调节人体的生理机能，改善人体呼吸和血液循环，促进人的身心健康。据科学研究，在人的视野中，绿色达到 25%以上时，能消除眼睛和心理的疲劳，使人的精神和心理压力得到释放，居民每周进入森林绿地休闲的次数越多，其心理压力指数越低。社会圈中的人，如果感到精神压抑，就可以到自然圈中呼吸新鲜空气，释放心理压力，促进身心健康。荷兰研究人员最近发表的报告称，住在公园或林区周边 1 hm^2 范围内的人较少出现焦虑和抑郁，与大自然亲密接触的人更合群、更大度、更重视社区、更有活力，精力也更充沛。四川的九寨沟因为森林丰富，1 cm^3 空气中负氧离子含量一般超过 1 万个，高的达到 8 万个，而城市的空气质量达到一级时，负氧离子含量也只有 1 000 多个，天安门广场的负氧离子只有 400 多个。我国四川彭山、广西巴马、湖北钟祥之所以成为长寿之乡，其共同特点就是森林覆盖率高，空气中的负氧离子丰富，形成了天然的氧吧。

1.1.4.2 森林的经济功能

新中国成立以来，特别是改革开放以后，我国林业产业在党中央、国务院的关怀和地方政府的大力支持下，经过全社会各方面与林业工作者的共同努力，为国民经济建设做出了重大贡献。据统计，60 多年来，全国林业累计向社会提供木材超过 80×10^8 m^3，竹材 141.73×10^8 根、松香 $1\,850\times10^4$ t、人造板 7×10^8 m^3。最近几年，由于市场需求的推动，林产品的增长速度进一步加快，2010 年林业产业总产值首次突破 20 000 亿元大关，达到 22 800 亿元(按现价计算)，比 2009 年增长 30.21%。这是继 2006 年首次突破 10 000 亿元大关的基础上，在“十一五”收官之年突破的又一大关，实现了 5 年之内的 2 次历史性突破。“十一五”期间林业产业总产值的平均增速达到 21.91%，产业规模迈上新台阶。

从产业看，第一产业产值 8 895.21 亿元，占全部林业产业总产值的 39.05%，同比增长 23.11%；第二产业产值 11 876.95 亿元，占全部林业产业总产值的 52.14%，同比增长 36.24%；第三产业产值 2 006.86 亿元，占全部林业产业总产值的 8.81%，同比增长 29.43%。近年来，林业三次产业的产值结构逐步调整，不断优化，已由“十五”末期的 52 : 41 : 7 调整为 39 : 52 : 9，林业工业化进程明显加快，第三产业比重逐步加大，产业结构调整迈出新步伐。

产业素质实现新的提升，特色产业集群初步形成。第一产业中，包括干鲜果品、茶、中药材以及森林食品等在内的经济林产品种植与采集业产值为 5 158.19 亿元，所占比重最大，为 57.99%；第二产业中，包括锯材、人造板等在内的木材加工及木竹制品制造业产值为 4 994.43 亿元，所占比重最大，为 42.05%；第三产业中，森林旅游与休闲服务业发展迅速，产值为 1 310.37 亿元，所占比重最大，为 65.29%，全年涉及森林旅游和休闲的人数为 10.32 亿人次。增长速度最快的产业分别是有木竹浆造纸业、森林生态服务业(主要包括自然保护区管理和森林水土保持等)和林化产品制造业，增长速度分别为 75.45%、52.87%和 49.56%。

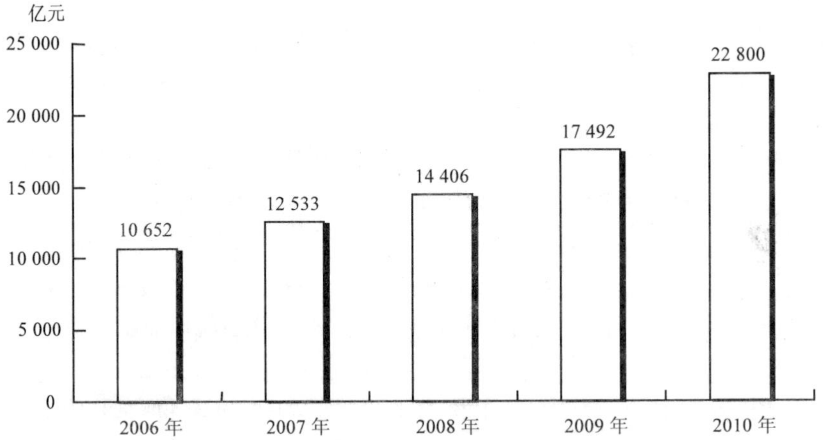

图 1-1 “十一五”期间林业产业总产值

(1) 提供木材与林副产品

据国家统计局固定资产投资统计快报显示，林业相关行业规模以上工业企业增加值增长速度较快，其中木材加工业增加值比 2009 年同期增长 22.2%，家具制造业增加值比 2009 年同期增长 19.5%，造纸及纸制品业增加值比 2009 年同期增长 16.2%，木材、人造板产量继续保持增长态势。2010 年全国木材产量预计达到 $7\,284\times10^4\,m^3$，比 2009 年增长 3.06%。竹材产量 13.3 亿根，与 2009 年基本持平。人造板产量 $13\,874\times10^4\,m^3$，比 2009 年增长 20.16%(见表 1-13)。

表 1-13　2010 年主要林产品生产情况

林产品名称	2010 年产量	2009 年产量	增减(%)
木材($\times10^4\,m^3$)	7 284.5	7 068.3	3.1
竹材(亿根)	13.3	13.6	−1.7
人造板($\times10^4\,m^3$)	13 874.3	11 546.6	20.2
木质家具*(万件)	23 420.7	18 283.1	28.1
实木地板*($\times10^4\,m^3$)	11 230.9	9 251.2	21.4
实木复合地板*($\times10^4 m^3$)	31 799.5	27 772.5	14.5

注:标*的数据为国家统计局 2010 年 1~11 月规模以上企业调查数据。

据国家统计局规模以上工业企业月度统计，截至 2010 年 11 月底，全国主要林产工业产品产量比 2009 年同期普遍大幅增长。全国累计生产木质家具 23 421 万件，比 2009 年同期增长 28.1%；实木地板 $11\,231\times10^4\,m^3$，比 2009 年同期增长 21.4%；实木复合地板 $31\,800\times10^4\,m^3$，比 2009 年同期增长 14.5%；人造板表面装饰板 $23\,315\times10^4\,m^3$，比 2009 年同期增长 22.3%。

根据中国海关统计，2010 年 1~10 月全国林产品进出口总值为 766.9 亿美元，同比增长 33.99%。其中，出口 389.3 亿美元，同比增长 29.7%；进口 377.6 亿美元，同比增长 38.70%。总体来看，我国林产品进出口形势已基本从金融危机的影响中恢复。

中国广大林区林副产品资源主要有油茶籽、油桐籽、乌桕籽、松脂、生漆、五倍子、棕片、笋干、紫胶、栲胶、橡胶、山苍籽等，为创造国民生产总值做出了巨大贡献，1949—2006 年林业部门松香产品 $1\,598.23\times10^4\,t$，栲胶 $101.29\times10^4\,t$，紫胶 $5.23\times10^4\,t$。目前全国年产油茶籽 $100\times10^4\,t$，茶油 $26\times10^4\,t$，油茶枯饼 $68.39\times10^4\,t$，油茶皂素 $1.86\times10^4\,t$，油茶籽利用程度接近 100%。目前，油茶加工企业(点)共计 659 个，其中浙江 232 个，广西 112 个，湖南 111 个。油茶籽设计加工能力可达到 $424.83\times10^4\,t$，年可加工茶油 $110.79\times10^4\,t$，是目前原料供应量的 4 倍。加工能力在 500 t 以上的企业有 178 家，具有精炼能力的企业达 200 多家，油茶加工业已形成一定规模，具备一定基础。

(2) 提供经济林产品和粮油产品

经济林是以生产果品、食用油料、饮料、调料、工业原料和药材等为主要目的的林木，是森林的一大重要林种，它不仅具有一般森林所具备的涵养水源、保持水土、净化空气等生态效益，而且为人类提供吃穿用各种产品，是一种既具经济效益又具生态效益的林种，是我国林业产业发展的重点内容。我国是经济林王国，资源丰富，发展潜力巨大。经济林是发展山区经济的重要支柱，其面积、产量、产值快速增长，但产品质量有待提高。目前我国经济林面积已占有林地面积的17.2%、人工林面积的50%以上。其中主要木本粮油树种栽培面积约 $0.1\times10^8\,hm^2$，年总产量约 $530\times10^4\,t$，以木本粮油为主的经济林产值占林业产业总产值的40%，占林业第一产业产值的55%以上，已成为林业产业体系建设的重要组成部分，在地区经济尤其是山区经济中占主导地位。据测算，我国可发展木本粮油林的实际土地面积有 $0.3\times10^8\,hm^2$，如何把经济林产业做强做大是我国新时期林业产业建设的重要任务，更是新农村建设的重要内容。

由国家林业局命名的“中国名特优经济林之乡”、“全国经济林建设示范基地”共300多个，全国经济林产品流通市场近万个，经济林产品加工企业1万多个，贮藏保鲜企业达10万个，一些经济林主产区，每年都要举办如经贸洽谈会、订货会、交易会、新闻发布会、产品推介会等以当地经济林产品为主题的各种全国性经贸活动。完成果品结构调整和优化，扩大名、特、优品种生产规模，提高经济林产品经营程度和整体建设水平；完善经济林基地生产、产品贮藏保鲜、加工、市场流通的龙头企业，提高经济林产品及其深加工的社会化程度，力争使经济林产品贮藏保鲜量占经济林产品总量的比例达到35%，加工量达到25%；建立完备的经济林产品市场流通体系，实现经济林产品产、供、销一体化。

2010年全年各类经济林产品总量与2009年相比基本持平，达到 $1.26\times10^8\,t$。从产品类别看，有增有减，其中水果种植面积为 $1\,235\times10^4\,hm^2$，水果产量为 $11\,030\times10^4\,t$，比2009年减少1.36%；干果产量为 $743\times10^4\,t$，比2009年增长10.37%；林产饮料产品的产量为 $139\times10^4\,t$，比2009年减少2.59%；林产调料产品的产量为 $50\times10^4\,t$，比2009年增长6.76%；林产工业原料产量 $168\times10^4\,t$，比2009年增长7.50%；木本油料产量为 $113\times10^4\,t$；竹笋干、食用菌等森林食品产量为 $256\times10^4\,t$；木本药材的产量为 $117\times10^4\,t$。

粮油安全始终是关系我国国民经济发展、社会稳定和国家自立的全局性重大战略问题。保障我国粮油安全，对实现全面建设小康社会的目标、构建社会主义和谐社会和推进社会主义新农村建设具有十分重要的意义。党中央、国务院始终高度重视粮油安全，把这项工作摆在突出的位置。当前我国粮油安全形势总体是好的，粮油综合生产能力稳步提高，食物供给日益丰富，供需基本平衡。但我国人口众多，对粮油的需求量大，粮油安全的基础比较脆弱。从今后发展趋势看，随着工业化、城镇化的发展以及人口增加和人民生活水平提高，粮油消费需求将呈刚性增长，而耕地减少、水资源短缺、气候变化等对粮油生产的约束日益突出。我国粮油的供需将长期处于紧平衡状态，保障粮油安全面临严峻挑战。

2007年我国食用植物油消费总量达到 $2\,250\times10^4\,t$，而国内食用植物油生产总量仅为 $890\times10^4\,t$，自给仅为40%，我国已成为世界最大的食用植物油进口国，也是世界油料进口大国。我国现有各类食用油生产企业达16 000多家，各种品牌的食用油达500多个，其中大中型食用油生产企业5 000余家，油料处理年生产能力从20世纪80年代初的 $220\times10^4\,t$ 发展到现在的 $6\,500\times10^4\,t$。为减少对进口食用油的依赖，尽可能满足国内油料加工企业的生产能力，保障我国粮油安全已提到重要议程。

保障我国粮油安全，坚持立足于基本靠国内保障粮油供给，加大政策和投入支持力度，严格保护耕地，依靠科学技术进步，着力提高粮油综合生产能力、完善粮油流通体系、加强粮油宏观调控，构建适应社会主义市场经济发展要求和符合我国国情的粮油安全保障体系。

大力发展木本粮油产业。合理利用山区资源，大力发展木本粮油产业，建设一批名、特、优、新木本粮油生产基地。积极培育和引进优良品种，加快提高油茶、油橄榄、核桃、板栗等木本粮油品种的品质和单产水平。积极引导和推进木本粮油产业化，促进木本粮油产品的精深加工，增加木本粮油供给。

目前，油茶产业快速发展。2010 年 14 个省区积极推进《全国油茶产业发展规划(2009—2020 年)》，出台了一系列鼓励油茶产业发展的政策措施，油茶良种种苗供需矛盾大大缓解，油茶造林良种良法得到普遍应用，油茶低产林抚育改造稳步推进，由于中央财政扶持油茶产业发展力度进一步加大，全年新造油茶林 14.2×10^4 hm^2，改造低产林 11.8×10^4 hm^2，油茶籽产量达到 107×10^4 t。中央投入油茶产业发展的资金 6 亿多元、省级财政投入 2.7 亿元。

(3)提供能源

能源林是以生产生物质能源为主要培育目的的林木。以利用林木所含油脂为主，将其转化为生物柴油或其他化工替代产品的能源林称为“油料能源林”；以利用林木木质为主，将其转化为固体、液体、气体燃料或直接发电的能源林称为“木质能源林”。前者包括光皮树、三年桐、千年桐、黄连木、乌桕、山苍子，后者包括杨树、刺槐、桉树、相思、栎类等。

人类目前使用的主要能源有石油、天然气和煤炭 3 种。根据国际能源机构统计，地球上这 3 种能源供人类开采的年限分别为 40 年、60 年和 220 年。我国煤炭剩余可开采储量仅为 $1\,390\times10^8$ t 标准煤，按照 2003 年的开采速度，只能维持 83 年；2004 年我国净进口石油 1.45×10^8 t，进口依存度上升到 42%。因此，尽快改善能源消耗结构，加大能源保障安全迫在眉睫。正如胡锦涛总书记在给北京可再生能源国际大会致辞中所指出的，加快发展可再生能源是应对日益严重的能源资源和环境问题的根本措施。目前，世界上技术较为成熟，可规模化工业开发利用的可再生能源主要有水能、生物质能、风能、太阳能、地热能和海洋能，可再生能源在世界能源消费中已占 22%左右。

在各种可再生能源中，生物质能是独特的，它是贮存的太阳能，更是一种唯一可再生的碳源，资源丰富且可以再生，其含硫量和灰分都比煤低，而含氢量较高，一直是人类赖以生存的重要能源之一，就其能源当量而言，是仅次于煤、油、天然气而列第四位的能源；在世界能源消耗中，生物质能占总能耗的 14%，但在发展中国家占 40%以上。在生物质能中，我国 960×10^4 km^2 的广阔土地，林木生物质能源占有十分重要的地位。加快发展林木生物质能源是有效补充我国能源，改善和保护生态环境的战略举措，对维护我国能源安全，改善能源结构将发挥重要的作用。

目前，我国林木生物质能主要有 3 种利用方式，即生物质固体燃料利用、生物质液态燃料利用和生物质气体燃料利用。其终端产品主要有 5 类，一是利用含油脂转化为生物柴油，二是木质纤维素转化燃料乙醇，三是木质加工成固体燃料，四是木质转化成燃料气体，五是木质燃料发电。

我国发展林木生物质能源有以下几个主要优势：

一是我国适于发展林木生物质能源的树种丰富。我国适合规模化发展林木生物质能的树种资源比较丰富，仅乡土树种就多达几十种。这些树种有的适合作为燃料用于发电，如刺槐、黑荆树、柠条、沙棘、柽柳等；有的适合开发生物柴油，如麻风树、黄连木、乌桕、文冠果、油桐、石栗树、光皮树等。以麻风树为例，栽培 2~3 年即可结果，结果期长达 30~50 年，其果实平均含油率 40%左右，5 年生每公顷果实产量达 3000 kg，可生产生物柴油 60 kg 左右。再如黄连木，其果实平均含油率 25%(种子达 40%)以上，2.5 t 黄连木种子可生产 1 t 燃油。

二是我国林木生物质能的资源比较丰富，可以作为重要的能源补充。根据目前的科学技术水平和经济条件，可获得的林木生物质资源种类为薪炭林、森林抚育间伐、灌木林平茬复壮、苗木截杆、经济林和城市绿化修枝、油料树种果实和林业“三剩”物(采伐剩余物、造材剩余物和加工剩余物)等。按相关的技术标准测算，每年的生物质总量约 8×10^8~10×10^8 t，其中，可作为能源利用的生物量为 3×10^8 t 以上。按照相应的热当量换算，加工后的 5 t 林木生物质可替代 1.5 t 原油，1.5 t 林木生物质可替代 1 t 标准煤，如 3×10^8 t 全部开发利用后可替代 2×10^8 t 标准煤，能够减少目前 1/10 的化石能源消耗。可以说，林木生物质能源是我国未来能源的一个重要补充。在油料资源利用方面，我国现有木本油料林总面积超过 600×10^4 hm^2，主要油料树种果实年产量在 200×10^4 t 以上，其中不少是开发生物柴油的原料。同时，还有不少可开发生物柴油的其他油料树种。如麻风树，分布我国四川、云南、贵州、广西等地，在我国西南地区适宜种植麻风树的面积约 200×10^4 hm^2，其中，已人工栽培 2×10^4 hm^2 以上。再如黄连木，野生分布范围很广，面积约 30×10^4 hm^2。

三是我国林木生物质能资源培育潜力巨大。和其他生物质能源相比，林木生物质能资源发展不占用耕地，发展空间广阔。目前，我国尚有超过 $5\,400\times10^4$ hm^2 宜林荒山荒地，可拿出一部分发展能源林。此外，还有大量的盐碱地、沙地以及矿山、油田等复垦地，初步估计有近 1×10^8 hm^2。这些不适宜农业生产的边际土地大都适宜种植特定能源树种。如在盐碱地上可种植柽柳，在沙地上可栽植能多次平茬利用的柠条、沙柳等灌木。这些边际土地资源，经过开发和改良，可以变成发展林木生物质能源的“绿色油田”、“绿色煤矿”，用以补充我国未来经济发展对能源的需求。

四是我国林木生物质能源开发技术条件已初步具备。目前，国内林木生物质能源开发利用大都处于试验和示范的过程，尚未步入实质性的产业化发展阶段，但开发利用技术已初步具备。

在生物柴油开发方面，涉及油料树种的筛选、良种选择、培育及其加工工艺和设备开发，已取得了阶段性成果。如中国林科院王涛院士对黄连木进行了研究与开发；湖南省林科院研制完成了将光皮树果和绿玉树汁转化为生物燃油设备；四川大学、四川省长江造林局等单位联合开发麻风树转化生物柴油及其综合利用的技术和设备。

在木质固体燃料加工开发方面，清华大学清洁能源研究教育中心和北京惠众科技公司合作，简化和改进了原有的热压缩颗粒成型系统，发明了“冷压缩成型技术”。因其能效高、成本低、灵活性强，从根本上解决了生物质收集运输消耗高的难题，克服了热压缩技术的不足，为林木生物质固体燃料在工业锅炉替代煤炭或发电应用上提供了很好的前景。在木质燃料发电方面，中国国能生物发电有限公司拟在黑龙江省庆安县建设一座装机容量 2.5×10^4 kW 的林木质生物发电厂。北京国林山川生物能源有限公司拟在内蒙古通辽市奈曼旗建设一座林木生物质发电厂，计划第一期装机容量为 $2\times1.2\times10^4$ kW，第二期装机容量为 2.5×10^4 kW。

2007 年国家林业局与中国石油合作开展林业生物质能源建设，2007 年、2008 年两年合作完成生物柴油原料林示范基地造林 12.67×10^4 hm^2。在"林电"、"林热"一体化建设方面，积极开展内蒙古毛乌素生物质热电厂、吉林辉南宏日新能源有限公司试点示范企业建设，目前，毛乌素生物质热电厂在毛乌素沙地大力营造沙柳基地，利用沙柳进行生物质发电，2008 年 11 月投产以来已累计发电逾 $6\,000\times10^4$ kW·h，并带动当地建成 2.2×10^4 hm^2 沙柳能源林基地。吉林辉南宏日新能源有限公司利用林业剩余物加工成型燃料，已形成年产 3×10^4 t 成型燃料生产能力。

国家林业局已编制《全国能源林建设规划》（以下简称《规划》），计划到 2020 年，全国将培育 0.133×10^8 hm^2 高产优质能源林基地。而 0.133×10^8 hm^2 的能源林将可以满足每年超过 600×10^4 t 生物柴油和装机容量达 $1\,500\times10^4$ kW 的发电原料需求。

1.1.4.3　森林的文化功能

森林文化是社会主义文化建设的重要组成部分，它诠释着人与自然特别是人与森林的关系，蕴涵着人与自然的价值取向、道德规范。一是森林文化协调人与自然的关系。森林文化能够帮助人们从自然科学层面了解森林，也能帮助人们从人文科学角度解读森林，从而规范人们的行为，肯定森林的内在价值，树立平等友善和适度开发的自然观和森林理念。这对于培育森林资源，协调人与自然之间的关系具有重要作用。二是森林文化协调人与社会的关系。森林文化作为中华文化的有机组成部分，在协调物质和精神矛盾冲突中发挥着重要作用。森林中宏大的建构和精致的生命会给人们新的启迪和新的定位。志士读到挺拔独立，贤者读到博大精深，哲人读到从容大度，商贾读到诚信守节，僧侣读到宁静庄严。花卉盆景、园林小品、木竹雕刻，以树木花鸟为题材的传说、谚语、诗歌、音乐、美术等，以其独特的风格和深厚内涵，对净化人的心灵，陶冶人的情趣，锻造人的品格会起到潜移默化的作用。三是森林文化协调人的身心健康。学习森林文化有助于解决人类自身的矛盾和冲突，即人的内心世界失调问题。森林可以协助人们消除压力和烦恼、构筑起一个精神家园。推进森林文化建设是推进和谐文化建设、和谐社会建设的应有之意。

目前全世界约有 3.7%的森林被指定用于娱乐、旅游、教育或对文化和精神遗产的保护，巴西超过 1/5 的森林用于文化和依靠森林居民生活方式的保护(FAO，2010)。在我国，自 1982 年建立第一处国家森林公园——张家界国家森林公园开始，截至 2010 年底，全国共建立森林公园 2 583 处，总面积 $1\,677.69\times10^4$ hm^2，占森林总面积的 8.58%(国家林业局场圃总站，2011)。随着经济社会的发展，用于娱乐、旅游、教育或对文化和精神遗产保护的森林也将逐渐增加。

1.2 森林与人类的关系

人与森林的关系是一个古老又经久不衰的话题。自人类出现以来就一直萦绕在人类心间。在面临全球环境问题，特别是全球气候变暖日益加剧，进而引发人类生存危机的今天，这一古老的话题被提到了国际政治高度，成为国际众多公约、组织、政府等共同关注的话题，也成了全人类共同的主题。在人类发展过程中，人类与森林的关系经历了人类依附森林、森林哺育人类，人类侵占和破坏森林，人类恢复森林并与森林和谐共生3个阶段。

1.2.1 人类依附森林、森林哺育人类阶段

森林在地球上的出现大约在33亿年前，远远先于人类。在7000万年前，人类的远祖仅是生活在地面的一种原始食虫类哺乳动物，后来有一支上了树并进化为原始灵长类动物。原始灵长类动物按顺序分化出原始眼镜猴、狭鼻猴和古猿，再进化为缅甸古猿(约4000万年前)、埃及古猿(约3000万年前)、森林古猿(约2000万年前)、西瓦古猿和腊玛古猿(约1400万年前)，腊玛古猿成了“向人类转变”的早期代表。人类的始祖，无论是爪哇直立猿人、非洲直立猿人，还是中国的元谋猿人和北京猿人，大多诞生于新生代第四世的更新世早期或中期(距今200万~100万年前后)的森林环境中，是典型的森林动物。他们与其他动物的主要区别在于学会了劳动，直起了身躯，特别是约在30万~50万年前开始使用“火”来取暖和烹煮，促进了头脑的发达，从而演化成了人类(郑先祐，1999；沈国舫，2000)。

由此可见，森林不仅为人类的出现创造条件，而且是人类衣、食、住等条件的重要提供者，也是人类文明的诞生地(见表1-14)。这个时期，人类生存、生活在森林之内，实际上还是森林生态系统的组成成分之一，是森林中的物质循环与能量交换的一个环节而已。虽然人类对森林生态过程与演替方向产生一定的影响，但这种影响无论在空间范围上，还是影响程度上都是非常轻微的。

表1-14 人类进化历程简表

时　间	人类进化内容
300(400)万年前	最早出现以双脚行走的年代
200(250)万年前	头颅内容量大于任何猿猴的化石(最早的)
200(250) 万年前	最早使用石器的遗迹
200万年前	最早有“扎营”生活的遗迹
100万年前	仍有一种以上的人属种类共同存在的证据(最后)
50(30)万年前	会使用“火”的最早遗迹
50(30)万年前	可以生活在寒带与温带的证据(最早)
20万年前	现代人种(形态)的出现
10(5)万年前	有“把手”(柄)的工具(最早出现)
3万年前	表象式的艺术品的出现(最早)
3万年前	机械式工具的出现，如弓箭、矛叉等(最早)
1(1.2)万年前	农耕生产的出现(最早)

转引自：郑先祐，1999。

1.2.2　人类侵占与破坏森林阶段

由于头脑的发达，人类逐渐积累与总结了长期对自然的认识与劳动经验，促使了生产方式的巨大变化。大约在 1 万年前，人类的生产方式由狩猎逐步发展到驯养，由采集逐步发展到种植，这是一个大飞跃，从此改变了人类与森林的关系(沈国舫，2000)。

驯养需要水草，林中的零星空地已不能满足放牧的需要；种植谷物需要阳光与平地或缓坡地，茂密的森林环境不适应种植业的需要，从而促使人类开始逐渐离开森林。一部分人走向草原，成为草原民族；一部分人走到林缘和河川冲积平原接壤处。

随着人口的增加与生产力的提高，原有的适于放牧与种植农作物的土地不能满足人类生存的需要，从而加大了对土地的需求，为了拓展农牧业用地，人类逐渐开始对森林进行了一些破坏行为，这一过程持续了几千年的时间，至今仍没有停止。由于传统农业生产力的落后，农牧业对森林的影响主要表现在侵占林地上，即“农进林退”，这种现象从根本上还没有能力破坏森林的自我调节作用。

当然，森林减少的原因除了农牧业的侵占外，更重要的是战争与不合理的森林利用对森林造成的破坏。需要指出的是合理采伐不会构成对森林的破坏。所谓合理的采伐是指在时间上、空间上、砍伐对象上有计划，在采伐方式上有设计，在采伐过程中有监督，在采伐结束后有验收，采伐时考虑森林更新、木材运输与水土保护等，因此可以保证森林可持续经营，不会造成对森林的破坏。

战争造成的森林破坏，古今中外概莫能外(沈国舫，2000)。不合理的利用森林从而对森林产生破坏发生在 14 世纪以后，特别是 17 世纪中叶，随着德国制盐、矿冶、玻璃、造船业等工业的发展，对木材需求量猛增，开始大规模采伐森林。虽然德国有严厉的森林条例，但是工业的发展对森林的破坏远远地超过了数千年农业文化对森林的破坏程度。任何森林法规都不能遏制这场破坏，这就是森林利用史上所说的“采运阶段”。这种对经济利益的无节制追求，给森林带来了前所未有的灾难，从而导致了 18 世纪初的震动德国全境的“木材危机”(陈柳钦，2007)。

1.2.3　人类恢复森林并与森林和谐共生阶段

“木材危机”使人们认识到森林资源不是取之不尽、用之不竭的天赐之物，促使林业工作者对过去的森林经营理念和林业发展的自然规律进行了反思和探索。1713 年，德国森林永续利用理论的创始人汉里希・冯・卡洛维茨(Carlowitz)首先提出了森林永续利用原则，提出了人工造林思想(陈柳钦，2007)，人类开始采用人工方法大规模恢复森林。

随着社会经济的迅猛发展，以及工业化、城市化、现代化、全球化趋势的加剧，使人类进一步加深了对森林的认识与理解。首先，人们更加清醒地认识到森林不仅是物质产品的提供者，也是生态环境的维护者；其次，可持续发展的基础与前提是生态可持续，生态可持续的关键是森林可持续发展(沈国舫，2000)。

人与森林和谐相处、共同发展，既是林业发展的最高阶段，也是社会发展的最高阶段。我们都是生活在生物圈里，很长时间以来人们对于自然、对于生物和非生物之间的关系，有 2 种不同的思想(或者 2 种不同态度)：一种思想认为人是独立于环境之外，可以主宰自然；另一种则认为人和自然共处在一个系统中，人是自然的一部分。这是 2 种不同的思想，前者是破坏自然的，按照人类的利益去利用自然，而没有考虑自然本身的利益(从伦理上来讲)；后者把人看作自然的一分子，甚至认为人与自然界中的动植物等有机体一样，是自然的一分子，这样对待自然就是一种敬畏、尊重的心情，崇拜的心境，不是去破坏它，而是怎样和自然和谐共处，共同进化。我们应该善待自然，将自然经营得更好，使得人和自然共同进化。

参考文献

陈柳钦. 2007. 林业经营理论的历史演变 [J]. 中国地质大学学报(社会科学版), 7(2): 50-56.

崔岚. 1985. “森林”一词的起源及使用年代问题——兼与小关隆祺教授商榷 [J]. 中国社会科学院研究生院学报(4): 77-79.

国家林业局苗圃总站. 2011. 2010 年暨“十一五”全国森林公园建设经营情况 [EB/OL]. (2011-04-27) [2012-3-4]http: //www.forestry.gov.cn/portal/slgy/s/2452/content-476116.html.

亢新刚. 2001. 森林资源经营管理 [M]. 北京: 中国林业出版社.

李俊清. 2006. 森林生态学 [M]. 北京: 科学出版社.

粟娟, 王新明, 梁杰明, 等. 2005. 珠海市 10 种绿化树种“芬多精”成分分析 [J]. 中国城市林业, 3(3): 43-45.

孟宪宇. 2006. 测树学 [M]. 3 版. 北京: 中国林业出版社.

沈国舫. 2000. 中国森林资源与可持续发展 [M]. 南宁: 广西科学技术出版社.

西北林学院. 1983. 简明林业词典 [M]. 北京: 科学出版社.

王永安. 1983. 森林不一定姓“乔” [J]. 江西林业科技(4): 34-35.

曾庆波, 李意德, 陈步峰, 等. 1997. 热带森林生态系统管理 [M]. 北京: 中国林业出版社.

张嘉宾. 1986. 森林生态经济学 [M]. 昆明: 云南人民出版社.

张小全, 侯振宏. 2003. 森林、造林、再造林和毁林的定义与碳计量问题 [J]. 林业科学, 39(2): 145-152.

赵宪文. 2002. 什么是森林 [J]. 林业资源管理(5): 61-64.

郑先祐. 1999. 人类与森林的关系: 历史回顾与新文化 [J]. 看守台湾(3): 1-7.

Barnes B, Zak D R, Denton S R. 1998.Forest ecology [M]. New York: John Wiley & Sons, Inc.

FAO. 2010. Global forest resources assessment 2010 (Main report) [R]. Rome: Food And Agriculture Orgnization of the United Nations.

Lund H G. 2010. Definition of forest, deforestation, afforestation and reforestation. (2010-9-4) [2010-9-4] http://home.comcast.net/˜gyde/DEFpaper.htm.

第 2 章

森林资源概况

2.1 世界森林资源简况

覆盖在大地上的森林，是自然界拥有的一笔巨大而又最可贵的“财富”。依据联合国粮农组织的《2010 年全球森林资源评估》报告显示，全球森林面积 40.33×10^8 hm^2，森林蓄积 5 272×10^8 m^3，人均森林面积 0.6 hm^2，人均森林蓄积 78.1 m^3，森林覆盖率 31%，在纳入《2010 年全球森林资源评估》的 233 个国家和地区中，森林资源最丰富的 5 个国家是俄罗斯联邦、巴西、加拿大、美国和中国，其森林面积占全球森林总面积的 53%。50 个国家或地区森林覆盖超过其国土总面积 50%，54 个国家的森林不足其土地总面积的 10%，10 个国家或地区根本没有森林。

森林资源的数量多寡，直接表明一个国家或地区发展林业生产的条件、森林拥有量情况及森林生产力等。全球不同地区森林面积、森林蓄积、人均森林面积、人均森林蓄积、森林覆盖率、每公顷蓄积量以及森林主导用途等指标详见表 2-1 至表 2-4。

世界平均森林覆盖率为 31%，从区域一级来看，南美洲的森林覆盖率最高为 49.5%，其次是欧洲为 45.4%，亚洲的森林覆盖率最低为 19.2%。

森林面积是森林在一个国家或区域相对重要性的首要指标，俄罗斯联邦一国森林面积就占世界森林总面积的 20%，分别拥有 1×10^8 hm^2 以上森林的国家有 7 个，森林资源最丰富的 10 个国家(俄罗斯联邦、巴西、加拿大、美国、中国、刚果民主共和国、澳大利亚、印度尼西亚、苏丹和印度)占森林总面积的 67%。1990—2000 年期间全世界森林面积每年净减少总量为 832×10^4 hm^2，2000—2010 年期间每年净减少量为 521×10^4 hm^2。

森林蓄积是森林在一个国家或区域的重要指标，1990—2000 年期间全世界森林蓄积每年净减少总量为 3.64×10^8 m^3，2000—2010 年期间每年净减少量为 0.74×10^8 m^3。全世界平均每公顷蓄积量为 130.7 m^3，比 1990 年的 127.2 m^3 增加了 3.5 m^3。每公顷蓄积量南美洲最高为 205 m^3，亚洲最低为 90.6 m^3。在 2010 年的全世界森林蓄积量中，针叶林比重约占 39%，阔叶林比重约为 61%。森林的碳储量为 6 520×10^8 t，相当于每公顷 161.8 t，其中有 44%在生物量中，11%在枯死木和枯枝落叶中，45%在土壤层。

表 2-1　全球不同地区森林资源分布状况

序号	地　区	总面积 (×10^3 hm^2)	总人口 (千人)	森林面积 (×10^3 hm^2)	森林蓄积 (×10^6 m^3)	人均森林面积 (hm^2)	人均森林蓄积 (m^3)	每公顷蓄积 (m^3)	森林覆盖率 (%)
	世　界	13 010 509	6 750 525	4 033 060	527 203	0.60	78.10	130.7	31.0
1	非　洲	2 974 011	987 280	674 419	76 951	0.68	77.94	114.1	22.7
	东部与南部	999 807	367 921	267 517	13 697	0.73	37.23	51.2	26.8
	北　部	941 109	209 029	78 814	1 346	0.38	6.44	17.1	8.4
	西部与中部	1 033 095	410 330	328 088	61 908	0.80	150.87	188.7	31.8
2	亚　洲	3 091 407	4 075 307	592 512	53 684	0.15	13.17	90.6	19.2
	东　亚	1 157 544	1 546 824	254 626	21 337	0.16	13.79	83.8	22.0
	南亚与东南亚	847 413	2 143 851	294 373	29 031	0.14	13.54	98.6	34.7
	西亚与中亚	1 086 450	384 632	43 513	3 316	0.11	8.62	76.2	4.0
3	欧　洲	2 214 726	731 805	1 005 001	112 052	1.37	153.12	111.5	45.4
4	北美与中美	2 134 979	536 301	705 393	86 416	1.32	161.13	122.5	33.0
	加勒比海地区	22 898	41 733	6 933	584	0.17	13.99	84.2	30.3
	中美洲	51 074	41 025	19 499	2 891	0.48	70.47	148.3	38.2
	北美洲	2 061 007	453 543	678 961	82 941	1.50	182.87	122.2	32.9
5	大洋洲	849 094	34 940	191 384	20 885	5.48	597.74	109.1	22.5
6	南美洲	1 746 292	384 892	864 351	177 215	2.25	460.43	205.0	49.5

表 2-2　全球不同地区森林面积分布及其变化一览表

序号	地　区	森林面积 (×10^3 hm^2)				年变化率 (×10^3 hm^2/a，%)			
		1990 年	2000 年	2005 年	2010 年	(1990–2000) 年		(2000–2010) 年	
	世　界	4 168 400	4 085 168	4 060 965	4 033 060	-8 323	-0.20	-5 211	-0.13
1	非　洲	749 238	708 564	691 468	674 419	-4 067	-0.54	-3 415	-0.48
	东部与南部	304 312	285 906	276 679	267 517	-1 841	-0.60	-1 839	-0.64
	北　部	85 123	79 224	79 019	78 814	-590	-0.69	-41	-0.05
	西部与中部	359 803	343 434	335 770	328 088	-1 637	-0.45	-1 535	-0.45
2	亚　洲	576 110	570 165	584 048	592 512	-595	-0.10	2 235	0.39
	东　亚	209 198	226 815	241 841	254 626	1 762	0.84	2 781	1.23
	南亚与东南亚	325 423	301 143	299 327	294 373	-2 428	-0.75	-677	-0.22
	西亚与中亚	41 489	42 207	42 880	43 513	72	0.17	131	0.31
3	欧　洲	989 471	998 239	1 001 150	1 005 001	877	0.09	676	0.07
4	北美与中美	708 383	705 497	705 296	705 393	-289	-0.04	-10	0.00
	加勒比海地区	5 902	6 434	6 728	6 933	53	0.90	50	0.78
	中美洲	25 717	21 980	20 745	19 499	-374	-1.45	-248	-1.13
	北美洲	676 764	677 083	677 823	678 961	32	0.00	188	0.03
5	大洋洲	198 744	198 381	196 745	191 384	-36	-0.02	-700	-0.35
6	南美洲	946 454	904 322	882 258	864 351	-4213	-0.45	-3 997	-0.44

《2010 年全球森林资源评估》未列出各国森林资源面积和蓄积，为了更直观地比较各国森林资源状况，以联合国粮农组织《2005 年全球森林资源评估》结果来反映，《2005 年全球森林资源评估》报告中森林面积排在前 6 位的国家是俄罗斯联邦、巴西、加拿大、

美国、中国、澳大利亚。森林蓄积排在前 6 位的国家是巴西、俄罗斯联邦、美国、加拿大、刚果民主共和国、中国。世界各国森林面积、森林蓄积、人均森林面积、人均森林蓄积、森林覆盖率等指标详见表 2-5。

表 2-3　全球不同地区森林蓄积分布及其变化一览表

序号	地区	森林蓄积（$\times10^6\ m^3$）				年变化率（$\times10^6\ m^3/a$，%）			
		1990 年	2000 年	2005 年	2010 年	（1990—2000）年		（2000—2010）年	
	世　界	530 103	526 467	528 170	527 203	-364	-0.07	74	0.01
1	非　洲	83 034	79 904	78 455	76 951	-313	-0.38	-295	-0.37
	东部与南部	15 300	14 486	14 091	13 697	-81	-0.53	-79	-0.54
	北　部	1 415	1 351	1 355	1 346	-6	-0.45	-1	-0.04
	西部与中部	66 319	64 067	63 009	61 908	-225	-0.34	-216	-0.34
2	亚　洲	51 336	52 543	53 562	53 684	121	0.24	114	0.22
	东　亚	15 987	18 577	20 226	21 337	259	1.62	276	1.49
	南亚与东南亚	32 400	30 865	30 132	29 031	-154	-0.47	-183	-0.59
	西亚与中亚	2 949	3 101	3 204	3 316	15	0.52	22	0.69
3	欧　洲	103 849	107 757	109 655	112 052	391	0.38	430	0.40
4	北美与中美	79 140	80 707	83 564	86 416	157	0.20	571	0.71
	加勒比海地区	445	529	567	584	8	1.89	6	1.04
	中美洲	3 782	3 253	3 073	2 891	-53	-1.40	-36	-1.11
	北美洲	74 913	76 925	79 924	82 941	201	0.27	602	0.78
5	大洋洲	21 293	21 415	21 266	20 885	12	0.06	-53	-0.25
6	南美洲	191 451	184 141	181 668	177 215	-731	-0.38	-693	-0.38

表 2-4　全球不同地区森林质量变化及其用途一览表

序号	地区	森林蓄积（m^3/hm^2）				2010 年森林面积（$\times10^3\ hm^2$）	指定主导功能（%）						
		1990 年	2000 年	2005 年	2010 年		林产品供给	水土保持	生物多样性保护	社会服务	兼用林	其他	没有或不知
	世界	127.2	128.9	130.1	130.7	4 033 060	30	8	12	4	24	7	16
1	非　洲	110.8	112.8	113.5	114.1	674 419	30	3	14	—	17	—	35
	东部与南部	50.3	50.7	50.9	51.2	267 517	27	5	10	—	27	0	31
	北　部	16.6	17.1	17.1	17.1	78 814	47	5	16	—	5	0	27
	西部与中部	184.3	186.5	187.7	188.7	328 088	29	1	16	—	13	—	42
2	亚　洲	89.1	92.2	91.7	90.6	592 512	39	26	13	2	17	0	3
	东　亚	76.4	81.9	83.6	83.8	254 626	39	33	6	3	19	0	0
	南亚与东南亚	99.6	102.5	100.7	98.6	294 373	42	19	21	—	12	0	6
	西亚与中亚	71.1	73.5	74.7	76.2	43 513	22	31	6	2	38	0	—
3	欧　洲	105.0	107.9	109.5	111.5	1 005 001	52	9	4	2	11	21	—
4	北美与中美	111.7	114.4	118.5	122.5	705 393	14	—	16	—	66	—	4
	加勒比海地区	75.4	82.2	84.3	84.2	6 933	28	38	19	1	4	—	10
	中美洲	147.1	148.0	148.1	148.3	19 499	19	9	47	4	10	—	11
	北美洲	110.7	113.6	117.9	122.2	678 961	14	0	15	0	68	—	3
5	大洋洲	107.1	107.9	108.1	109.1	191 384	6	—	16	—	32	34	11
6	南美洲	202.3	203.6	205.9	205.0	864 351	14	7	13	14	11	0	41

表 2-5　世界部分国家森林资源主要指标(2005 年)

国家	森林面积		森林蓄积		人均森林面积		人均森林蓄积		森林覆盖率	
	$\times 10^3$ hm^2	排名	$\times 10^6$ m^3	排名	hm^2/人	排名	m^3/人	排名	%	排名
世　界	3 952 025		434 219		0.624		68.542		30.3	
中　国	195 452	5	13 721	6	0.145	144	10.151	112	20.36	139
俄罗斯联邦	808 790	1	80 479	2	5.663	13	563.52	8	47.9	49
巴　西	477 698	2	81 239	1	2.673	29	454.57	13	57.2	34
加拿大	310 134	3	32 983	4	9.721	5	1 033.89	5	33.6	91
美　国	303 089	4	35 118	3	1.033	50	119.65	35	33.1	95
澳大利亚	163 678	6	—	—	8.135	6	—	—	21.3	137
刚果民主共和国	133 610	7	30 833	5	2.493	31	562.90	9	58.9	30
印度尼西亚	88 495	8	5 216	8	0.407	96	23.97	84	48.8	47
秘　鲁	68 472	9	—	—	2.495	30	—	—	53.7	42
印　度	67 701	10	4 698	10	0.063	178	4.35	124	22.8	129
瑞　典	27 528	22	3 155	15	3.064	26	351.14	15	66.9	20
日　本	24 868	23	4 249	13	0.195	126	33.26	71	68.2	18
芬　兰	22 500	25	2 158	23	4.314	16	413.81	14	73.9	12
加　蓬	21 775	27	4 845	9	15.848	4	3526.20	3	84.5	7
法　国	15 554	36	2 465	19	0.259	114	41.09	62	28.3	116
越　南	12 931	41	850	45	0.157	141	10.35	109	39.7	71
德　国	11 076	47	—	—	0.134	148	—	—	31.7	100
挪　威	9 387	56	863	44	2.049	32	188.35	21	30.7	105
新西兰	8 309	60	—	—	2.046	34	—	—	31.0	103
韩　国	6 265	69	502	60	0.130	149	10.43	108	63.5	25
朝　鲜	6 187	70	395	68	0.272	111	17.37	91	51.4	45

2.2　中国森林资源概况

2.2.1　林业用地分类

我国“七五”森林资源清查中将林业用地分为 8 类，分别是有林地、疏林地、灌木林地、未成林造林地、苗圃地、无立木林地、宜林地、其他林地。

(1)有林地

连续面积大于 0.067 hm^2、郁闭度 0.20 以上、附着有森林植被的林地，包括乔木林、红树林和竹林。

① 乔木林　乔木林是指由乔木(含因人工栽培而矮化的)树种组成的片林或林带。其中，乔木林带行数应在 2 行以上且行距≤4 m 或林冠冠幅水平投影宽度在 10 m 以上；当林带的缺损长度超过林带宽度 3 倍时，应视为 2 条林带；两平行林带的带距≤8 m 时按片林调查。乔木林又分为纯林和混交林。

纯林：一个树种(组)蓄积量(未达起测径级时按株数计算)占总蓄积量(株数)的 65% 以上的乔木林地。

混交林：任何一个树种(组)蓄积量(未达起测径级时按株数计算)占总蓄积量(株数)

不到 65%的乔木林地。

② 红树林 生长在热带和亚热带海岸潮间带或海潮能够达到的河流入海口，由红树科植物及其他在形态上和生态上具有相似群落特性科属植物组成的林地。

③ 竹林 由胸径 2 cm 以上的竹类植物组成的林地。

(2) 疏林地

附着有乔木树种，连续面积大于 0.067 hm^2、郁闭度在 0.10~0.19 之间的林地。

(3) 灌木林地

由灌木树种或因生境恶劣矮化成灌木型的乔木树种以及胸径小于 2 cm 的小杂竹丛，以经营灌木林为目的或起防护作用，连续面积大于 0.067 hm^2、覆盖度在 30%以上的林地。其中，灌木林带行数应在 2 行以上且行距≤2 m。当林带的缺损长度超过林带宽度 3 倍时，应视为 2 条林带；两平行灌木林带的带距≤4 m 时按片状灌木林调查。灌木林分为国家特别规定灌木林和其他灌木林。

(4) 未成林造林地

未成林造林地包括人工造林、未成林地和封育未成林地。

人工造林未成林地是指人工造林（包括植苗、穴播或条播、分殖造林）和飞播造林（包括模拟飞播）后不到成林年限，造林成效符合下列条件之一，分布均匀，尚未郁闭但有成林希望的林地，包括：①人工造林当年造林成活率 85%以上或保存率 80%（年均等降水量线 400 mm 以下地区当年造林成活率为 70%或保存率为 65%）以上；②飞播造林后成苗调查苗木 3 000 株/hm^2 以上或飞播治沙成苗 2 500 株/hm^2 以上，且分布均匀。

封育未成林地是指采取封山育林或人工促进天然更新后，不超过成林年限，天然更新等级中等以上，尚未郁闭但有成林希望的林地。

表 2-6 不同营造方式成林年限 年

营造方式		年降水量 400 mm 以上地区				年降水量 400 mm 以下地区	
		南方		北方			
		乔木	灌木	乔木	灌木	乔木	灌木
封山育林		5~8	3~6	5~10	4~6	8~15	5~8
飞播造林		5~7	4~7	5~8	5~7	7~10	5~7
人工造林	直播	3~8	2~6	4~8	3~6	4~10	4~8
	植苗、分殖	2~5	2~4	2~6	2~5	3~8	3~6

注：慢生树种取上限，速生树种取下限；大苗造林、工业原料用材林由各省（自治区、直辖市）自行规定；青藏高原参照北方地区。

(5) 苗圃地

固定的林木、花卉育苗用地，不包括母树林、种子园、采穗圃、种质基地等种子、种条生产用地以及种子加工、储藏等设施用地。

(6) 无立木林地

无立木林地包括采伐迹地、火烧迹地和其他无立木林地。

采伐迹地是指采伐后保留木达不到疏林地标准、尚未人工更新或天然更新达不到中等等级的林地。

火烧迹地是指火灾后活立木达不到疏林地标准、尚未人工更新或天然更新达不到中等等级的林地。

其他无立木林地是指：①造林更新后，成林年限前达不到未成林造林地标准的林地；②造林更新到成林年限后，未达到有林地、灌木林地或疏林地标准的林地；③已经整地但还未造林的林地；④不符合上述林地区划条件，但有林地权属证明，因自然保护、科学研究等需要保留的土地。

(7) 宜林地

经县级以上人民政府规划为林地的土地，包括：①宜林荒山荒地：未达到上述有林地、疏林地、灌木林地、未成林造林地标准，规划为林地的荒山、荒(海)滩、荒沟、荒地等；②宜林沙荒地：未达到上述有林地、疏林地、灌木林地、未成林造林地标准，造林可以成活，规划为林地的固定或流动沙地(丘)、有明显沙化趋势的土地等；③其他宜林地是指经县级以上人民政府规划用于发展林地的其他土地。

(8) 辅助生产林地

直接为林业生产服务的工程设施与配套设施用地和其他有林地权属证明的土地，包括：①培育、生产种子、苗木的设施用地；②贮存种子、苗木、木材和其他生产资料的设施用地；③材道、运材道；④林业科研、试验、示范基地；⑤野生动植物保护、护林、森林病虫害防治、森林防火、木材检疫设施用地；⑥供水、供热、供气、通讯等基础设施用地；⑦其他有林地权属证明的土地。

2.2.2 森林资源分布

中国森林资源绝大部分集中分布于东北、西南等边远山区和台湾山地及东南丘陵，而广大的西北地区森林资源贫乏。东北地区的森林资源主要集中在大、小兴安岭和长白山地，包括黑、吉、辽 3 省和内蒙古东部的呼伦贝尔、兴安、哲里木 3 盟和赤峰市。西南地区的森林资源主要分布在川西、滇西北、藏东南的高山峡谷地区，包括四川、重庆、云南、西藏。南方地区是我国自然条件最好的地区，也是历来林业发达的地区，人工林占有很高的比重，包括浙江、安徽、江西、福建、湖北、湖南、广东、广西、海南和贵州等 10 省(自治区)。东部少林地区，包括北京、天津、上海、河北、山东、河南、江苏等省(直辖市)。西北和华北西部地区包括山西、陕西、甘肃、青海、宁夏、新疆和内蒙古的中、西部，西北地区的森林资源主要分布在秦岭南坡(汉中、甘肃白龙江流域)、天山、阿尔泰山、祁连山、青海东南部等，这里为原始林区，并有国有林业局分布。其次，陕、甘的陇东地区(小陇山、子午岭)，陕西黄龙山、桥山，山西的管涔山、太岳山、吕梁山、五台山、关帝山、中条山等为次生林区。

《中华人民共和国国民经济和社会发展第十一个五年规划纲要》将我国区域发展格局分为西部大开发区(简称西部地区)、东北地区、中部地区和东部地区。各经济区域森林资源分布详见表 2-7。

森林覆盖率东北地区最高，达 40.22%；西部地区最低，仅为 17.05%，但是西部地区无论是森林面积还是森林蓄积均占全国资源一半以上。防护林面积比重较大的是东北地区和西部地区，均超过 50%；用材林和经济林面积比重较大的是东部地区，分别为

46.19%和 21.23%。天然林面积比重较大的是东北地区和西部地区，超过 70%；人工林面积比重东部地区最高，达 58.58%，东北地区最低，仅为 21.22%。各经济发展区域森林资源总量存在较大差异。

表 2-7 全国各经济发展区域森林资源分布一览表

统计单位	森林覆盖率(%)	森林面积		森林蓄积	
		数量($\times10^4$ hm^2)	占全国比例(%)	数量($\times10^4$ m^3)	占全国比例(%)
东部地区	35.68	3 248.95	15.10	122 669.80	9.18
中部地区	33.30	3 418.39	15.88	129 714.00	9.71
西部地区	17.05	11 681.29	54.27	827 131.56	61.90
东北地区	40.22	3 175.52	14.75	256 744.10	19.21

中国十大流域中的长江、黑龙江、珠江、黄河、辽河、海河和淮河七大流域面积占国土面积近一半，森林面积占全国 70%，森林蓄积占全国 60%。森林面积和森林蓄积均以长江流域最多，海河流域最少；森林覆盖率以珠江流域最高，海河流域最低。各流域森林面积、森林蓄积、森林覆盖率详见表 2-8。

表 2-8 全国主要流域森林资源分布一览表

统计单位	森林覆盖率(%)	森林面积		森林蓄积	
		数量($\times10^4$ hm^2)	占全国比例(%)	数量($\times10^4$ m^3)	占全国比例(%)
长江	34.37	6 187.38	28.75	356 689.16	26.69
黑龙江	42.63	3 970.29	18.45	331 651.52	24.82
珠江	49.25	2 177.23	10.12	83 953.76	6.28
黄河	16.15	1 214.99	5.64	46 534.58	3.48
辽河	28.13	617.90	2.87	16 245.17	1.22
海河	14.63	383.61	1.78	7 294.44	0.55
淮河	16.25	437.61	2.03	15 728.34	1.18

天然林主要分布在长江流域和黑龙江流域，其面积占七大流域的 80.27%，占全国的 59.43%。人工林主要分布在长江流域和珠江流域，其面积占七大流域的 62.54%，占全国的 45.40%。天然林占有林地比例最大的是黑龙江流域，达 89.73%；人工林占有林地比例较大的是淮河、辽河和海河流域，都在 2/3 以上，其中淮河流域达到 85%以上。

中国林区主要有东北、内蒙古林区，西南高山林区，东南低山丘陵林区，西北高山林区和热带林区五大林区。五大林区的土地面积占国土面积的 40%，森林面积占全国 70%以上，森林蓄积占全国 90%以上。森林面积以东南低山丘陵林区最多，西北高山林区最少；森林蓄积以西南高山林区最多，西北高山林区最少；森林覆盖率以东北、内蒙古林区最高，西南高山林区最低。各林区森林面积、森林蓄积、森林覆盖率详见表 2-9。

在五大林区中，东北、内蒙古林区和西南高山林区、西北高山林区天然林面积比重在 86%以上，蓄积比重在 94%以上，其中东北、内蒙古林区的天然林面积比重达 92.14%、蓄积比重达 94.76%。东南低山丘陵林区和热带林区的人工林比重较大，其中东南低山丘陵林区人工林面积比重 43.03%、蓄积比重 33.45%。

表 2-9　全国主要林区森林资源分布一览表

统计单位	森林覆盖率(%)	森林面积		森林蓄积	
		数量($\times10^4$ hm^2)	占全国比例(%)	数量($\times10^4$ m^3)	占全国比例(%)
东北、内蒙古林区	67.10	3 590.09	16.68	321 269.48	24.04
东南低山丘陵林区	51.97	5 780.65	26.86	256 458.50	19.19
西南高山林区	23.00	4 348.02	20.20	509 024.38	38.09
西北高山林区	39.14	508.86	2.36	53 093.23	3.97
热带林区	44.57	1 180.37	5.48	86 260.91	6.46

2.2.3　森林资源数量

中国国土辽阔，森林资源少，森林覆盖率低，地区差异很大。从我国第七次森林资源连续清查结果可以知道，全国森林面积为 1.95×10^8 hm^2，森林蓄积 137.21×10^8 m^3，活立木总蓄积 149.13×10^8 m^3。中国森林面积占世界的 4.95%，排世界第 5 位，居俄罗斯、巴西、加拿大、美国之后；森林蓄积占世界的 3.16%，排世界第 6 位，居巴西、俄罗斯、加拿大、美国、刚果民主共和国之后；森林覆盖率为 20.36%，排世界第 139 位；人工林面积居世界首位；人均森林面积为 0.145 hm^2，相当于世界平均水平的 23.24%，排世界 144 位；人均森林蓄积为 10.151 m^3，相当于世界平均水平的 14.81%，排世界第 112 位。

森林覆盖率超过世界平均水平(30.3%)的有福建(63.10%)、江西(58.32%)、浙江(57.415%)、广西(52.71%)、海南(51.39%)、广东(49.44%)、云南(47.50%)、湖南(44.76%)、黑龙江(42.39%)、吉林(38.93%)、陕西(37.26%)、辽宁(35.13%)、重庆(34.85%)、四川(34.31%)、北京(31.72%)、贵州(31.61%)、湖北(31.14%)17 个省(自治区、直辖市)，超过中国平均水平(20.36%)的有安徽(26.06%)、河北(22.29%)2 个省，其余各省(自治区、直辖市)多在 5%以上，而青海(4.57%)、新疆(4.02%)不足 5%。为此，应尽快提高森林资源数量和质量，改变中国林业落后面貌。

全国林地面积 30 378.19$\times10^4$ hm^2，其中：有林地 18 138.09$\times10^4$ hm^2，疏林地 482.22$\times10^4$ hm^2，灌木林地 5 365.34$\times10^4$ hm^2，未成林造林地 1 046.18$\times10^4$ hm^2，苗圃地 45.40$\times10^4$ hm^2，无立木林地 709.61$\times10^4$ hm^2，宜林地 4 403.54$\times10^4$ hm^2，其他林地 187.81$\times10^4$ hm^2。有林地面积中，乔木林 15 558.99$\times10^4$ hm^2，占 85.78%；经济林 2 041.00$\times10^4$ hm^2，占 11.25%；竹林 538.10$\times10^4$ hm^2，占 2.97%。林地面积排在前 10 位的省区依次是内蒙古、云南、四川、黑龙江、西藏、广西、湖南、陕西、广东、新疆。森林面积排在前 10 位的省区依次是内蒙古、黑龙江、云南、四川、西藏、广西、江西、湖南、广东、陕西。黑龙江、内蒙古、云南、四川、广西、江西、湖南有林地面积较大，7 省(自治区)合计 9 544.32$\times10^4$ hm^2，占全国的 52.62%。

林木蓄积是一定范围土地上现存活立木蓄积的总量，也称活立木蓄积。包括森林蓄积、疏林蓄积、散生木蓄积和四旁树蓄积。全国活立木总蓄积 1 455 393.79$\times10^4$ m^3。其中，森林蓄积 1 336 259.46$\times10^4$ m^3，疏林蓄积 11 423.77$\times10^4$ m^3，散生木蓄积 74 468.12$\times10^4$ m^3，四旁树蓄积 33 242.44$\times10^4$ m^3。活立木总蓄积排在前 10 位的省区依次是西藏、云南、四川、黑龙江、内蒙古、吉林、福建、广西、江西、湖南。森林蓄积排

表 2-10　全国各省（自治区、直辖市）森林资源主要指标

省（自治区、直辖市）	森林覆盖率		林业用地		森林				活立木		经济林		天然林				人工林				乔木林蓄积量	
	%	排名	面积 ($\times10^4hm^2$)	排名	面积 ($\times10^4hm^2$)	排名	蓄积 ($\times10^4m^3$)	排名	总蓄积 ($\times10^4m^3$)	排名	面积 ($\times10^4hm^2$)	排名	面积 ($\times10^4hm^2$)	排名	蓄积 ($\times10^4m^3$)	排名	面积 ($\times10^4hm^2$)	排名	蓄积 ($\times10^4m^3$)	排名	单位面积 (m^3/hm^2)	排名
全国	20.36		30 590.41		19 545.22		1 372 080.36		1 491 268.19		2 041.00		11 969.25		1 140 207.18		6 168.84		196 052.28		85.88	
北京	31.72	15	101.46	29	52.05	28	1 038.58	28	1 291.29	28	16.40	24	16.32	26	466.96	26	35.65	26	571.62	26	29.20	30
天津	8.24	29	14.22	30	9.32	30	198.89	30	277.01	30	3.86	28	0.44	30	12.06	30	8.88	28	186.83	28	36.43	28
河北	22.29	19	705.37	18	418.33	19	8 374.08	22	10 183.91	22	91.08	12	167.02	17	4 135.48	24	212.27	14	4 238.60	17	29.06	31
山西	14.12	23	754.58	17	221.11	25	7 643.67	23	8 846.96	23	45.38	18	115.21	23	5 804.72	22	102.74	22	1 838.95	24	44.33	24
内蒙古	20.00	21	4 394.93	1	2 366.40	1	117 720.51	5	136 073.62	5	19.78	22	1 397.13	2	110 146.56	5	303.91	7	7 573.95	10	70.02	11
辽宁	35.13	12	666.28	20	511.98	17	20 226.85	16	21 174.91	17	122.24	5	200.55	16	12 927.51	17	283.03	9	7 299.34	12	55.98	16
吉林	38.93	10	848.73	14	736.57	12	84 412.29	6	88 244.21	6	8.99	26	586.79	7	74 817.39	6	148.94	19	9 594.90	8	116.15	4
黑龙江	42.39	9	2 184.16	4	1 926.97	2	152 104.96	4	165 191.60	4	14.34	25	1 691.29	1	138 585.30	4	235.68	12	13 519.66	4	79.53	10
上海	9.41	28	7.46	31	5.97	31	100.95	31	275.20	31	2.28	29	—	—	—	—	5.97	29	100.95	31	29.69	29
江苏	10.48	25	128.64	28	107.51	27	3 501.75	27	5 022.59	26	29.46	20	3.36	29	93.92	29	104.15	21	3 407.83	20	47.04	20
浙江	57.41	3	667.97	19	584.42	14	17 223.14	18	19 382.93	18	112.52	8	316.98	14	11 214.86	18	267.44	10	6 008.28	16	43.76	25
安徽	26.06	18	439.4	23	360.07	20	13 755.41	19	16 258.35	20	56.85	14	150.08	19	6 732.19	20	209.87	15	7 023.22	14	50.79	18
福建	63.10	1	914.81	13	766.65	11	48 436.28	7	53 226.01	7	101.29	9	407.47	12	28 834.73	9	359.18	5	19 601.55	1	85.57	9
江西	58.32	2	1 054.92	11	973.63	7	39 529.64	9	45 045.51	9	120.33	6	681.76	6	28 794.82	10	291.87	8	10 734.82	7	51.46	17
山东	16.72	22	342.12	25	254.46	24	6 338.53	25	8 627.99	24	98.34	11	10.08	27	136.43	28	244.38	11	6 202.10	15	40.60	27
河南	20.16	20	502.02	22	336.59	21	12 936.12	20	18 051.16	19	51.13	16	119.20	22	5 456.00	23	217.39	13	7 480.12	11	45.65	21
湖北	31.14	17	822.01	16	578.82	15	20 942.49	15	23 121.55	15	55.68	15	411.49	11	16 734.70	15	167.01	18	4 207.79	18	41.24	26
湖南	44.76	8	1 234.21	7	948.17	8	34 906.67	10	38 177.20	10	158.21	3	483.49	10	18 888.34	12	464.04	3	16 018.33	3	48.05	19
广东	49.44	6	1 073.07	9	873.98	9	30 183.37	12	32 160.74	13	130.46	4	346.84	13	18 662.94	13	503.18	2	11 520.43	6	44.47	22
广西	52.71	4	1 496.45	6	1 252.50	6	46 875.18	8	51 056.78	8	196.96	1	517.88	8	29 747.20	8	515.52	1	17 127.98	2	58.11	15
海南	51.98	5	208.73	26	176.26	26	7 274.23	24	7 940.93	25	90.53	13	50.97	24	6 043.84	21	125.29	20	1 230.39	25	86.42	8
重庆	34.85	13	400.18	24	286.92	23	11 331.85	21	13 803.63	21	19.24	23	137.59	21	8 823.64	19	76.20	24	2 508.21	21	62.25	12
四川	34.31	14	2 311.66	3	1 659.52	4	159 572.37	2	168 753.49	3	99.56	10	897.77	4	146 211.28	3	415.65	4	13 361.09	5	136.94	3

（续）

省（自治区、直辖市）	森林覆盖率		林业用地		森林				活立木		经济林		天然林				人工林				乔木林蓄积量	
	%	排名	面积（×10^4hm^2）	排名	面积（×10^4hm^2）	排名	蓄积（×10^4m^3）	排名	总蓄积（×10^4m^3）	排名	面积（×10^4hm^2）	排名	面积（×10^4hm^2）	排名	蓄积（×10^4m^3）	排名	面积（×10^4hm^2）	排名	蓄积（×10^4m^3）	排名	单位面积（m^3/hm^2）	排名
贵州	31.61	16	841.23	15	556.92	16	24 007.96	14	27 911.53	14	48.05	17	259.39	15	15 289.58	16	199.86	16	8 718.38	9	60.31	13
云南	47.50	7	2 476.11	2	1 817.73	3	155 380.09	3	171 216.68	2	166.51	2	1 321.56	3	148 120.22	2	326.77	6	7 259.87	13	105.51	6
西藏	11.91	24	1 746.63	5	1 462.65	5	224 550.91	1	227 271.36	1	0.60	30	838.38	5	224 440.17	1	3.36	31	110.74	30	266.96	1
陕西	37.26	11	1 205.80	8	767.56	10	33 820.54	11	36 144.16	11	116.11	7	503.38	9	31 789.41	7	183.27	17	2 031.13	22	59.65	14
甘肃	10.42	26	955.44	12	468.78	18	19 363.83	17	21 708.26	16	25.71	21	158.46	18	17 341.45	14	80.77	23	2 022.38	23	90.73	7
青海	4.57	30	634.00	21	329.56	22	3 915.64	26	4 413.80	27	0.36	31	31.42	25	3 621.46	25	4.44	30	294.18	27	110.30	5
宁夏	9.84	27	179.03	27	51.10	29	492.14	29	625.93	29	4.45	27	5.16	28	306.02	27	10.38	27	186.12	29	44.38	23
新疆	4.02	31	1 066.57	10	661.65	13	30 100.54	13	33 914.50	12	34.30	19	141.79	20	26 028.00	11	61.75	25	4 072.54	19	177.86	2
台湾	58.79	—	210.24	—	210.24	—	35 820.90	—	35 874.40	—	—	—	—	—	—	—	—	—	—	—	—	—
香港	17.10	—	1.92	—	1.92	—	—	—	—	—	—	—	—	—	—	—	—	—	—	—	—	—
澳门	21.70	—	0.06	—	0.06	—	—	—	—	—	—	—	—	—	—	—	—	—	—	—	—	—

（1）全国森林面积含国家特别规定的灌木林新增面积，各省（自治区、直辖市）森林面积含国家特别规定的灌木林面积。

（2）台湾省数据来源于《第三次台湾森林资源及土地利用调查（1993 年）》。

（3）香港特别行政区的森林面积来源于香港环境资源顾问有限公司 2003 年在香港特区政府持续发展组的委托下编写的《陆上栖息地保护价值评级及地图制》。

（4）澳门特别行政区数据来源于《澳门 2006 年统计年鉴》，森林面积为总绿化面积、森林覆盖率指绿化面积占土地面积的比例。

（5）全国经济林面积、天然林面积蓄积、人工林面积蓄积、乔木林单位面积蓄积量不含香港特别行政区、澳门特别行政区和台湾省数据。

在前 10 位的省区依次是西藏、四川、云南、黑龙江、内蒙古、吉林、福建、广西、江西、湖南，其中西藏、四川、云南、黑龙江、内蒙古、吉林等省(自治区)森林蓄积较多，6 省(自治区)合计占全国的 66.88%。

全国各省(自治区、直辖市)森林资源主要指标详见表 2-10。

2.2.4 森林资源结构

2.2.4.1 森林权属结构

森林资源权属结构是反映森林资源的所有制状况的重要指标。在森林资源清查中，将林地权属划分为国有和集体所有 2 种，将林木权属划分为国有、集体和个体 3 种。全国森林按照林权分布见表 2-11。

表 2-11 全国森林按照林权分布情况

权属类型	权属结构	合计	国有	集体	个体
林地权属	面积 ($\times 10^4 hm^2$)	30 378.19	12 131.58	18 246.61	
	比例 (%)	100.00	39.94	60.06	
有林地权属	面积 ($\times 10^4 hm^2$)	18 138.09	7 256.77	10 891.32	
	比例 (%)	100.00	39.95	60.05	
林木权属	面积 ($\times 10^4 hm^2$)	18 138.09	7 143.58	5 176.99	5 817.52
	比例 (%)	100.00	39.38	28.54	32.07
蓄积权属	蓄积 ($\times 10^4 m^3$)	1 336 259.46	878 812.35	290 427.90	167 019.21
	比例 (%)	100.00	65.77	21.73	12.50

2.2.4.2 森林资源结构

森林资源结构主要包括林种结构、树种结构和龄组结构。森林资源结构反映了森林资源的用途、树种组成和年龄分布状况，在一定程度上反映了森林资源的质量、功能和经营状况。

(1)林种结构

根据《中华人民共和国森林法》，中国森林划分为防护林、用材林、经济林、薪炭林、特种用途林五大林种。在充分发挥森林多功能的前提下，按照主要用途的不同，将防护林和特种用途林归为公益林，将用材林、经济林、薪炭林归为商品林。有林地面积 18 138.09×$10^4 hm^2$ 中公益林和商品林各占 52.41%和 47.59%，按照五大林种划分，其面积、蓄积详见表 2-12。

表 2-12 全国有林地面积、蓄积一览表

林种	面积		蓄积	
	数量 ($\times 10^4 hm^2$)	比例 (%)	数量 ($\times 10^4 m^3$)	比例 (%)
合 计	18 136.09	100.00	1 336 259.46	100.00
防护林	8 308.38	45.81	735 033.12	55.01
特用林	1 197.82	6.60	174 609.49	13.07
用材林	6 414.16	35.37	422 704.82	31.63
薪炭林	174.73	0.96	3 912.03	0.29
经济林	2 041.00	11.25		

(2)树种结构

我国树种资源极其丰富，有木本植物 8 000 余种，约占世界的 54%。其中，乔木树种 2 000 余种。乔木林按优势树种(组)统计，面积比重排名前 10 位的有栎类、马尾松、杉木、桦木、落叶松、杨树、云南松、云杉、柏木、冷杉，面积合计 8 620.69×10^4 hm^2，占全国的 55.40%；蓄积合计 760 345.78×10^4 m^3，占全国的 56.90%。乔木林主要优势树种(组)构成详见表 2-13。

表 2-13　乔木林主要优势树种(组)面积和蓄积

主要优势树种(组)	面积		蓄积	
	数量(×10^4 hm^2)	比例(%)	数量(×10^4 m^3)	比例(%)
合　计	8 620.69	55.40	760 345.78	56.90
栎　类	1 610.03	10.35	120 841.43	9.04
马尾松	1 203.5	7.74	58 787.72	4.4
杉　木	1 126.87	7.24	73 409.48	5.49
桦　木	1 079.85	6.94	79 946.31	5.98
落叶松	1 063.11	6.83	95 521.69	7.15
杨　树	1 010.26	6.49	54 939.14	4.11
云南松	460.59	2.96	46 872.15	3.51
云　杉	430.96	2.77	100 159.61	7.5
柏　木	324.37	2.08	16 306.22	1.22
冷　杉	311.15	2	113 562.03	8.5

栎类林和杨树林在全国各省(自治区、直辖市)均有分布，栎类林在云南、内蒙古、陕西、黑龙江、吉林、四川分布较多，6 省(自治区)面积占全国的 63.71%，蓄积占全国的 75.90%；杨树林在内蒙古、黑龙江、河南、山东、江苏、吉林分布较多，6 省(自治区)面积占全国的 70.08%，蓄积占全国的 72.92%；马尾松和杉木林主要分布在南方集体林区，马尾松林在江西、广西、湖南、湖北、浙江和福建分布较多，6 省(自治区)面积占全国的 65.92%，蓄积占全国的 60.86%；杉木林在湖南、江西、福建、广西、浙江分布较多，5 省(自治区)面积占全国的 71.16%，蓄积占全国的 71.71%；桦木林和落叶松林主要集中分布在东北、内蒙古林区，以内蒙古和黑龙江 2 省(自治区)最多，2 省(自治区)合计，桦木林面积占全国的 82.51%，蓄积占全国的 79.78%，落叶松林面积占全国的 80.18%，蓄积占全国的 76.29%。

(3)龄组结构

根据树种生物学特性、生长过程及经营利用方向不同，按年龄大小将乔木林划分为幼龄林、中龄林、近熟林、成熟林和过熟林。乔木林各龄组构成详见表 2-14。

表 2-14　乔木林各龄组面积、蓄积一览表

龄组结构		合计	幼龄林	中龄林	近熟林	成熟林	过熟林
面积	数量(×10^4 hm^2)	15 558.99	5 261.86	5 201.47	2 305.37	1 871.25	919.04
	比例(%)	100.00	33.82	33.43	14.82	12.03	5.91
蓄积	数量(×10^4 m^3)	1 336 259.46	148 777.11	386 141.65	264 983.39	315 872.22	220 485.09
	比例(%)	100.00	11.13	28.90	19.83	23.64	16.50

近成过熟林主要分布在西藏、内蒙古、四川、黑龙江、云南、吉林、陕西7省(自治区)，合计占全国的72.11%。

2.2.5 森林资源质量

森林资源质量通常采用乔木林单位面积蓄积量、单位面积生长量、单位面积株数、平均郁闭度、平均胸径、群落结构、树种组成结构、森林灾害、自然度和森林健康状况等指标反映。

全国乔木林每公顷蓄积量为85.88 m^3、年均生长量为3.85 m^3、株数为916株；平均郁闭度为0.56，平均胸径为13.3 cm；乔木林群落结构完整的面积占58.02%，较完整的面积占37.30%，简单结构的占4.68%；乔木树种结构中的纯林占62.59%，混交林占37.41%。全国各省(自治区、直辖市)乔木林单位面积蓄积量详见表2-15。

表2-15 全国各省(自治区、直辖市)乔木林单位面积蓄积量

统计单位	每公顷蓄积量(m^3/hm^2)	排名	统计单位	每公顷蓄积量(m^3/hm^2)	排名
全国	85.88		河南	45.65	21
北京	29.2	30	湖北	41.24	26
天津	36.43	28	湖南	48.05	19
河北	29.06	31	广东	44.47	22
山西	44.33	24	广西	58.11	15
内蒙古	70.02	11	海南	86.42	8
辽宁	55.98	16	重庆	62.25	12
吉林	116.15	4	四川	136.94	3
黑龙江	79.53	10	贵州	60.31	13
上海	29.69	29	云南	105.51	6
江苏	47.04	20	西藏	266.96	1
浙江	43.76	25	陕西	59.65	14
安徽	50.79	18	甘肃	90.73	7
福建	85.57	9	青海	110.3	5
江西	51.46	17	宁夏	44.38	23
山东	40.6	27	新疆	177.86	2

乔木林人为干扰较小，处于原始和接近原始状态的面积占5.01%；人为干扰较大，处于次生状态或人工类型的面积占94.99%。

根据遭受火灾、病虫鼠害、气候灾害(风、雪、水、旱)和其他灾害的程度，乔木林受害等级划分为轻度、中度和重度三级。乔木林受灾面积1 761.74×10^4 hm^2，占乔木林面积的11.32%，其中，重度占11.78%、中度占23.10%、轻度占65.12%。各种灾害类型中，遭受病虫鼠害的面积893.02×10^4 hm^2，占50.69%；遭受火灾的面积306.40×10^4 hm^2，占17.39%；遭受气候等其他灾害的面积562.32×10^4 hm^2，占31.92%。

森林处于健康和亚健康等级的乔木林面积分别占72.33%、21.44%，处于中健康和不健康等级的乔木林面积分别占4.72%、1.51%。

乔木林质量等级好的占16.66%、中等的占60.96%，质量等级差的占22.38%。经综合评价，乔木林质量指数为0.57，质量整体上处于中等水平。综合评定为乔木林质量指数达到 0.6 以上的有西藏、吉林、四川和福建 4 省(自治区)，以西藏最高，为 0.69。

综合森林质量、结构和受干扰程度等多方面因素，对乔木林生态功能等级评定为好、中、差 3 个等级，好的占 11.31%、中的占 79.74%、差的占 8.95%，全国乔木林生态功能指数平均为 0.54，乔木林生态功能处于中等水平。生态功能等级为好的乔木林主要分布在东北的大兴安岭、长白山林区，西南的川西林区和滇西北林区，西藏的林芝、波密林区，福建的武夷山以及海南的五指山等林区。

中国林科院依据第七次清查结果研究测算，全国森林植被总碳储量 78.11×10^8 t；年涵养水源量 $4\,947.66\times10^8$ m^3，年固土量 70.35×10^8 t，年保肥量 3.64×10^8 t，年吸收大气污染量 0.32×10^8 t，年滞尘量 50.01×10^8 t。仅固碳释氧、涵养水源、保育土壤、净化大气环境、积累营养物质以及生物多样性保护 6 项，中国的森林生态系统生态服务功能年价值量为 10.01 万亿元。

2.2.6 天然林和人工林

天然林是自然界中结构最复杂、功能最完备的陆地生态系统，是我国森林资源的主体，是国家的重要战略性资源，在维护生态平衡、应对气候变化、保护生物多样性中发挥着关键性作用。人工林资源是恢复和重建的森林生态系统，在提供木材产品、改善生态环境、维持生态平衡等方面发挥着越来越大的作用。天然林以利用生态产品为主，严加保护和恢复；人工林以利用林木产品为主，大力培育和有效利用。

2.2.6.1 天然林

全国天然林面积 $11\,969.25\times10^4$ hm^2，占有林地面积的 65.99%；蓄积 $1\,140\,207.18\times10^4$ m^3，占森林蓄积的 85.33%。天然疏林面积 367.31×10^4 hm^2，蓄积 $9\,897.41\times10^4$ m^3。

天然林中，乔木林 $11\,559.12\times10^4$ hm^2，占 96.57%；经济林 92.33×10^4 hm^2，占 0.77%；竹林 317.80×10^4 hm^2，占 2.66%。天然乔木林蓄积量 98.64 m^3/ hm^2、年均生长量 3.40 m^3/hm^2。平均郁闭度 0.58，平均胸径 13.8 cm，株数 922 株/ hm^2。天然乔木林中，纯林占 54.22%，混交林占 45.78%。

天然林面积按土地权属分，国有 $6\,310.99\times10^4$ hm^2，占 52.73%；集体 $5\,658.26\times10^4$ hm^2，占 47.27%。天然林面积按林木权属分，国有的占 52.38%，集体经营的占 29.54%，个体经营的占 18.08%；天然林蓄积按林木权属分，国有的占 72.53%，集体所有的占 19.78%，个体所有的占 7.69%。

天然乔木林按林种分布详见表 2-16，天然乔木林按龄组分布详见表 2-17。

表 2-16 全国天然林面积、蓄积按林种分布

林种结构		合计	防护林	特用林	用材林	薪炭林	经济林
面积	数量($\times10^4$ hm^2)	11 969.25	6 756.07	1 082.22	3 893.30	145.33	92.33
	比例(%)	100.00	56.45	9.04	32.53	1.21	0.77
蓄积	数量($\times10^4$ m^3)	1 140 207.18	672 831.16	168 184.57	295 655.38	3 536.07	
	比例(%)	100.00	59.01	14.75	25.93	0.31	

表 2-17　全国天然林面积、蓄积按龄级分布

龄组结构		合计	幼龄林	中龄林	近熟林	成熟林	过熟林
面积	数量 ($\times 10^4 hm^2$)	11 559.12	3 620.15	3 811.9	1 776.78	1 513.81	836.48
	比例 (%)	100	31.32	32.98	15.37	13.1	7.24
蓄积	数量 ($\times 10^4 m^3$)	1 140 207.18	118 046.73	298 826.15	223 470.54	285 806.28	214 057.48
	比例 (%)	100	10.35	26.21	19.6	25.07	18.77

天然乔木林面积以幼、中龄林为主，占 64.30%；蓄积占 36.56%。近、成、过熟林面积占 35.70%；蓄积占 63.44%。

天然乔木林各优势树种面积比重排名前 10 位的是栎类、桦木、马尾松、落叶松、云南松、云杉、冷杉、杉木、杨树和柏木，面积合计 6 134.01$\times 10^4 hm^2$，占天然乔木林面积的 53.07%；蓄积合计 623 633.96$\times 10^4 m^3$，占天然乔木林蓄积的 54.69%。

天然林分布以黑龙江、内蒙古、云南、四川、西藏天然林较多，5 省(自治区)面积合计 6 146.13$\times 10^4 hm^2$，占全国的 51.35%；蓄积合计 767 503.53$\times 10^4 m^3$，占全国的 67.31%。天然林面积在 200$\times 10^4 hm^2$ 以上的省(自治区)有 16 个，16 省(自治区)面积合计 10 862.15$\times 10^4 hm^2$，占全国的 90.75%；蓄积合计 1 055 205.01$\times 10^4 m^3$，占全国的 92.55%。天然林主要分布省(自治区)面积和蓄积详见表 2-18。

表 2-18　天然林主要分布省(自治区)面积和蓄积

统计单位	面积		蓄积	
	数量 ($\times 10^4 hm^2$)	比例 (%)	数量 ($\times 10^4 m^3$)	比例 (%)
黑龙江	1 691.29	14.13	138 585.3	12.16
内蒙古	1 397.13	11.67	110 146.56	9.66
云南	1 321.56	11.04	148 120.22	12.99
四川	897.77	7.5	146 211.28	12.82
西藏	838.38	7.01	224 440.17	19.68
江西	681.76	5.7	28 794.82	2.53
吉林	586.79	4.9	74 817.39	6.56
广西	517.88	4.33	29 747.2	2.61
陕西	503.38	4.21	31 789.41	2.79
湖南	483.49	4.04	18 888.34	1.66
湖北	411.49	3.44	16 734.7	1.47
福建	407.47	3.4	28 834.73	2.53
广东	346.84	2.9	18 662.94	1.64
浙江	316.98	2.65	11 214.86	0.98
贵州	259.39	2.17	15 289.58	1.34
辽宁	200.55	1.68	12 927.51	1.13
合计	10 862.15	90.75	1 055 205.01	92.55

2.2.6.2　人工林

全国人工林面积 6 168.84$\times 10^4 hm^2$，占有林地面积的 34.01%；蓄积 196 052.28$\times 10^4 m^3$，占 14.67%。人工疏林面积 114.91$\times 10^4 hm^2$，疏林蓄积 1 526.36$\times 10^4 m^3$；未成林造林地面积 1 046.18$\times 10^4 hm^2$。

人工林面积中，乔木林 3 999.87×10^4 hm^2，占 64.84%；经济林 1 948.67×10^4 hm^2，占 31.59%；竹林 220.30×10^4 hm^2，占 3.57%。人工乔木林蓄积量为 49.01 m^3/hm^2、年生长量为 5.13 m^3/hm^2，平均郁闭度为 0.52，平均胸径为 11.7 cm，每公顷 901 株；人工纯林占 86.80%，混交林占 13.20%。

人工林按土地权属分，国有 935.78×10^4 hm^2，占 15.17%；集体 5 233.06×10^4 hm^2，占 84.83%。人工林面积按林木权属分，国有的占 14.17%，集体经营的占 26.62%，个体经营的占 59.21%；人工林蓄积按林木权属分，国有的占 26.45%，集体所有的占 33.11%，个体所有的占 40.44%。未成林造林地面积按林木权属分，国有的占 8.10%，集体经营的占 23.39%，个体经营的占 68.51%。人工林按林种分布详见表 2-19，天然乔木林按龄组分布详见表 2-20。

表 2-19　全国人工林面积蓄积按林种分布

林种结构		合计	防护林	特用林	用材林	薪炭林	经济林
面积	数量(×10^4 hm^2)	6 168.84	1 552.31	115.60	2 522.86	29.40	1 948.67
	比例(%)	100.00	25.16	1.87	40.90	0.48	31.59
蓄积	数量(×10^4 m^3)	196 052.28	62 201.96	6 424.92	127 049.44	375.96	
	比例(%)	100.00	31.73	3.28	64.80	0.19	

表 2-20　全国人工林面积蓄积按龄级分布

龄组结构		合计	幼龄林	中龄林	近熟林	成熟林	过熟林
面积	数量(×10^4 hm^2)	6 168.84	1 641.71	1 389.57	528.59	357.44	82.56
	比例(%)	100.00	41.04	34.74	13.22	8.94	2.06
蓄积	数量(×10^4 m^3)	196 052.28	30 730.38	87 315.50	41 512.85	30 065.94	6 427.61
	比例(%)	100.00	15.67	44.54	21.17	15.34	3.28

人工乔木林以幼、中龄林为主，面积占 75.78%；蓄积占 60.21%。近、成、过熟林面积占 24.22%；蓄积占 39.79%。

人工乔木林中，各优势树种(组)面积比例排名前 10 位的是杉木、杨树、马尾松、落叶松、桉树、油松、湿地松、柏木、华山松、云南松，面积合计 2 977.86×10^4 hm^2，占人工乔木林面积的 74.44%；蓄积合计 151 966.59×10^4 m^3，占人工乔木林蓄积的 77.52%。

人工林分布以广西、广东、湖南、四川、福建较多，5 省(自治区)面积合计 2 257.57×10^4 hm^2，占全国的 36.60%；蓄积合计 77 629.38×10^4 m^3，占全国的 39.60%。人工林面积在 150×10^4 hm^2 以上的省(自治区)有 18 个，18 省(自治区)面积合计 5 400.32×10^4 hm^2，占全国的 87.54%；蓄积合计 169 926.64×10^4 m^3，占全国的 86.67%。人工林主要分布省(自治区)面积和蓄积详见表 2-21。

表 2-21　人工林主要分布省(自治区)面积和蓄积

统计单位	面积		蓄积	
	数量(×10^4 hm^2)	比例(%)	数量(×10^4 m^3)	比例(%)
广西	515.52	8.36	17 127.98	8.74
广东	503.18	8.16	11 520.43	5.88
湖南	464.04	7.52	16 018.33	8.17

（续）

统计单位	面积		蓄积	
	数量（$\times 10^4 hm^2$）	比例（%）	数量（$\times 10^4 m^3$）	比例（%）
四川	415.65	6.74	13 361.09	6.81
福建	359.18	5.82	19 601.55	10.00
云南	326.77	5.30	7 259.87	3.70
内蒙古	303.91	4.93	7 573.95	3.86
江西	291.87	4.73	10 734.82	5.47
辽宁	283.03	4.59	7 299.34	3.72
浙江	267.44	4.33	6 008.28	3.06
山东	244.38	3.96	6 202.10	3.16
黑龙江	235.68	3.82	13 519.66	6.90
河南	217.39	3.52	7 480.12	3.82
河北	212.27	3.44	4 238.60	2.16
安徽	209.87	3.40	7 023.22	3.58
贵州	199.86	3.24	8 718.38	4.45
陕西	183.27	2.97	2 031.13	1.04
湖北	167.01	2.71	4 207.79	2.15

2.2.7　经济林与竹林

2.2.7.1　经济林

经济林是我国森林资源的重要组成部分，为工农业生产和人民日常生活提供了丰富的粮油食品、干鲜果品、香料调料、木本药材以及原料产品，对改善生态环境、调整农业结构、保障粮食安全、增加农民收入、促进区域经济发展发挥着重要作用。经济林包括果树林、食用原料林、工业原料林、药用林和其他经济林等类型，各种类型经济林面积、比重见表 2-22。

表 2-22　各种经济林面积及其比重

项目	合计	果树林	食用原料林	工业原料林	药用林	其他经济林
面积（$\times 10^4 hm^2$）	2 041.00	1 111.67	545.71	184.97	37.67	160.98
比重（%）	100.00	54.47	26.74	9.06	1.85	7.88

经济林面积排在前 8 位的省区依次是广西、云南、湖南、广东、辽宁、江西、陕西、浙江，8 省（自治区）合计 1 123.34$\times 10^4 hm^2$，占全国经济林面积的 55.04%。果树林较多的省（自治区）有广东、广西、河北、山东、陕西、福建、辽宁、云南、浙江，9 省（自治区）合计占全国的 61.13%。经济林中，实施集约经营的面积占 42.40%，一般经营水平的面积占 47.96%，处于荒芜或老化状态的面积占 9.64%。

2.2.7.2　竹林

竹林四季常青、鞭根发达、生长速度快、繁殖能力强，具有很高的生态、经济和文化价值。中国竹文化历史悠久，是世界上竹类分布最广、资源最多、利用最早的国家之一，素有“竹子王国”之美誉。

全国竹林面积 538.10×10^4 hm^2，其中毛竹林 386.83×10^4 hm^2，杂竹林 151.27×10^4 hm^2；竹林株数 829.00×10^8 株，其中毛竹 91.57×10^8 株，杂竹 737.43×10^8 株。毛竹林平均 1 969 株/hm^2，平均胸径 8.8 cm。竹林分布在 19 个省（自治区、直辖市），其中竹林面积在 30×10^4 hm^2 以上的有福建、江西、浙江、湖南、四川、广东、安徽、广西 8 省（自治区），合计占全国的 88.64%。

2.2.8 灌木林与红树林

2.2.8.1 灌木林

灌木耗水量小、耐干旱、耐风蚀、耐盐碱、耐高寒，具有很强的复壮更新和自然修复能力，是干旱、半干旱地区的重要造林树种。在乔木树种难以适应的高山、湿地、干旱、荒漠地区常能形成稳定的灌木群落，灌木林的生态防护效益非常显著，在我国生态脆弱的西部地区，保护和发展灌木林资源对改善生态环境，增加农民收入具有极其重要的意义。

全国灌木林面积 5 365.34×10^4 hm^2。其中栎类灌木林 515.15×10^4 hm^2，杜鹃灌木林 410.86×10^4 hm^2，柳类灌木林 326.05×10^4 hm^2，白刺灌木林 150.57×10^4 hm^2，梭梭灌木林 108.87×10^4 hm^2，竹类灌木林 112.95×10^4 hm^2，其他灌木林 3 740.89×10^4 hm^2。灌木林主要分布在西南和西北地区，其中西藏、四川、内蒙古、新疆、云南、甘肃、青海和广西等省（自治区）面积较大，8 省（自治区）灌木面积合计占全国的 75.28%。全国灌木林分布详见表 2-23。

表 2-23 全国灌木林面积分布及其比重

地区	合计	西藏	四川	内蒙古	新疆	云南	甘肃	青海	广西	其他
面积（×10^4 hm^2）	5 365.24	854.64	727.86	702.94	460.86	377.19	343.14	325.88	246.48	1 326.25
比例（%）	100.00	15.93	13.57	13.10	8.59	7.03	6.40	6.07	4.59	24.72

2.2.8.2 红树林

被誉为“海上卫士”的红树林，在防风消浪、促淤保滩、固岸护堤、净化海水和空气等方面发挥着重要的作用，是全球生物多样性重点保护对象之一。20 世纪 90 年代，国家林业局制定了《中国 21 世纪议程林业行动计划》，发布了《中国林业可持续发展报告》，把红树林的可持续经营列入了重要议事日程，建立了 25 处红树林自然保护区，加强了红树林保护区建设。

根据 2001 年全国红树林资源调查结果，红树林资源各地类总面积 8.28×10^4 hm^2。其中红树林面积 2.20×10^4 hm^2，占总面积的 26.6%；未成林地面积 0.19×10^4 hm^2，占 2.3%；宜林地面积 5.89×10^4 hm^2，占 71.1%，红树林具有较大的发展空间。红树林主要集中在广东、广西、海南、福建、浙江 5 省（自治区），面积比例分别为 41.24%、38.03%、17.85%、2.79%、0.09%。

2.3　中国森林资源变化

2.3.1　森林面积和蓄积变化

新中国森林资源发展变化经历了过量消耗、治理恢复、快速增长的过程。新中国成立之初到 20 世纪 70 年代末，林业作为基础产业，从国家建设需要出发，其首要任务是生产木材，森林资源曾一度出现消耗量大于生长量的状况。在“普遍护林护山，大力造林育林，合理采伐利用”的方针指导下，森林资源总体上呈现缓慢、曲折的增长趋势。全国森林资源在第二次清查时略有下降外，第三次清查后面积、蓄积均持续增长。中国森林资源总体变化见表 2-24。

表 2-24　全国历次森林资源清查森林面积和蓄积一览表

森林	活立木蓄积（$\times10^4$ m^3）	森林面积（$\times10^4$ hm^2）	森林蓄积（$\times10^4$ m^3）	森林覆盖率（%）
第一次（1973—1976 年）	953 227.00	12 186.00	865 579.00	12.70
第二次（1977—1981 年）	1 026 059.88	11 527.74	902 795.33	12.00
第三次（1984—1988 年）	1 057 249.86	12 465.28	914 107.64	12.98
第四次（1989—1993 年）	1 178 500.00	13 370.35	1 013 700.00	13.92
第五次（1994—1998 年）	1 248 786.39	15 894.09	1 126 659.14	16.55
第六次（1999—2003 年）	1 361 810.00	17 490.92	1 245 584.58	18.21
第七次（2004—2008 年）	1 491 268.19	19 545.22	1 372 080.36	20.36

2.3.2　天然林面积和蓄积变化

天然林面积、蓄积略有下降，第三次清查后面积、蓄积均持续增长。中国天然林资源总体变化见表 2-25。

表 2-25　全国历次森林资源清查天然林面积和蓄积一览表

天然林	面积（$\times10^4$ hm^2）	蓄积（$\times10^4$ m^3）
第一次（1973—1976 年）	9 620.00	830 542
第二次（1977—1981 年）	8 791.00	770 488
第三次（1984—1988 年）	8 846.59	756 164
第四次（1989—1993 年）	9 427.63	837 519
第五次（1994—1998 年）	10 696.54	907 265
第六次（1999—2003 年）	11 576.20	1 059 311
第七次（2004—2008 年）	11 969.25	1 140 207

2.3.3　人工林面积和蓄积变化

人工林面积、蓄积均处于增长状态，面积增长速度更快。中国人工林资源总体变化见表 2-26。

表 2-26　全国历次森林资源清查人工林面积和蓄积一览表

人工林	面积($\times10^4$ hm^2)	蓄积($\times10^4$ m^3)
第一次(1973—1976年)	2 358.00	16 437
第二次(1977—1981年)	2 219.17	27 349
第三次(1984—1988年)	3 101.12	52 985
第四次(1989—1993年)	3 425.16	71 198
第五次(1994—1998年)	4 666.69	101 299
第六次(1999—2003年)	5 325.73	150 453
第七次(2004—2008年)	6 168.84	196 052

2.3.4　中国森林资源发展主要目标

2011年3月，全国人大通过的《中华人民共和国国民经济和社会发展第十二个五年规划纲要》中明确提出，到2015年，新增森林面积1 250$\times10^4$ hm^2，森林覆盖率提高到21.66%，森林蓄积量增加6$\times10^8$ m^3。

根据新时期中国林业发展的指导思想和总体目标的要求，森林资源保护发展的具体目标是：到2020年，森林面积比2005年增加4 000$\times10^4$ hm^2，全国森林面积达到2.2$\times10^8$ hm^2以上，森林覆盖率达到23%以上，森林蓄积量比2005年增加13$\times10^8$ m^3，重点地区的生态问题基本解决，全国的生态状况明显改善，林业产业实力显著增强。到2050年，森林覆盖率达到并稳定在26%以上，全国自然保护区面积达到1.728$\times10^4$ hm^2，占国土面积的比例达到18%(林业自然保护区总面积占国土面积的16%)，全国70%的城市林木覆盖率达到45%以上。基本实现山川秀美，生态状况步入良性循环，林产品供需矛盾得到缓解，建成比较完备的林业生态体系、比较发达的林业产业体系和比较繁荣的生态文化体系。

2.4　中国森林资源特点

(1)森林类型多样，树种资源丰富，珍贵、稀有树木繁多

我国地域辽阔，自然条件复杂多样，从北到南跨越的五大气候带，适生着不同种类的森林植物，形成了中国森林类型多样，森林植物种类繁多，绚丽多彩的特色，在世界植物宝库中占有重要地位。全国由北向南依次分布有寒温带针叶林、温带针叶与落叶阔叶混交林、暖温带落叶阔叶林、亚热带常绿阔叶林、热带季雨林和雨林等多种森林类型。据统计，中国的物种数约占世界总量的10%，其生物多样性丰富程度在世界排第8位。世界上有木本植物20 000余种，中国约有8 000种，其中乔木树种即达2 000余种。银杏、水杉、红豆杉等都是世界珍贵树种，水杉、银杏、银杉、水松、珙桐、香果树等古老孑遗植物都具有重要的科学价值。中国也是世界上竹类资源最丰富的国家之一，有竹类30属300种以上，长江以南的亚热带地区是竹类分布中心，以毛竹分布最为广泛。中国栽培的经济竹有50种左右。中国经济树种资源也非常丰富，分布广，产量大，价值高。在众多的特用经济树种中，主要树种有漆树、白蜡、油桐、乌柏、橡胶、栓皮栎、杜仲、茶、桑肉桂等，有些属于中国特产。还有众多的干鲜水果树种，从南到北均有分布。

(2) 森林资源丰富，但地理分布不均，人均占有数量少

中国森林资源地理分布极不均衡。从宏观来看，中国森林资源主要集中分布在东北、内蒙古林区，西南高山林区，东南低山丘陵林区，西北高山林区和热带林区五大林区，这五大林区的土地面积占全国国土面积的40%，而森林面积却占全国的70%以上，森林蓄积占全国的90%以上。然而，这些林区所在的省(自治区)有些尽管森林资源绝对量很大，甚至处于全国的前列，但由于土地面积大，森林覆盖率则很低，森林资源地理分布呈现极不均衡现象。

依据联合国粮农组织的《2010年全球森林资源评估》报告，无论是森林面积还是蓄积，我国森林资源数量其绝对数值是很可观的，在世界上分别占据第5位和第6位。以第七次森林资源清查统计数据可知，全国人均占有森林面积0.145 hm^2，相当于世界人均占有量0.624 hm^2的23.24%，排名第144位。全国人均占有森林蓄积为10.151 m^3，相当于世界人均占有量68.542 m^3的14.81%，排名第139位。无论是人均占有森林资源数量，还是人均消耗森林资源水平，都远低于世界平均水平。

(3) 森林资源结构合理比例有待研究，龄级结构尚需调整

森林资源结构状况，客观地反映了森林资源的特点，从全国森林资源清查资料分析来看，尽管防护林和特用林比例有所提高，但无论是林种结构还是龄级结构的合理比例尚无科学研究和论证。从第七次全国森林资源清查资料可知，我国森林资源呈现中幼林比例偏大，成过熟林偏少的现象，且成过熟林主要分布在个别省(自治区)，无论是天然林还是人工林，森林面积主要集中在中幼林，因此，森林资源的龄级结构尚需调整。

(4) 林业用地分布差异大，林地利用率、生产力低，森林质量较差

林业用地分布不均，占土地面积比重差异大。林业用地占土地总面积比例，表示可能用于发展森林资源的土地潜力。林地生产力指林业用地或有林地的总体生产能力，是一个综合评价森林资源生产力的概念，它包括林业用地利用率和有林地的生产力。全国林业用地面积共 3.04×10^8 hm^2，占国土总面积 31.67%。林地利用率低，有林地面积为1.81×10^8 hm^2，占林业用地面积的 59.71%，远低于世界林业发达国家的水平。美国、德国、日本、芬兰、朝鲜等国的林地利用率都在90%以上。即使在中国重点林区，林地利用率也低于世界林业发达国家的水平，如吉林77.5%、黑龙江73.6%、福建68.8%、云南63.7%、湖南55.1%等。另外，森林生产力较低表现为有林地生产力，有林地生产力通常指单位面积上林分立木蓄积量的高低，反映了一个地区或一个国家森林资源的生产力水平。全国林业用地每公顷平均蓄积为44.85 m^3，乔木林每公顷平均蓄积为85.88 m^3，相当于世界每公顷平均蓄积109.87 m^3的78.17%。匈牙利每公顷平均蓄积为379.95 m^3，奥地利每公顷平均蓄积为295.05 m^3，德国每公顷平均蓄积为268.05 m^3。我国现有森林除西南地区的滇西北和川西、藏东南部等林区还有成片原始林分布外，其他大部分地区已逐步演替为次生林(人工造林除外)，其中相当部分森林，由于经营粗放，管护不当，森林资源屡遭不合理采伐，有些受自然灾害破坏后，形成了低价的残次林分，次要树种占据优势，树木生长稀疏，单位面积蓄积很低。各类林地面积及其所占比例详见表2-27。森林资源蓄积详见表2-28。

表 2-27　全国林业用地面积及其比例

林业用地	合计	有林地	疏林地	灌木林地	未成林造林地	苗圃地	无立木林地	宜林地	其他林地
面积 ($\times10^4$ hm^2)	30 378.19	18 138.09	482.22	5 365.34	1 046.18	45.40	709.61	4 403.54	187.81
比例 (%)	100.00	59.71	1.59	17.66	3.44	0.15	2.34	14.50	0.62

表 2-28　全国森林蓄积及其比例

林木蓄积	合计	森林蓄积	疏林蓄积	散生木蓄积	四旁树蓄积
蓄积 ($\times10^4$ m^3)	1 455 393.79	1 336 259.46	11 423.77	74 468.12	33 242.44
比例 (%)	100.00	91.81	0.78	5.12	2.28

(5) 人工林面积大、发展快，但质量有待提高，扩大森林资源有潜力

新中国成立以来，由于大力发展绿化造林事业，经 40 余年努力，人工林建设取得了巨大成绩，除了中间有部分已达采伐利用期的森林进行了主伐外，现保存的人工林面积达 6 168.84×10^4 hm^2，占全国现有的有林地面积 34.01%，超过了 1/3。其中人工林乔木林面积达 3 999.87×10^4 hm^2，人工乔木林每公顷蓄积量为 49.01 m^3，生产力亟待提高。

参 考 文 献

郭晋平，马大华. 2000. 森林经理学原理 [M]. 北京：科学出版社.

国家林业局. 2009. 中国森林资源报告 [R]. 北京：中国林业出版社.

国家林业局. 2005. 中国森林资源报告 [R]. 北京：中国林业出版社.

国家林业局. 2003. 森林资源规划设计调查主要技术规定 [M]. 北京：中国林业出版社.

国家林业局. 2003. 国家森林资源连续清查技术规定 [M]. 北京：中国林业出版社.

国家林业局. 2004. 国家森林资源连续清查主要技术规定 [M]. 北京：中国林业出版社.

国家林业局. 2006. 中国森林可持续经营指南 [M]. 北京：中国林业出版社.

亢新刚. 2001. 森林资源经营管理 [M]. 北京：中国林业出版社.

郎奎建，王长文. 2005. 森林经营管理学导论 [M]. 哈尔滨：东北林业大学出版社.

林业部资源和林政管理司. 1997. 当代中国森林资源概况 (1949—1993) [R]. 北京：中国林业出版社.

肖兴威. 2005. 中国森林资源清查 [M]. 北京：中国林业出版社.

于政中. 1993. 森林经理学 [M]. 2 版. 北京：中国林业出版社.

中国可持续发展林业战略研究组. 2003. 中国可持续发展林业战略研究总论 [M]. 北京：中国林业出版社.

中国可持续发展林业战略研究组. 2003. 中国可持续发展林业战略研究：森林问题卷 [M]. 北京：中国林业出版社.

中国森林编辑委员会. 1999—2003. 中国森林 (第 1 卷) [M]. 北京：中国林业出版社.

第 3 章

森林资源调查

3.1 森林资源调查概述

3.1.1 森林资源调查含义

调查：对某一种对象，通过一种手段或方式来了解或者熟悉。

森林资源调查：简称森林调查，是对用于林业的土地进行其自然属性和非自然属性的调查，主要有森林资源状况、森林经营历史、经营条件及未来发展等方面的调查。

监测：对某一种对象进行静态和动态的监视和测定。监测含有测定、检查和比较的意思。监测以调查为基础，多次连续的调查或清查就是监测。从调查到监测体现了动态、反馈和控制思想。

森林资源监测：对用于林业的土地进行其自然属性和非自然属性多次连续的调查或清查。

3.1.2 森林资源调查目的

为了掌握森林资源的数量、质量、动态变化及其与自然环境和经济、经营等条件之间的依存关系，更好地为林业区划、规划、计划、各种专业设计和经营，指导林业生产提供基础资料，以便制订国家、地方、经营单位的林业发展规划、林业生态建设、产业发展和年度计划，达到实现森林资源科学经营、有效管理、持续利用，充分发挥森林多种功能的目的。

3.1.3 国内外森林资源调查和监测体系

3.1.3.1 国外森林资源调查和监测体系

国外森林资源调查与监测体系，可以分为 3 类，即：

① 国家森林资源调查与监测体系（Continuous Forest Inventory, CFI）。

② 利用各省(州)的森林资源调查信息统计全国的体系。

③ 根据森林经理调查(森林簿)结果累计全国的体系。

法国和北欧各国采用第①种方法。美国、加拿大、德国、奥地利等国采用第②种方法，由各省(州)独立进行森林资源调查，利用地理信息系统(GIS)等进行全国汇总。日本、前苏联及东欧各国采用第③种方法。

3.1.3.2 中国森林资源调查体系

按照森林资源调查的对象、目的和范围将国内森林资源调查体系划分为 3 类，即：

① 国家森林资源连续清查(原称为全国森林资源连续清查)，简称“一类调查”。

② 森林资源规划设计调查(原称为森林经理调查)，简称“二类调查”，包括专业调查，如土壤调查、病虫害调查、木材消耗量调查、更新调查、各类工程调查、多资源调查、森林防火调查、森林数表的编制调查等。

③ 作业设计调查，也称作业调查，简称“三类调查”，包括伐区设计调查、造林设计调查、抚育采伐设计调查等。

3.2 森林资源一类调查

国家森林资源连续清查(National Continuous Forest Inventory)(一类调查)：就是以掌握全国(或省区)宏观森林资源现状与动态为目的，以省(自治区、直辖市)为单位，利用固定样地为主进行定期复查的森林资源调查方法，是全国森林资源与生态状况综合监测体系的重要组成部分。森林资源连续清查的成果是反映全国和各省森林资源与生态状况，制定和调整林业方针政策、规划、计划，监督检查各地森林资源消长的重要依据。一类调查以国家林业局直属管辖的国家林业局调查规划设计院和华东林业调查规划设计院、中南林业调查规划设计院、西北林业调查规划设计院 4 个调查规划设计院为主，各省林业调查规划设计院为辅进行。我国国家级森林资源连续清查从 1977 年开始，目前已经完成了 7 次复查工作。

3.2.1 调查目的与任务

一类调查是掌握全国(或省区)宏观森林资源现状和消长动态变化，进一步制定、调整、完善林业发展方针政策，控制和指导林业可持续发展；是全国森林资源与生态状况综合监测体系的重要组成部分。

主要工作任务就是定期、准确地查清、掌握全国和各省区森林资源的数量、质量及其消长动态变化趋势，以便及时准确地对全国森林资源与生态状况进行统计、分析和综合评价。具体工作包括：

① 制定森林资源连续清查工作计划、技术方案及操作细则。

② 完成样地设置、外业调查和辅助资料收集。

③ 进行森林资源与生态状况的统计、分析和评价。

④ 定期提供全国和各省森林资源连续清查成果。

⑤ 建立国家森林资源连续清查数据库和信息管理系统。

3.2.2 调查范围与周期

一类调查在全国范围内开展，一般以省(自治区、直辖市)为抽样调查的总体，个别省(自治区)内森林分布和地形差异大，可以设立副总体，如河北、新疆、内蒙古等。无论是总体或副总体一旦划定，就保持相对稳定，以便调查方法和调查成果具有连续性和可比性。

3.2.3 调查内容与精度

3.2.3.1 调查内容

一类调查的主要对象是森林资源及其生态状况。主要内容包括：

(1)土地利用与覆盖

包括土地类型(地类)、植被类型的面积和分布。

(2)森林资源

包括森林、林木和林地的数量、质量、结构和分布。森林按起源、权属、龄组、林种、树种的面积和蓄积，生长量和消耗量及其动态变化。

(3)生态状况

包括森林健康状况与生态功能，森林生态系统多样性，土地沙化、荒漠化和湿地类型的面积和分布及其动态变化。

(4)林地立地状况

地貌、海拔、坡度、坡向、坡位、土壤、枯枝落叶厚度、植被盖度等。

固定样地主要调查因子共 75 项。各省不能简化其内容和改变顺序，必须严格按所列项目、代码及精度要求详细调查填记。如要增加调查内容，可在 75 项以后补充。75 项样地因子调查项目分别是：样地号、样地类别、地形图图幅号、纵坐标、横坐标、GPS(全球定位系统)纵坐标、GPS 横坐标、县(局)代码、流域、林区、地貌、海拔、坡向、坡位、坡度、土壤名称、土壤厚度、腐殖质厚度、枯枝落叶厚度、灌木覆盖度、灌木平均高、草本覆盖度、草本平均高、植被总覆盖度、地类、植被类型、湿地类型、湿地保护等级、荒漠化类型、荒漠化程度、沙化类型、沙化程度、石漠化程度、土地权属、林木权属、林种、起源、优势树种、平均年龄、龄组、平均胸径、平均树高、郁闭度、森林群落结构、林层结构、树种结构、自然度、可及度、工程类别、森林类别、公益林事权等级、公益林保护等级、商品林经营等级、森林灾害类型、森林灾害等级、森林健康等级、森林生态功能等级、森林生态功能指数、四旁树株数、毛竹林分株数、毛竹散生株数、杂竹株数、天然更新等级、地类面积等级、地类变化原因、有无特殊对待、样木总株数、活立木总蓄积、林木蓄积、散生木蓄积、四旁树蓄积、枯损木蓄积、采伐木蓄积(在内业处理时由计算机产生，外业调查一般不填记)、调查日期。

3.2.3.2 调查精度

(1) 调查总体

一类调查要求以省为总体进行调查。当森林资源分布及地形条件差异较大时，为提高抽样调查效率，可在一个省内划分若干个副总体，但所划分的副总体要保持相对稳定。以全省范围作为一个总体时，总体的抽样精度即为该省的抽样精度(以 95%可靠性为标准，下同)；一个省划分为若干个副总体时，总体的抽样精度由各副总体按分层抽样进行联合估计得到。

(2) 森林资源现状抽样精度

① *有林地面积* 凡有林地面积占全省土地面积 12%以上的省要求 95%以上；其余各省为 90%以上。

② *人工林面积* 凡人工林面积占林地面积 4%以上的省要求 90%以上，其余各省为 85%以上。

③ *活立木蓄积* 凡活立木蓄积量在 $5\times10^8\ m^3$ 以上的省要求 95%以上，北京、上海、天津为 85%以上，其余各省为 90%以上。

(3) 活立木蓄积量消长动态精度

① *总生长量* 活立木蓄积量在 $5\times10^8\ m^3$ 以上的省要求 90%以上，其余各省为 85%以上。

② *总消耗量* 活立木蓄积量在 $5\times10^8\ m^3$ 以上的省要求 80%以上，其余各省不作具体规定。

活立木蓄积净增量，应作出增减方向性判断。

(4) 样地复位

固定样地复位率要求达到 98%以上。样地复位标准为：样地 4 个角桩(或坑槽)、4 条边界和样地内样木及胸径检尺位置完全复位。但考虑影响因素的存在，满足下列条件之一者，也视为样地复位：①复位时能找到定位树或其他定位物，确认出样地的一个固定标桩(或坑槽)和一条完整的边界，分辨出样地内样木的编号及胸径检尺位置，并通过每木检尺区别出保留木、进界木、采伐木和枯损木等。②前期样地内的样木已被采伐且找不到固定标志，但能确认(如利用前期的 GPS 坐标)原样地落在采伐迹地内。③对于落在大面积无蓄积的无立木林地、未成林地、宜林地、灌木林地、苗圃地、非林地和经济林内的固定样地，复位时虽然找不到固定标志，但仍能确认其样地位置不变。④对于落在急坡和险坡，不能进行周界测设的固定样地，复查时能正确判定两期样点所落位置无误，且地类、林分类型的目测也确定无误。

(5) 样木复位

固定样木复位率要求达到 95%以上。样木复位标准为：凡固定样地内前期样木的编号及胸径检尺位置能正确确定，并经胸径复测，前期树种、胸径均无错测者为复位样木。考虑到特殊情况的存在，满足下列条件之一者，也视为样木复位：①能确认前期样木已被采伐或枯死者。②样木编号能确认，但因采脂、虫害、火灾等因素，引起间隔期内胸径为“负生长”(即后期胸径小于前期胸径)的样木，以及前期树种判定和胸径测量有错的样木。③样木编号已不能确认，但依据样木位置图(或方位角和水平距)，按样木与其周围样木的相互关系及树种、胸径判断，能确定为前期对应样木者。

(6) 调查允许误差

① 引点定位　标桩位置在地形图上误差不超过 1mm，引线方位角误差小于 1°，引点至样地的距离测量误差小于 1%；用 GPS 定位时，纵横坐标定位误差均不超过 10～15 m。

② 周界误差　新设或改设样地周界测量闭合差小于 0.5%，复位样地周界长度误差小于 1%。

③ 检尺株数　大于或等于 8 cm 的应检尺株数不允许有误差；小于 8 cm 的应检尺株数，允许误差为 5%，且最多不超过 3 株。

④ 胸径测量　胸径小于 20 cm 的树木，测量误差小于 0.3 cm；胸径大于或等于 20 cm 的树木，测量误差小于 1.5%。

⑤ 树高测量　当树高小于 10 m 时，测量误差小于 3%；当树高大于或等于 10 m 时，测量误差小于 5%。

⑥ 地类、起源、林种、优势树种等因子　不应有错。

3.2.4　调查方法

一类调查是指定期对同一地域上的森林资源进行重复性的调查，调查体系是以省为抽样总体构建，采用系统抽样调查的方法，通过设置固定样地为主，有时增设临时样地，在样地内定期复查(一般每 5 年复查一次)，获得总体的森林资源状况、森林资源消长动态变化及原因等信息，同时满足国家和省森林资源和生态状况综合监测需要的连续清查。

3.2.4.1　组织结构

一类调查组织结构：由国务院林业主管部门负责制定技术规程，统一组织实施。各省(自治区、直辖市)负责调查工作方案、技术方案和操作细则的制订，组织技术培训，组建调查队伍，开展外业调查等工作。各区域森林资源监测中心负责对调查方案的审查、技术指导、外业检查验收、内业统计分析以及全国汇总等工作。

3.2.4.2　工作程序

(1) 前期准备

① 组织准备　各省林业主管部门成立森林资源调查领导小组和办公室，组织调查队伍，成立质量管理机构。

② 技术准备　各省森林资源调查领导小组和办公室组织制订工作方案、技术方案和操作细则，并按质量管理要求进行技术培训。

③ 其他准备　主要包括调查表格和地形图等图面材料、调查工具和仪器以及规划成果及其他有关资料(如国家一级和二级野生保护植物名录)的收集等。

(2) 外业调查与检查

依据《国家森林资源连续清查技术规定》，按省清查操作细则开展外业调查，填写样地调查记录簿和遥感判读样地记载表。分级检查验收外业调查质量。

(3) 内业处理与成果编制

内业处理是在对外业调查数据录入、检查与整理的基础上，运用专业软件进行数据统计、报表输出、图件制作；通过综合分析与评价，编制省级和全国清查成果。主要成果包括：样地样木因子数据库、成果统计表、成果报告、相关图面材料及成果管理系统等。

3.2.4.3 调查方法

(1) 样地布设

我国一类调查采用系统抽样方法进行，原则上应采用以设置固定样地(或配置部分临时样地)并结合遥感进行调查的方法。具体是以机械布设的20多万个固定样地为主，样地布设在1∶50 000或1∶100 000地形图的公里网格交叉点上，样地间距根据需要而定，固定样地一般以(2×2) km、(3×4) km、(4×4) km、(4×6) km、(8×8) km等网格上的点为固定样地，样地形状一般采用方形，也可采用矩形样地、圆形样地或角规控制检尺样地。样地面积一般采用0.066 7 hm^2以上。固定样地的编号以总体为单位，在图像材料上由西向东，自上而下编写，永久不变。固定样地应该设立永久性标志。新设固定样地要求机械定位，复位样地可用GPS定位。采用遥感(RS)技术与地面样地调查相结合的方法。

(2) 每木检尺

检尺线路采用“S”型调查路线，并画调查线路草图。每木检尺对象为乔木树种(包括经济乔木树种)，检尺起测胸径为5.0 cm；每木检尺一律用钢围尺，读数记到0.1 cm，检尺位置为树干距上坡根颈1.3 m 高度(长度)处，并应长期固定；对于附着在树干上的藤本、苔藓等附着物，检尺前应予以清除；凡树干基部落在边界上的林木，应按等概原则取舍，一般取西、南边界上的林木，舍东、北边界上的林木；胸高位置不能用锯子锯口或打钉。

(3) 其他因子调查

① 树高测量　对于乔木林样地，应根据样木平均胸径，选择主林层优势树种平均样木3～5株，用测高仪器或其他测量工具测定树高，记载到0.1 m。

② 荒漠化或石漠化程度调查　根据样地的荒漠化或石漠化类型，调查相关评定因子的取值，按有关技术标准评定程度等级，再根据平均得分进行综合评定。

③ 森林灾害情况调查　对于有林地样地，调查森林灾害类型、危害部位、受害样木株数，评定受害等级。

④ 植被调查　调查林地样地上灌木、草本和地被物主要种类、高度与覆盖度。

⑤ 更新调查　对于疏林地、灌木林地(国家特别规定灌木林地除外)、无立木林地和宜林地，应设置样方调查天然更新状况。样方的大小和位置由各省自行规定。

⑥ 复查期内样地变化情况调查　调查记载样地前后期的地类、林种等变化情况，注明变化原因；确定样地有无特殊对待，并作出有关文字说明。

⑦ 调查卡片记录　固定样地调查必须严格按《国家森林资源连续清查样地调查记录》格式进行调查记载。当条件允许时，应鼓励采用掌上电脑等新设备进行野外数据采集。

3.2.4.4　数据处理和统计分析

(1) 数据输入

样地调查卡片经全面检查验收后输入计算机。数据输入必须严格按双轨制作业。在条件允许时，可采用便携式计算机在野外或驻地输入样地调查数据。

(2) 逻辑检查

利用计算机进行数据输入的逻辑检查。逻辑检查分为 3 个部分：样地、样木因子的取值范围；样地因子之间、样地因子与样木因子之间的逻辑关系；前后期样地、样木因子之间的逻辑关系等。

(3) 立木材积估计

森林资源连续清查应统一使用各省根据部颁 LY 208—77 二元立木材积表导算的一元立木材积表估计材积。

(4) 数据预处理

包括目测样地处理、跨角林样地处理、生长消耗数据预处理、改设样地消耗量计算。

(5) 森林资源现状统计

按系统抽样公式估计森林面积和森林蓄积。

(6) 森林资源动态分析

包括总体蓄积净增量、总体生长量、总体消耗量及其估计精度等。

3.2.5　调查成果

3.2.5.1　一类调查成果统计表

一类调查成果统计表共计 72 个，其中核心统计表 33 个，其他统计表 39 个。

(1) 核心统计表

表 1　各类土地面积按权属统计表
表 2　各类林木蓄积按权属统计表
表 3　乔木林各龄组面积、蓄积按权属和林种统计表
表 4　乔木林各龄组面积、蓄积按优势树种统计表
表 5　乔木林各林种面积、蓄积按优势树种统计表
表 6　天然林资源面积、蓄积按权属统计表
表 7　天然乔木林各龄组面积、蓄积按权属和林种统计表
表 8　天然乔木林各龄组面积、蓄积按优势树种统计表
表 9　天然乔木林各林种面积、蓄积按优势树种统计表
表 10　人工林资源面积、蓄积按权属统计表
表 11　人工乔木林各龄组面积、蓄积按权属和林种统计表
表 12　人工乔木林各龄组面积、蓄积按优势树种统计表
表 13　人工乔木林各林种面积、蓄积按优势树种统计表
表 14　竹林面积株数按权属和林种统计表
表 15　经济林面积按权属和类型统计表

表 16　疏林地各林种面积、蓄积按优势树种统计表
表 17　灌木林地各林种面积按权属和类型统计表
表 18　各类土地面积动态表(1)/(2)
表 19　各类林木蓄积动态表(1)/(2)
表 20　乔木林各龄组面积、蓄积动态表
表 21　乔木林各林种面积、蓄积动态表
表 22　乔木林针阔叶面积比重按起源动态表
表 23　乔木林质量因子按起源动态表
表 24　天然林资源动态表
表 25　天然乔木林各龄组面积、蓄积动态表
表 26　天然乔木林各林种面积、蓄积动态表
表 27　人工林资源动态表
表 28　人工乔木林各龄组面积、蓄积动态表
表 29　人工乔木林各林种面积、蓄积动态表
表 30　林木蓄积年均各类生长量消耗量统计表
表 31　乔木林各龄组年均生长量消耗量按起源和林种统计表
表 32　乔木林各龄组年均生长量消耗量按优势树种统计表
表 33　总体特征数计算表

(2)其他统计表

表 34　乔木林各郁闭度面积、蓄积按起源统计表
表 35　乔木林各高度级面积、蓄积按起源统计表
表 36　乔木林各蓄积量级面积、蓄积按起源统计表
表 37　乔木林各龄组每公顷蓄积量按起源和林种统计表
表 38　乔木林各群落结构和林层结构类型面积蓄积按起源统计表
表 39　乔木林各树种结构类型面积、蓄积按起源统计表
表 40　生态公益林各事权等级面积按权属和保护等级统计表
表 41　商品林面积、蓄积按权属和经营等级统计表
表 42　用材林近成过熟林面积、蓄积按权属和可及度统计表
表 43　用材林近成过熟林各径级组蓄积按组成树种统计表
表 44　灌木林地各林种面积按类型和优势树种统计表
表 45　有林地各林种和亚林种面积按权属统计表
表 46　有林地各类型面积按林种和自然度等级统计表
表 47　有林地各类型面积按起源和生态功能等级统计表
表 48　森林各类型面积按起源和森林健康等级统计表
表 49　森林各灾害类型面积按灾害等级统计表
表 50　森林各灾害类型面积按起源和灾害等级统计表
表 51　乔木林各龄组采伐消耗量按起源和林种统计表
表 52　乔木林各采伐强度采伐消耗量按起源统计表

表 53　乔木林转为其他地类的采伐消耗量按起源统计表
表 54　林木各管理类型采伐消耗量按起源统计表
表 55　林地面积按权属和森林类别统计表
表 56　林地面积按坡位和坡度分类统计表
表 57　林地面积按地貌和坡向分类统计表
表 58　林地面积按大小等级统计表
表 59　植被类型面积按大小等级统计表
表 60　湿地类型面积按保护等级统计表
表 61　荒漠化土地面积按程度统计表
表 62　沙化土地面积按程度统计表
表 63　石漠化土地面积统计表
表 64　非林地面积按权属统计表
表 65　复位样地前后期地类转移动态表
表 66　全部样地前后期地类转移面积动态表
表 67　有林地面积转移动态表
表 68　天然林面积转移动态表
表 69　人工林面积转移动态表
表 70　地类变化原因分析表(一)
表 71　地类变化原因人为因素分析表(二)
表 72　地类变化原因其他因素分析表(三)

3.2.5.2　一类调查成果清单

一类调查成果包括：样地调查记录卡片、样地因子和样木因子数据库(含模拟数据库)、成果统计表、成果报告、内业统计说明书、相关图面材料(样地布点图、专题分布图、遥感影像图等)和技术方案、工作方案、技术总结报告、工作总结报告、质量检查验收报告、外业调查操作细则及其相应的光盘文件等。

3.3　森林资源二类调查

森林资源规划设计调查，也称为森林经理调查(简称二类调查)，是以国有林业局(场)、自然保护区、森林公园等森林经营单位或县级行政区域为调查单位，以满足森林经营方案、总体设计、林业区划与规划设计需要而进行的森林资源调查。每 10 年开展一次调查。

二类调查以各省区林业调查规划设计院为主，各森林经营单位或县级行政区域为辅进行。二类调查是各省级林业调查规划设计院的核心工作之一。

3.3.1　调查目的与任务

二类调查目的是为调查区域制定和修正经营管理计划提供依据；检查、分析、评价森林经营管理的效果；为制定、检查、评价林业政策、方针、法规等的执行情况和效果，并为其修订提供依据；为区域社会和国家主管部门提供决策依据；为林业企业掌握森林资源现状和动态，分析、检查森林经营效果，编制和修订经营单位的森林经营方案或总体设计提供科学的可靠数据。小班是森林经营利用活动的具体对象，资源调查数据应落实到小班。

调查的主要任务是查清森林、林地和林木资源的种类、数量、质量与分布，客观反映调查区域自然、社会经济条件，综合分析与评价森林资源与经营管理现状，提出对森林资源培育、保护与利用意见。调查成果是建立或更新森林资源档案，制定森林采伐限额，进行林业工程规划设计和森林资源管理的基础，也是制定区域国民经济发展规划和林业发展规划，实行森林生态效益补偿和森林资源资产化管理，指导和规范森林科学经营的重要依据。

3.3.2 调查范围与周期

森林经营单位应调查该单位所有和经营管理的土地；县级行政单位应调查县级行政范围内所有的森林、林木和林地。

一般以林业局(或国有林场)为抽样总体。森林资源规划设计调查间隔期一般为 10 年。在间隔期内可根据需要重新调查或进行补充调查。个别集约经营单位也可以 5 年进行一次。

3.3.3 调查内容与精度

二类调查采取地面调查为主的方式进行。地面调查采用小班调查和固定样地调查相结合的方法进行。通过固定样地调查，估算总体蓄积，计算间隔期内森林资源消长变化，并控制和平差小班蓄积；通过小班区划调查，把森林资源落实到山头地块。

3.3.3.1 调查内容

基本调查内容包括：

① 核对森林经营单位的境界线，并在经营管理范围内进行或调整(复查)经营区划；

② 调查各类林地的面积；

③ 调查各类森林、林木蓄积；

④ 调查与森林资源有关的自然地理环境和生态环境因素；

⑤ 调查森林经营条件、前期主要经营措施与经营成效。

下列调查内容以及调查的详细程度，应依据森林资源特点、经营目标和调查目的以及以往资源调查成果的可利用程度，由调查会议具体确定：

① 森林生长量和消耗量调查；

② 森林土壤调查；

③ 森林更新调查；

④ 森林病虫害调查；

⑤ 森林火灾调查；

⑥ 野生动植物资源调查；
⑦ 生物量调查；
⑧ 湿地资源调查；
⑨ 荒漠化土地资源调查；
⑩ 森林景观资源调查；
⑪ 森林生态因子调查；
⑫ 森林多种效益计量与评价调查；
⑬ 林业经济与森林经营情况调查；
⑭ 提出森林经营、保护和利用建议；
⑮ 其他专项调查。

3.3.3.2　调查精度

(1) 允许误差

主要小班调查因子允许误差分为 A、B、C 3 个等级，见表 3-1。

表 3-1　主要小班调查因子允许误差

调查因子	允许误差(%)		
	A	B	C
小班面积	5	5	5
树种组成	5	10	20
平均树高	5	10	15
平均胸径	5	10	15
平均年龄	10	15	20
郁闭度	5	10	15
每公顷断面积	5	10	15
每公顷蓄积量	15	20	25
每公顷株数	5	10	15

(2) 精度要求

① 国有森林经营单位和经营强度高的县级行政单位，商品林小班允许误差采用等级“A”。

② 一般县级行政单位的商品林小班、所有单位的一般生态公益林小班允许误差采用等级“B”。

③ 自然保护区、森林公园和其他特殊、重点生态公益林小班允许误差采用等级“C”。

(3) 其他要求

① 样地调查精度要求执行《国家森林资源连续清查主要技术规定》。

② 小班调查时确定的小班权属、地类、林种、起源不得有错。

3.3.4　调查方法

3.3.4.1　调查数表准备

森林资源规划设计调查应提前准备和检验当地适用的立木材积表、形高表(或树高-

断面积-蓄积量表）、立地类型表、森林经营类型表、森林经营措施类型表、造林典型设计表等林业数表。为了提高调查质量和成果水平，可根据条件编制、收集或补充修订立木生物量表、地位指数表（或地位级表）、林木生长率表、材种出材率表、收获表（生长过程表）等。

3.3.4.2 小班调绘

（1）根据实际情况，可分别采用以下方法进行小班调绘：

① 采用由测绘部门绘制的当地最新的比例尺为 1∶10 000~1∶25 000 的地形图到现地进行勾绘。对于没有上述比例尺的地区可采用由 1∶50 000 放大到 1∶25 000 的地形图。

② 使用近期拍摄的（以不超过 2 年为宜）、比例尺不小于 1∶25 000 或由 1∶50 000 放大到 1∶25 000 的航片、1∶100 000 放大到 1∶25 000 的侧视雷达图片在室内进行小班勾绘，然后到现地核对，或直接到现地调绘。

③ 使用近期（以不超过 1 年为宜）经计算机几何校正及影像增强的比例尺 1∶25 000 的卫片（空间分辨率 10 m 以内）在室内进行小班勾绘，然后到现地核对。

（2）空间分辨率 10 m 以上的卫片只能作为调绘辅助用图，不能直接用于小班勾绘。

（3）现地小班调绘、小班核对以及为林分因子调查或总体蓄积量精度控制调查而布设样地时，可用 GPS 确定小班界线和样地位置。

3.3.4.3 小班调查

（1）确定调查方法

根据调查单位森林资源特点、调查技术水平、调查目的和调查等级，可采用不同的调查方法进行小班调查。

（2）调查的连续性

小班调查应充分利用上期调查成果和小班经营档案，以提高小班调查精度和效率，保持调查的连续性。

（3）小班调查内容

小班调查是二类调查中涉及地域最广、工作量最大的一项工作。为了合理地开展森林资源经营管理工作，必须将森林资源信息落实到每个林分中，小班调查就是将各种林分调查因子落实到每个林分中。

① 土地类型调查　土地类型（以下简称地类）是根据土地的覆盖和利用状况综合划定的类型，包括林地和非林地 2 个一级地类。其中林地 8 个二级地类，15 个三级地类；非林地 5 个二级地类，4 个三级地类，地类划分的最小面积为 0.067 hm^2。见表 3-2。

② 小班调查因子　应分别商品林和生态公益林小班按地类调查或记载不同调查因子。小班调查因子是指在调查时对各小班应进行记录的因子，其依据为国家林业局 2003 年颁发《森林资源调查规划设计主要技术规定》。

（4）小班测树因子调查方法

① 样地实测法　在小班范围内，通过随机、机械或其他的抽样方法，布设圆形、方形、带状或角规样地，在样地内实测各项调查因子，由此推算小班调查因子。布设的样

表 3-2　地类划分

一级	二级	三级
林　地	有林地	纯林 混交林
	疏林地	
	灌木林地	国家特别规定灌木林地 其他灌木林地
	未成林地	未成林造林地 未成林封育地
	苗圃地	
	无立木林地	采伐迹地 火烧迹地 其他无立木林地
	宜林地	宜林荒山荒地 宜林沙荒地 其他宜林地
	林业辅助生产用地	生产设施用地 科研及森林保护用地 沼泽地 其他辅助生产用地
非林地	耕　地 牧草地 水　地 未利用地	
	建设用地	工矿建设用地 城乡居民建设用地 交通建设用地 其他用地

地应符合随机原则(带状样地应与等高线垂直或成一定角度)，样地数量应满足小班调查的精度要求。

② 目测法　当林况比较简单时采用此法。调查前，调查员要通过 30 块以上的标准地目测练习和一个林班的小班目测调查练习，并经过考核，各项调查因子目测的数据 80% 项次以上达到允许的精度要求时，才可以进行目测调查。

小班目测调查时，必须深入小班内部，选择有代表性的调查点进行调查。为了提高目测精度，可利用角规样地或固定面积样地以及其他辅助方法进行实测，用以辅助目测。目测调查点数视小班面积不同而定：3 hm^2 以下选 1~2 个点；4~7 hm^2 选 2~3 个点；8~12 hm^2 选 3~4 个点；13 hm^2 以上选 5~6 个点。

③ 航片估测法　航片比例尺大于 1∶10 000 可采用此法。调查前，分别林分类型或树种(组)，抽取若干个有蓄积量的小班(数量不低于 50)，判读各小班的平均树冠直径、平均树高、株数、郁闭度等级、坡位等，然后到实地调查各小班的相应因子，编制航空像片树高表、胸径表、立木材积表或航空像片数量化蓄积量表。为保证估测精

度，必须选设一定数量的样地对数表(模型)进行实测检验，达到 90%以上精度时方可使用。

航片估测时，先在室内对各个小班进行判读(可结合小班室内调绘工作)，利用判读结果和所编制的航空像片测树因子表估计小班各项测树因子。然后，抽取 5%~10%的判读小班到现地核对，各项测树因子判读精度达到小班调查精度要求的小班超过 90%时可以通过。

④ *卫片估测法* 当卫片的空间分辨率达到 3 m 时可采用此法。其技术要点为：

第一，建立判读标志。根据调查单位的森林资源的特点和分布状况，以卫星遥感数据景幅的物候期为单位，每景选择若干条能覆盖区域内所有地类和树种(组)、色调齐全且有代表性的勘察路线。将卫星影像特征与实地情况对照获得相应影像特征，并记录各地类与树种(组)的影像色调、光泽、质感、几何形状、地形地貌及地理位置(包括地名)等，建立目视判读标志表。

第二，目视判读。根据目视判读标志，综合运用其他各种信息和影像特征，在卫星影像图上判读并记载小班的地类、树种(组)、郁闭度、龄组等判读结果。

对于林地、林木的权属、起源，以及目视判读中难以区别的地类，要充分利用已掌握的有关资料、询问当地技术人员或采取到现地调查等方式确定。

第三，判读复核。目视判读采取一人区划判读，另一人复核判读方式进行，二人在“背靠背”作业前提下分别判读分别填写判读结果。当两名判读人员的一致率达到 90%以上时，二人应对不一致的小班通过商议达成一致意见，否则应到现地核实。当两判读人员的一致率达不到 90%以上时，应分别重新判读。对于室内判读有疑问的小班必须全部到现地确定。

第四，实地验证。当室内判读经检查合格后，采用典型抽样方法选择部分小班进行实地验证。实地验证的小班数不少于小班总数的 5%(但不低于 50 个)，并按照各地类和树种(组)判读的面积比例分配，同时每个类型不少于 10 个小班。在每个类型内，要按照小班面积大小比例不等来选取。各项因子的正判率达到 90%以上时为合格。

第五，蓄积量调查。结合实地验证，典型选取有蓄积量的小班，现地调查其单位面积的蓄积量，然后建立判读因子与单位面积蓄积量之间的回归模型，根据判读小班的蓄积量标志值计算相应小班的蓄积量。

各种小班调查方法允许调查的小班测树因子详见表 3-3。

分别商品林和生态公益林小班按地类调查或记载不同调查因子，详见表 3-4。

(5) 其他应调查记载项目及要求

① *用材林近成过熟林小班* 除记载小班因子外，还要调查记载小班的可及度状况。

② *择伐林小班* 对于实行择伐方式的异龄林小班，采用实测标准地(样地)、角规控制检尺等调查方法调查记载小班的直径分布。

③ *人工幼林、未成林人工造林地小班* 除记载小班因子外，还要调查记载整地方法、规格、造林年度、造林密度、混交比、成活率或保存率及抚育措施。

④ *竹林小班* 对于商品用材林中的竹林小班增加调查记载小班各竹度的株数和株数百分比。

表 3-3　不同调查方法应调查的小班测树因子

测树因子	调查法			
	样地法	目测法	航片估测法	卫片估测法
林　层	√	√	√	
起　源	√	√	√	√
优势树种(组)	√	√	√	√
树种组成	√	√		
平均年龄(龄组)	√	√	√	√
平均树高	√	√	√	
平均胸径	√	√	√	
优势木平均高	√	√	√	
郁 闭 度	√	√	√	√
每公顷株数	√	√	√	
散生木蓄积量	√	√		
每公顷蓄积量	√	√	√	√
枯倒木蓄积量	√	√		
天然更新	√	√		
下木覆盖度	√	√		

表 3-4　不同地类小班调查因子

地类 调查 项目	乔木林	竹林	疏林地	国家特别规定灌木林	其他灌木林	人工造林未成林地	封育未成林地	苗圃地	采伐迹地	火烧迹地	宜林地	其他无立木林地	辅助生产林地
空间位置	1, 2	1, 2	1, 2	1, 2	1, 2	1, 2	1, 2	1, 2	1, 2	1, 2	1, 2	1, 2	1, 2
权　属	1, 2	1, 2	1, 2	1, 2	1, 2	1, 2	1, 2	1, 2	1, 2	1, 2	1, 2	1, 2	1, 2
地　类	1, 2	1, 2	1, 2	1, 2	1, 2	1, 2	1, 2	1, 2	1, 2	1, 2	1, 2	1, 2	1, 2
工程类别	1, 2	1, 2	1, 2	1, 2	1, 2	1, 2	1, 2		1, 2	1, 2	1, 2	1, 2	
事　权	2	2	2	2	2	2	2		2	2	2	2	
保护等级	2		2	2	2	2	2		2	2	2	2	
地形地势	1, 2	1, 2	1, 2	1, 2	1, 2	1, 2	1, 2		1, 2	1, 2	1, 2	1, 2	
土壤/腐殖质	1, 2	1, 2	1, 2	1, 2	1, 2	1, 2	1, 2		1, 2	1, 2	1, 2	1, 2	
下木植被	1, 2	1, 2	1, 2	1, 2	1, 2	1, 2	1, 2		1, 2	1, 2	1, 2	1, 2	
立地类型	1, 2	1, 2	1, 2	1, 2	1, 2	1, 2	1, 2		1, 2	1, 2	1, 2	1, 2	
立地等级	1	1	1	1	1	1	1		1	1	1	1	
天然更新	1, 2	1, 2	1, 2				1, 2		1, 2	1, 2	1, 2	1, 2	
造林类型									1, 2	1, 2	1, 2	1, 2	
林　种	1, 2	1, 2	1, 2	1, 2	1, 2								
起　源	1, 2	1, 2	1, 2	1, 2	1, 2	1, 2	1, 2						
林　层	1												
群落结构	2												
自 然 度	1, 2	1, 2	1, 2	1, 2	1, 2								
优势树种(组)	1, 2	1, 2	1, 2	1, 2	1, 2	1, 2	1, 2						
树种组成	1	1	1			1	1						
平均年龄	1, 2		1, 2	1		1, 2	1, 2						
平均树高	1, 2	1, 2	1, 2	1, 2	1, 2	1, 2	1, 2						
平均胸径	1, 2	1, 2	1, 2										
优势木平均高	1												

（续）

地类 调查项目	乔木林	竹林	疏林地	国家特别规定灌木林	其他灌木林	人工造林未成林地	封育未成林地	苗圃地	采伐迹地	火烧迹地	宜林地	其他无立木林地	辅助生产林地
郁闭度/覆盖度	1，2	1，2	1，2	1，2	1，2								
每公顷株数	1	1	1			1，2	1，2						
散生木				1，2	1，2	1，2	1，2		1，2	1，2	1，2	1，2	
每公顷蓄积量	1，2	1，2	1，2										
枯倒木蓄积量	1，2		1，2										
健康状况	1，2	1，2	1，2	1，2	1，2	1，2	1，2						
调查日期	1，2	1，2	1，2	1，2	1，2	1，2	1，2	1，2	1，2	1，2	1，2	1，2	1，2
调查员姓名	1，2	1，2	1，2	1，2	1，2	1，2	1，2	1，2	1，2	1，2	1，2	1，2	1，2

注：1为商品林，2为公益林。

⑤ 经济林小班　有蓄积量的乔木经济林小班，应参照用材林小班调查计算方法调查记载小班蓄积量；调查各生产期的株数和生长状况。

⑥ 一般生态公益林小班　下经理期有经营活动的一般生态公益林近成过熟林或天然异龄林小班应参照用材林近成过熟林小班的要求补充调查因子。森林经营集约度较高地区的所有一般生态公益林小班均应参照商品林小班进行调查。

⑦ 红树林小班　红树林小班调查执行《全国红树林资源调查技术规定》。

⑧ 辅助生产林地小班　调查记载辅助生产设施的类型、用途、利用或保养现状。

(6)林网、四旁树调查

① 林网调查　达到有林地标准的农田牧场林带、护路林带、护岸林带等不划分小班，但应统一编号，在图上反映，除按照生态公益林的要求进行调查外，还要调查记载林带的行数、行距。

② 城镇林、四旁树调查　达到有林地标准的城镇林、四旁林视其森林类别分别按照商品林或生态公益林的调查要求进行调查。在宅旁、村旁、路旁、水旁等地栽植的达不到有林地标准的各种竹丛、林木，包括平原农区达不到有林地标准的农田林网树，以街道、行政村为单位，街段、户为样本单元进行抽样调查，具体要求由各省(自治区、直辖市)根据当地情况确定。

(7)散生木调查

散生木应按小班进行全面调查、单独记载。

3.3.4.4　调查总体蓄积量控制

(1)以经营单位或县级行政单位为总体进行总蓄积量抽样控制。

调查面积小于5 000 hm^2或森林覆盖率小于15%的单位可以不进行抽样控制，也可以与相邻经营单位联合进行抽样控制，但应保证控制范围内调查方法和调查时间的一致性。

(2)总体抽样控制精度根据单位性质确定。

以商品林为主的经营单位或县级行政单位为90%；以公益林为主的经营单位或县级行政单位为85%；自然保护区、森林公园为80%。

(3) 在抽样总体内，采用机械抽样、分层抽样、成群抽样等抽样方法进行抽样控制调查，样地数量要满足抽样控制精度要求。

(4) 样地实测可以采用角规测树、每木检尺等方法。根据样地样木测定的结果计算样地蓄积量，并按相应的抽样理论公式计算总体蓄积量、蓄积量标准误差和抽样精度。

(5) 当总体蓄积量抽样精度达不到规定的要求时，要重新计算样地数量，并布设、调查增加的样地，然后重新计算总体蓄积量、蓄积量标准误差和抽样精度，直至总体蓄积量抽样精度达到规定的要求。

(6) 将各小班蓄积量汇总计算的总体蓄积量(包括林网蓄积量和四旁树蓄积量)与以总体抽样调查方法计算的总体蓄积量进行比较：

① 当两者差值不超过±1 倍的标准误差时，即认为由小班调查汇总的总体蓄积量符合精度要求，并以各小班汇总的蓄积量作为总体蓄积量。

② 当两者的差值超过±1 倍的标准误差、但不超过±3 倍的标准误差时，应对差异进行检查分析，找出影响小班蓄积量调查精度的因素，并根据影响因素对各小班蓄积量进行修正，直至 2 种总体蓄积量的差值在±1 倍的标准误差范围以内。

③ 当两者差值超过±3 倍的标准误差时，小班蓄积量调查全部返工。

3.3.5　调查成果

二类调查资料可形成表簿材料、图面材料和文字材料 3 个部分。

3.3.5.1　表簿材料

表簿材料包括森林调查簿和森林资源统计表。

(1) 森林调查簿

森林调查簿，也叫小班调查簿，它是以林班为单位进行森林资源信息记录和汇总的表册，简称调查簿。调查簿由封面、封里和封底三部分组成。① 封面是林班内各类土地面积、蓄积量的汇总及林班概况；② 封里是记录的各小班的调查因子状况、林分生长和经营措施意见情况，封里的形式有小班调查卡片或计算机编码记录；③ 封底是林班内各小班经营变化情况的记录。调查簿是森林资源信息中最基础的部分，也是森林资源档案(forest resources archires)的基础组成部分。森林资源规划设计调查的小班调查簿格式由各省(自治区、直辖市)确定。林业企业、事业单位的资源数据都是由调查簿汇总而成的，甚至有的国家的全国森林资源统计也是由森林调查簿汇总而成的。

(2) 森林资源统计表

统计表的种类有很多，主要是根据调查内容、上报内容和经营管理需要而定。统计表是由森林调查簿汇总，以林业局(县)、林场(或相当的单位)为单位进行编制。

最基本的统计表包括：

① 各类土地面积统计表；

② 各类森林、林木面积和蓄积统计表；

③ 林种统计表；

④ 乔木林面积、蓄积按龄组统计表；

⑤ 生态公益林(地)统计表;

⑥ 红树林资源统计表。

其他统计表由各省(自治区、直辖市)确定，包括:

① 用材林面积、蓄积按龄级统计表;

② 用材林近成过熟林面积、蓄积按可及度、出材等级统计表;

③ 用材林近成过熟林各树种株数、材积按径级组、林木质量统计表;

④ 用材林与一般公益林中异龄林面积、蓄积按大径木等级统计表;

⑤ 经济林统计表;

⑥ 竹林统计表;

⑦ 灌木林统计表。

3.3.5.2 图面材料

图面材料，包括基本图、林相图、森林分布图、森林分类区划图和其他专题图等，它们是森林经营管理工作中应用最多的基础图面资料。

(1)基本图

基本图主要反映调查单位自然地理、社会经济要素和调查测绘成果，基本图是计算林地面积、编绘林相图和其他专业用图的基础图面资料。基本图的编图要素包括各种境界线(行政区域界、国有林业局、林场、营林区、林班、小班)、道路、居民点、独立地物、地貌(山脊、山峰、陡崖等)、水系、地类、林班注记、小班注记。基本图以航片平面图或地形图为基图绘制而成，主要以林场、营林区为单位绘制，一般比例尺为 1∶5 000~1∶25 000。

基本图的成图方法可以计算机成图和手工成图。计算机成图就是直接利用调查单位所在地的国土规划部门测绘的基础地理信息数据绘制基本图的底图，或将符合精度要求的最新地形图输入计算机，并矢量化，编制基本图的底图。手工成图就是用符合精度要求的最新地形图手工绘制基本图的底图。将调绘手图(包括航片、卫片)上的小班界、林网转绘或叠加到基本图的底图上，在此基础上编制基本图。转绘误差不超过 0.5 mm。

(2)林相图

林相图是根据小班调查材料，以林场(乡)为单位绘制的常用图表，用基本图为底图进行绘制。图中反映的主要内容有，各小班的地类、优势树种、龄组、面积等因子。林相图根据小班主要调查因子注记与着色，凡有林地小班，应进行全小班着色，按优势树种确定色标，按龄组确定色层，其他小班仅注记小班号及地类符号。用各种颜色表示不同的小班地类和优势树种。颜色的深浅表示林分的龄组：幼龄林较浅，中龄林稍深(颜色深浅中等)，近成过熟林最深。林相图的比例尺在我国多为 1∶10 000~1∶50 000。林相图中的小班注记采用分数式结构，分子为小班号和龄级，分母为地位级(或地位指数、林型、立地类型)和郁闭度(或疏密度)。

(3)森林分布图

森林分布图是反映林业局(县)森林分布状况的图面材料，也可以林场(乡)为单位绘制。森林分布图以林相图为基础缩绘而成，图内只反映林班及以上单位的资源状况。森林分布图着色以林班内优势林分为依据，分别工程区、森林类别、生态公益林保护等级和事权等级着色。比例尺多为 1：50 000~1：100 000。其绘制方法是将林相图上的小班进行适当综合。凡在森林分布图上大于 4 mm^2 的非有林地小班界均需绘出。但大于 4 mm^2 的有林地小班，则不绘出小班界，仅根据林相图着色区分。

(4) 森林分类区划图

以经营单位或县级行政区域为单位，用林相图缩小绘制。比例尺一般为 1：50 000~1：100 000。分别工程区、森林类别、生态公益林保护等级和事权等级着色。

(5) 其他专题图

以反映专项调查内容为主的各种专题图，其图种和比例尺根据经营管理需要，由调查会议具体确定，但要符合林业专业调查技术规定(或技术细则)的要求。

3.3.5.3　文字材料

文字材料包括森林资源规划设计调查报告、专项调查报告和质量检查报告。

二类调查需提交的材料还包括与上述表簿材料、图面材料和文字材料相对应的电子文档。基于森林资源规划设计调查建立的森林资源档案，乙级资质单位应提交调查单位的森林资源管理信息系统。各级森林资源管理部门规定的其他成果材料。

3.4　森林资源三类调查

为森林作业设计而进行的森林调查(简称“三类调查”)，也称作业调查，是为基层林业企事业单位和集体森林经营组织开展年度森林经营设计而进行的森林资源调查，如为伐区设计、林分改造设计、林分抚育设计、更新造林设计等而进行的调查。

3.4.1　调查目的与任务

作业设计调查，是基层森林资源管理的一项基础工作，也是县以上林业主管部门落实林地与林分的造林、抚育、改造等生产项目，批准森林采伐、划拨伐区的依据。目的是查清一个伐区内，或一个抚育、改造林分范围内的森林资源数量、出材量、生长状况、结构规律等，据以确定采伐或抚育、改造的方式、采伐强度、预估出材量及更新措施，工艺设计等。这一类调查具有作业性特征，既是林业企业、林业集体经营组织科学经营、利用森林的手段，也是各级林业主管部门管理、监督基层森林经营的一项重要措施。通常应在二类调查的基础上，根据已有的规划、设计要求，在年度计划项目执行前进行。

3.4.2　调查范围与周期

一般以林业局(或国有林场)范围内需要进行采伐、抚育、改造、更新和其他经营活动的某一特定地段或作业地块为抽样总体。调查周期视林业局(或国有林场)具体作业项目情况需要而定。

3.4.3 调查内容

根据具体作业项目和调查对象而定。

如伐区设计调查内容为：

① 伐区调查应在伐区确定和区划的基础上进行，已进行过二类调查和已有固定林班、小班区划的生产单位，可直接利用这些区划材料确定伐区设计的实际范围，并保质保量地完成伐区面积、蓄积调查；林分各测树因子调查；立地条件调查；材种出材量等全部调查内容。

② 伐区林分蓄积量调查，有条件的地方可采用全林实测法。采用标准地调查方法的，标准地的选择必须有充分的代表性。同时，抽取标准地的面积比例，在未进行过二类调查的天然林区，标准地的面积比例不得少于伐区面积的 5%；有二类调查基础的天然林区，也不得少于 3%；人工林不得少于 2%。采用其他方法的，应严格按相关规程规定的标准执行。

③ 伐区调查中，要切实做好材种出材量调查。国有林场以场为单位，分别树种、类型，选取 0.067 hm^2 以上的标准地或 30 株以上的标准木(标准木的径级分布，要对伐区有代表性)，分别对主要树种，按国家规定的规格材、非规格材、采伐剩余物等进行伐倒造材，以确定合理的材种出材量和出材率。集体林也应以县为单位，按上述要求统一编制各树种材种出材量表。

④ 伐区设计内容应包括确定合理的采伐方式、集材方式、材种出材量、采伐剩余物的利用和林地清理；确定采伐工艺流程、劳动组织；测算劳动力、投资量等内容。

3.4.4 调查方法

调查方法与森林资源二类调查类似，但要求内容更详尽、数据资料更准确，有较高的精度保证。

如伐区调查方法主要应围绕森林采伐目的进行，以取材为主要目标的森林主伐，伐区调查内容主要包括林分年龄、数量、质量及分布等；抚育、改造、更新、卫生等采伐为目的的伐区，则围绕采伐对象进行。但不管是主伐、抚育采伐、改造采伐、更新采伐，还是其他采伐，伐区调查的关键都是要摸清其采伐对象的范围、数量、质量及有关周围环境因子，为制定良好的伐区设计奠定坚实基础。

下面以常见的人工林抚育间伐作业设计调查为例，简单介绍调查的方法。

3.4.4.1 准备工作

① 收集资料，如 1：10 000 的地形图和原人工造林设计或验收平面图，林场或乡镇的自然和社会经济条件、森林资源、森林经营技术档案等。

② 准备有关仪器、工具、表格和其他物品。

③ 培训或调配抚育间伐作业设计调查的技术人员。

3.4.4.2　外业小班调查

(1) 区划并绘制抚育间伐小班图

① 造林时严格按作业设计施工的，可利用原设计图纸，按原设计小班执行。

② 不具备上述条件的，应重新区划小班，带地形图到实地用目测或用仪器实测。

小班区划，主要按自然界线、林龄和林相划分，面积 5~15 hm^2 不等，最大不超过 20 hm^2。

(2) 临时标准地的设置与调查

① 标准地数量，按小班部位、坡向、林龄、林分长势等情况确定，原则上每个小班都应设标准地，标准地的面积不得少于小班面积的 2%。

② 标准地必须设置在全小班最有代表性的地块内，不得选在林缘旁，同一小班内，不同长势的林分，应分别设置标准地。

③ 标准地的形状可以是正方形、矩形或圆形，但每块标准地面积一般不得少于 0.067 hm^2。

④ 标准地境界测量。用罗盘仪测量方向及角度；丈量距离时，坡度超过 5°的，应将测量的斜距改算成水平距，测量精度为 1/200；为了使境界明显，应清除测线上的杂灌木；并对测线外树木向内一面刮去表皮，以便识别、检尺。

⑤ 标准地每木调查。用围尺测定每株立木胸径，按径阶分别保留木、采伐木进行统计，填写每木检尺记录表。

保留木，包括优良木(目的树种中生长迅速、树干圆满、自然圆满、树冠发育正常的林木)和辅助木(有利于促进优良木、长势中等的林木以及对林地起庇护作用的林木)。

采伐木，包括枯立木、被压木、弯曲木、病腐木、多头木、霸王木、生长过密的林木等。立木检尺后，要用红色油漆或粉笔或石灰对检测树木划号，以防遗漏或重测。凡是树干基部落于境界线上的林木东南边界线上的检尺，西北边界线上的舍去。

⑥ 平均高、平均冠幅、平均枝下高的测定，根据目测平均胸径，在标准地内选择最接近平均胸径的 3 株树木，用测高仪和皮尺测树高、东西和南北冠幅、枝下高等。

⑦ 郁闭度测定。采用对角线实测法，沿对角线仰视林冠，被树冠遮住的点为郁闭点。郁闭点除以观察总点，即为郁闭度 P。$P = n/N$，n 为落在树冠投影内的观察点数，N 为标准地 2 条对角线总观察点数。

⑧ 立地条件调查记载。地貌分极高山、高山、中山、低山、丘陵、平原；坡位分脊、上、中、下、谷、平地；坡向分东、南、西、北、东南、东北、西南、西北；坡度分平坡、缓坡、斜坡、陡坡、急坡、险坡。土壤调查：主要记载土壤类型、土层厚度、肥力等级等因子。植被调查：记载主要下木、草本名称、密度(分疏、中、密)和覆盖度(以百分比表示)。

⑨ 材种出材量调查。根据国家或地方标准，分别调查编制树种的规格材、非规格材、胸径 6 cm 以下小径材 3 个材种出材量和出材率。

(3) 作业设施调查

主要包括林区公路、林道、集材道、集材点(楞场)等采伐作业和木材集运设施合理布局的现状调查。

3.4.5 调查成果

三类调查资料根据调查目的要求和调查内容可形成相应的表簿材料、图面材料和文字材料 3 个部分。

3.5 林业专业调查和多资源调查

3.5.1 林业专业调查

根据编制森林经营方案的需要，在二类调查的基础上，对于某些林业调查项目有时需要专门组织专业人员进行重点详细的调查，即所谓林业专业调查。林业专业调查是森林经理调查的组成部分和重要基础，专业调查项目的选择应根据需要和技术条件而定。其调查项目主要包括：森林生长量、消耗量及出材量调查、立地类型调查、森林土壤调查、森林更新调查、森林病虫害调查、森林火灾调查、珍稀植物与野生经济植物资源调查、抚育间伐和低产林改造调查、母树林、种子园调查、苗圃调查、森林生态因子调查、森林多种效益计量与评价调查、林业经济与森林经营情况调查等各专项调查。专业调查的地域范围同二类调查，多以独立的企业、事业单位和行政区划单位为单位进行。

3.5.1.1 常用的林业专业调查

(1) 森林生长量、消耗量及出材量调查

调查森林生长量主要是要掌握森林资源的动态变化规律，可为确定合理采伐、预估森林资源的变化以及评价森林经营措施的效果提供可靠的数据。

① 森林的各种生长量，主要包括胸径生长量、树高生长量和蓄积生长量。尤其是蓄积生长量是森林经营决策的重要依据。森林生长量的调查应分别优势树种、龄级(组)进行调查。

② 消耗量调查以林业局(场)为单位，森林的消耗量调查内容主要有主伐、间伐及补充主伐的采伐量、薪材采伐量和其他各种生产、生活灾害过程中消耗的木材量。

③ 出材量调查分别树种调查出材量或出材率。用材林，近、成、过熟林林分出材率等级由林分出材量占林分蓄积量的百分比或林分中用材林商品用材树的株数占林分总株数的百分比确定。

(2) 立地类型调查

立地类型也称立地条件类型。所谓立地条件是指对林木生长有影响的各个环境因子的综合，主要包括地形地势、气候、土壤、植被等因子。立地条件的好与坏直接关系到森林经营的各个方面，如生产效率、经济效益、采伐收获、森林培育的方向与速度等。

进行立地类型调查的目的，是通过立地类型的调查，准确地划分林业用地的各种土地种类的立地类型，评价立地质量，为林业区划、规划、总体设计和开展林业生产提供科学依据。它是划分造林类型、编制林业数表和其他专业调查的基础。

(3) 森林土壤调查

森林土壤也是森林资源的重要组成部分。进行土壤调查的目的在于查清土壤资源，包括土壤种类、土层厚度、结构、土壤肥力、土壤类型分布、数量、质量以及植被分布的关系等，并给予综合评价，提出土壤种类、植被种类以及土地利用和经营措施，绘制森林土壤分布图和立地条件类型图，为林业区划、规划等提供技术依据。

(4)森林更新调查

森林更新调查包括天然更新、人工更新、人工促进天然更新的调查。

①天然更新调查　对于疏林地、灌木林地(国家特别规定的灌木林地除外)、无立木林地、宜林地等，应调查天然更新等级。主要调查天然更新幼苗(树)的种类、年龄、平均高度、平均根径、每公顷株数、分布和生长情况等。天然更新的评定标准，是根据幼苗(树)高度级按每公顷天然更新株数确定天然更新的等级。

天然更新调查的目的是为了了解更新情况，分析采伐方式、采伐强度、伐区配置、伐区宽度对更新的影响；各种集材方式与更新的关系；环境因子、立地条件对更新的影响；母树保留分布形式、采伐间隔以及人为活动与更新的数量和质量，以便设计更新措施。

②人工更新调查　人工更新调查包括未成林造林地和人工幼林调查。未成林造林地主要调查不同情况造林地的成活率和保存率。人工幼林调查应分别立地条件类型、造林树种、造林年度、混交方式、造林密度、造林方法、整地方式、幼林抚育方法等，进行生长情况的调查。森林更新调查结果可以分析不同条件下各种造林技术措施对造林成活率和林木生长的影响，总结以往的经验教训，为今后正确设计造林措施和提高造林质量提供依据。

③人工促进天然更新调查　人工促进天然更新调查应分别不同立地条件及不同促进更新措施，调查促进更新的作业时间、整地方式、株数、补植株数、野生苗移植株数以及其他技术的效果。通过调查，分析影响人工促进天然更新的因素，提出今后的改进意见。

天然更新、人工更新、人工促进天然更新的调查，多采用标准地和小样方的方法调查。

(5)森林健康调查

记载林地卫生、林木(苗木)受病虫鼠害和火灾危害以及林内枯倒木分布与数量等状况。

①森林灾害类型调查　包括森林病虫害调查、森林火灾调查和其他灾害调查。

A. 森林病虫害调查。调查的目的是摸清调查地区各主要林分类型的主要病虫种类、虫口密度、危害程度、分布区域、生态条件、发生发展的原因；成灾的面积、蓄积、树种、森林更新、森林经营条件，以及成灾的位置分布等。调查林内卫生状况和虫害的天敌种类、数量和应用的可能性；调查幼林地、苗圃地、采伐迹地以及地下、贮木场等的病虫害情况；查清病虫害对林木造成的损失及其与林木、立地条件、人为活动等因素的关系。病虫害调查一般采用路线踏查和标准地调查的方法。

B. 森林火灾调查。了解调查地区火灾的概况，查清火灾种类、发生时间、次数、延续时间及其气象因素、树种抗火特性、人为活动等因素的关系，森林火灾等级、损失面积、蓄积、树种、林种，森林土壤、森林更新、森林经营条件，以及火灾的位置分布和防火设施的扑火方法等情况。火场面积采用估算法、实测法或航测调查；林木损失采用全面每木调查或标准地每木调查方法；其他情况调查可查森林档案或采用调查访问方法进行。

C. 其他灾害调查。主要有苗圃地鸟害、极端高温和低温危害、大气污染等。要查清它们的种类、危害方式及部位、防治方法和预防措施。其他灾害调查亦可采取路线踏查和标准地调查的方法。

通过这些调查，为森林经营和森林调查规划中森林病虫害防治设计、森林火灾和其他灾害的预防提供科学依据。

② *森林灾害等级调查*　对于有林地和国家特别规定灌木林地，应调查森林灾害类型，并根据受害样木株数，确定受害等级。

③ *森林健康等级调查*　对于有林地和国家特别规定的灌木林地，应按技术标准调查森林健康等级。根据林木的生长发育、外观表象特征及受灾情况综合评定森林健康状况，分为健康、亚健康、中健康和不健康 4 个等级。

(6) 抚育间伐和低产林改造调查

抚育间伐和低产林改造是营林生产的主要措施，直接关系到林分的速生、优质、丰产，因此，应对抚育间伐和低产林改造情况进行调查。抚育间伐调查的内容包括林分类型、方法、强度、间隔期、工艺过程、出材量等。低产林改造调查的内容包括实施措施的林分、改造的目的、方式、方法、经营措施、改造效果等。通过这些调查可为抚育间伐设计、林分改造设计提供依据。

(7) 母树林、种子园调查

母树林和种子园是培育良种的基地。种子品质的优劣，直接影响人工林的生产率和质量。母树林和种子园调查的主要内容包括建立时间、优树选择、树种种类、密度、面积、无性系、后代测定、单倍体、生长、病虫害、抚育管理、种子结实量等。通过这些调查可为母树林、种子园规划设计和制订经营管理措施提供依据。调查方法可采取标准地法或全林每木调查法。

(8) 苗圃调查

苗圃是生产苗木的基地。采用先进的育苗技术提高苗木的产量和质量是林业生产的重要环节。苗圃调查的主要内容包括苗圃种类、经营面积、区划情况、育苗种类、年产苗量、成本、现有设备、劳动组织及管理制度等。根据调查结果提出苗圃的经营管理建议。在苗圃调查时以永久固定的苗圃为主，同时也要考虑外来苗和苗木输出等供需情况。

(9) 林业经济调查

为使各项林业生产建设获得较佳的经济效益，处理好森林的直接效益和间接效益的关系以及经济与技术的关系，必须重视并加强林业经济调查。林业经济调查的内容主要包括社会经济、林业经济情况的调查，为林业生产应采取的技术经济政策和措施以及效益计量、评价提供可靠的依据。

3.5.1.2　林业专业调查方法

各项林业专业调查应尽量收集生产、科研等单位及该地区过去的调查材料和科研成果，并认真研究、分析、充分利用，这样可以节省人力物力。对于需要而又不足的部分要进行现地调查。因此，在调查前首先要收集和研究以往的调查材料，包括有关图面材料。了解过去的调查成果、精度及方法，有利于提出和制订今后调查的重点和方法。

在开展调查前还应进行踏查。通过踏查可以了解调查地区内的基本情况及工作条件等，以便部署工作。在踏查的基础上，便可根据该地区的具体情况确定林业专业调查的内容。调查的对象、要求不同，因而在调查方法上也不能一样。但就其调查方式来看，主要采取标准地或样方调查，标准木或样地调查以及路线调查与标准地调查相结合的调查方法。有的项目调查使用其中 1 种，有的需要几种方式结合使用。

(1) 标准地、标准木调查

标准地及标准木调查是林业专业调查的主要方式之一。标准地分临时标准地和永久性标准地 2 种；根据选设方式不同又可分为典型选设和随机选设 2 种。在外业调查期间究竟应设置哪类标准地，取决于调查的内容、目的和任务。例如，为了研究各种经营措施，可设置永久性标准地进行长期观测。如果以前设置过这样的标准地，应尽量利用。其他临时标准地，不作长期观测用。对于编制调查数表、生长量调查等，一般都采用标准地或标准木调查方法。在进行各项专业调查时，不同项目设置的标准地能结合在一起的应尽量结合在一起，使一块标准地能起到多项的作用。

(2) 样方调查

有些项目的调查，如植被调查、更新调查等也采取小型标准地，即样方调查。在标准地内四角各设 1 块 1 m×1 m 样方进行植被调查和更新调查，标准地中心设 1 块 5 m×5 m 样方进行灌木调查。设置好样方后，要估测一下总盖度、营养苗（即仅带枝叶的营养体）及生殖苗（具花或果实的苗）的平均高度。主要调查记载林内有哪些植被种（草本），其生长状况分布情况、高度、覆盖度；林缘的植物情况、是否有地被物（苔藓、地衣）以及死地被物（枯枝落叶层）的情况。记录样方内所出现的全部植被名称。对每种植被作如下数量指标调查：

① 密度　密度是与多度意义相近的一个指标。它是指单位面积内某种植物的个体数目。测时即数每 1 m^2 样方内所测植物的株（或丛）数。

② 盖度　指植物地上部分（枝叶）的垂直投影，以覆盖面积的百分比表示。盖度可分种盖度（又叫分盖度）、层盖度及总盖度（群落盖度）。要求测定每种植物的种盖度（由于植物枝叶相互重叠，各种之种盖度之和常大于总盖度）。

③ 高度　植物高度说明植物的生长情况及竞争和适应能力。对每种植物种高度的测定，应分营养苗及生殖苗分别测定，注意测量的自然高度，取平均值。

④ 物候相　即指植物随气候条件按时间有规律的变化而表现出的按一定顺序的发育期。可分营养期、花蕾期、开花期、结实期和果后营养期等几个阶段。

⑤ 生产力　指植物的生长状况，它是一个相对指标。可分强、较强、中等、较弱及弱 4 个等级。

(3) 路线调查与标准地调查相结合的调查方法

路线调查的目的是通过路线调查掌握较全面的情况，同时为重点详细调查即标准地调查提供依据。路线调查与标准地调查相结合的调查方法，是一种点和面相结合、简单与详细相结合的调查方式。如立地类型调查、病虫害调查、土壤调查等，都是采用这种调查方法。

路线调查时，路线的选择十分重要。路线的选择，应以通过各种不同地形、地势和各种有代表性的林分地段为原则。这样可以全面掌握林区的特点和各调查对象的分布情况。

路线调查时，调查记载的内容视调查项目的具体要求、条件而定，一般采用目测方法，必要时做一些简单的实测调查。

在路线调查的基础上进行标准地调查，标准地应设在有代表性的地段，并进行实测和详细记载，以便取得较精确的资料。

3.5.2 多资源调查

3.5.2.1 多资源调查概述

森林资源除林木资源外，还应包括森林地域空间内的动物资源、植物资源、土地资源、水资源、气候资源、游憩资源和其他资源。在我国，多资源调查是指对野生动植物、游憩、水资源、放牧和地下资源等进行的调查。森林中的各种资源，它们是一个有机整体，是一个结构和功能繁多而又复杂的生态系统。林木资源与其他资源互为环境、相互影响。为正确评价森林多种效益，发挥森林的各种有效性能，满足森林经营方案总体设计、林业区划与规划设计的需要，有必要在森林分类经营的基础上进行多资源调查。

多资源调查是森林永续利用从木材永续到森林多种效益永续过渡时期逐渐发展起来的森林调查项目。世界各国对多资源调查的类型归属不完全一致。在我国的有关规程中，多资源调查仍属二类调查中的专业调查范畴。

3.5.2.2 多资源调查的内容与方法

(1) 野生经济植物资源调查

野生植物是森林生态系统的主要组成部分，是物种多样性、遗传多样性的重要资源库；经济植物资源是林业经济基础的重要组成部分，调查其数量、质量和生长状况，为保护及开发利用提供科学依据。野生经济植物资源是指在森林中，野生的具有较高经济价值的植物资源；或是那些除可提供主要林产品外，还可提供其他具有较高经济价值附产品的植物资源。野生经济植物类别按用途分药用、食用、工业原料和美化观赏4个类别。

野生植物资源调查在我国一般采用标准地、样地、样方、样木、标准枝或路线调查等方法，通过调查这些植物资源的种类、分布、蕴藏量、培育和利用状况、经济效益及其开发条件等，为植物资源合理的采集、加工，大力发展种植业，充分发挥森林植物资源的生态效能、社会效能和经济效能，制定森林植物资源的经营利用规划提供依据。

(2) 野生动物资源调查

野生动物资源调查的主要内容：野生动物的种类、数量、组成、动向、分布及可利用的情况和群体的自然区域；确定不同种类野生动物对食物和植被的需要；评价维持野生动物和种群的各种生境单位。这对制定野生动物的保护方案和措施，发展林区养殖业及狩猎是有积极意义的。

野生动物资源种类很多，调查的方式方法也不完全一致，调查方式主要采用抽样调查，样地总面积一般不小于动物栖息地的 10%。对脊椎动物群体的调查方法分为 3 类，直接调查、间接调查和比例方法。

① 直接调查法　指对动物或鸟类本身的计数。主要包括哄赶调查、空中监视调查、航空摄影和红外片调查等。

② 间接调查法　是把除动物计数以外的各种观测记录下来，群体估测是从动物存在的间接证据推论出来的。包括叫声计数、足迹计数、粪堆计数等方法。

③ 比例方法　是以一个群体的已测定的变化为基础，例如，捕捉了已知数量的猎鸟，加上环志释放，当以后某一时间内再看到或猎捕到这些鸟时，则环志鸟的总数与其中再捕鸟数的比可用于估计群体的大小。包括林肯指数、凯勒克尔比率等方法。

(3) 湿地资源调查

湿地资源调查的主要内容：湿地的类型、面积与分布；湿地的水资源状况；湿地利用状况；湿地的生物多样性及其珍稀濒危野生动植物资源状况；湿地周边地区的社会经济发展对湿地资源的影响；湿地的管理状况和研究状况以及影响湿地动态变化的主要环境因子等。

湿地资源调查是以典型调查为基础，综合运用遥感、地理信息系统、全球定位系统、数据库等高新技术，对湿地资源及其生态环境进行定期调查，查清湿地资源的现状，掌握湿地资源的动态变化，并逐步实现对湿地资源及其生态环境全面、准确、及时的分析评价，为湿地资源的保护、管理和合理利用提供完整统一、及时准确的宏观数据支持。

(4) 放牧资源调查

放牧资源调查的主要内容：草场的面积、种类、立地、利用系数、载畜量(头数)、利用情况、发展畜牧业等。

对于多数植被，最好的调查时期通常是接近生长季节的末期。主要采用抽样调查方法，抽样可在航片或地形图上布样点，也可结合在一起使用。调查也可采用分层抽样的方法，放牧资源较多的草地、湿地、灌丛、开阔的河岸为一类，资源较少的林地为另一类。样地可用圆形或矩形，对特殊的调查，也可用点状，其大小应视变动系数而定。变动系数大时，如果样地面积小，为保证精度则样点数会大量增加，调查效率下降。确定牧草数量可用割取样地牧草、目测法等方式测定，在牧场分析中，常用目测法与割取称重相结合的方法。牧草数量以 kg/hm^2 为单位。

(5) 水资源和渔业资源调查

水资源调查的主要内容：降水、地表和地下水补给和排泄、水域面积、水量(流量和流速)、水质(沉积物总量、化学性质、生物学性质及温度)、水生生物和生态状况及水生生态环境评价、地表水景观的环境、人为活动对水的污染、生产和生活对水的利用情况等。

渔业资源的调查是在水资源调查的基础上进行的，调查的内容包括：养殖面积、种类、习性、鱼龄、生长发育状况、现有量、负载量、生产量等。

水资源和渔业资源调查可采用路线调查、抽样调查和查阅水文资源等方法。对鱼群可采用直接调查法进行捕捞调查。

(6) 荒漠化、沙化与石漠化土地资源调查

荒漠化、沙化与石漠化土地资源调查是为查清我国荒漠化、沙化和石漠化土地资源的分布、面积、特点以及土地退化现状和动态变化而开展的一项专项调查工作。

荒漠化、沙化与石漠化土地调查一般采用卫星遥感影像判读和地面调查相结合的方法，并对荒漠化敏感地区、沙尘暴灾情和石漠化程度开展专题调查，对一些典型区域开展定位监测。

(7) 景观资源调查

景观资源调查内容包括自然景观(如地质地貌、水文、气象、动物、植物等)和人文景观(历史古迹、民族风情、宗教、近代现代革命文物和文化建设等)。

风景资源调查可采用路线调查、典型调查、抽样调查、查阅历史文献、座谈访问和景物实际调查等。

(8) 其他多种资源调查

例如建材(花岗岩、大理石等)，矿产(煤炭、浮石等)，“三剩”资源(采伐、造材、加工剩余物)等。应调查这些资源的数量，现有利用情况和开发利用的方向，为发展林区多种经营提供科学依据。

参 考 文 献

国家林业局. 2003. 全国湿地资源调查与监测技术规定 [M].

国家林业局. 2003. 全国荒漠化和沙化监测技术规定 [M].

国家林业局. 2003. 国家森林资源连续清查技术规定 [M].

国家林业局. 2003. 森林资源规划设计调查主要技术规定 [M].

亢新刚. 2001. 森林资源经理管理 [M]. 北京: 中国林业出版社.

李凤日. 2004. 森林资源经营管理 [M]. 沈阳: 辽宁大学出版社.

唐守政, 张会儒. 2002. 森林资源调查监测体系文集 [M]. 北京: 中国科学技术出版社.

第 4 章

可持续发展理论

4.1 可持续发展的由来

4.1.1 可持续发展思想的萌芽

4.1.1.1 古代朴素的可持续发展思想

可持续性的概念源远流长。在中国春秋战国时期就有保护正在怀孕和产卵的鸟、兽、鱼、鳖以利“永续利用”的思想和封山育林定期开禁的法令。春秋时齐国为相的管仲，从发展经济、富国强兵的目标出发，十分注意保护山林川泽及其生物资源，反对过度采伐，他说：“为人君而不能谨守其山林菹泽草莱，不可以天下王”（《管子·地数》）。战国时期的荀子也把自然资源的保护视为治国安邦之策，特别注意遵从生态系统的季节规律，重视自然资源的持续保存和永续利用。西方经济学家马尔萨斯(Malthes，1820)、李嘉图(Ricardo，1817)和穆勒(Mill，1900)等的著作中也是认识到人类消费的物质限制，即人类的经济活动范围存在着生态边界。

4.1.1.2 现代可持续发展思想的产生

现代可持续发展理论的产生经历了相当长的历史过程。20 世纪五六十年代，人们在经济增长、城市化、人口、资源等所形成的环境压力下，对增长等发展的模式产生怀疑并展开研究。1962 年，美国女生物学家莱切尔·卡逊(Rachel Karson)发表了一部引起很大轰动的环境科普著作《寂静的春天》，作者描绘了一幅由于农药污染所带来的可怕景象，惊呼人们将会失去“春光明媚的春天”，在世界范围内引发了人类关于发展观念上的争论。10 年后，两位美国著名学者巴巴拉·沃德(Barbara Ward)和雷内·杜博斯(Rene Dubos)的享誉全世界的《只有一个地球》问世，把人类对生存与环境的认识推向一个新境界即可持续发展的境界。同年，一个非正式国际著名学术团体——罗马俱乐部发表了著名的研究报告《增长的极限》，明确提出“持续增长”和“合理的持久的均衡发展”的概念。

(1)《寂静的春天》——对传统行为和观念的早期反思

20世纪中叶，随着环境污染的日趋加重，特别是西方国家公害事件的不断发生，环境问题频频困扰人类。20世纪50年代末，美国海洋生物学家蕾切尔·卡逊(Rachel Karson)在潜心研究美国使用杀虫剂所产生的种种危害之后，于1962年发表了环境保护科普著作《寂静的春天》。作者通过对污染物富集、迁移、转化的描写，阐明了人类同大气、海洋、河流、土壤、动植物之间的密切关系。初步揭示了污染对生态系统的影响。她告诉人们："地球上生命的历史一直是生物与其周围环境相互作用的历史……只有人类出现后，生命才具有了改造其周围大自然的异常能力。在人对环境的所有袭击中，最令人震惊的，是空气、土地、河流以及大海受到各种致命化学物质的污染。这种污染是难以清除的，因为它们不仅进入了生命赖以生存的世界，而且进入了生物组织内。"她还向世人呼吁我们长期以来行驶的道路，容易被人误认为是一条可以高速前进的平坦、舒适的超级公路，但实际上，这条路的终点却潜伏着灾难，而另外的道路则为我们提供了保护地球的最后唯一的机会。这"另外的道路"究竟是什么样的，卡逊没能确切告诉我们，但作为环境保护的先行者，卡逊的思想在世界范围内，较早地引发了人类对自身的传统观念和行为进行较为系统和深入的反思。

(2)《增长的极限》——引起世界反响的"严肃忧虑"

1968年，来自世界各国的几十位科学家、教育家和经济学家等学者聚会罗马，成立了一个非正式的国际协会——罗马俱乐部(The Club of Rome)。它的工作目标是关注、探讨与研究人类面临的共同问题：使国际社会对人类面临的社会、经济、环境等诸多问题，有更深入的理解，并在现有全部知识的基础上推动采取能扭转不利局面的新态度、新政策和新制度。受俱乐部的委托，以麻省理工学院D·梅多斯(Donella Meadows)为首的研究小组，针对长期流行于西方的高增长理论进行了深刻反思，并于1972年提交了俱乐部成立后的第一份研究报告——《增长的极限》。报告深刻阐明了环境的重要性以及资源与人口之间的基本联系。报告认为：由于世界人口增长、粮食生产、工业发展、资源消耗和环境污染这五项基本因素的运行方式是以指数增长而非线性增长，全球的增长将会因为粮食短缺和环境破坏于下世纪某个时段内达到极限。就是说，地球的支撑力将会达到极限，经济增长将发生不可控制的衰退。因此，要避免因超越地球资源极限而导致世界崩溃的最好方法是限制增长，即"零增长"。

《增长的极限》一发表，在国际社会特别是在学术界引起了强烈的反响。该报告在促使人们密切关注人口、资源和环境问题的同时，因其反增长情绪而遭受到尖锐的批评和责难，因此，引发了一场激烈的、旷日持久的学术之争。一般认为，由于种种因素的局限，《增长的极限》的结论和观点，存在十分明显的缺陷。但是，报告所表现出的对人类前途的"严肃的忧虑"以及唤起人类自身的觉醒，其积极意义却是毋庸置疑的。它所阐述的"合理的、持久的均衡发展"，为孕育可持续发展的思想萌芽提供了土壤。

(3)联合国人类环境会议——共同迎接环境问题的挑战

1972年，联合国人类环境会议在斯德哥尔摩召开，来自世界113个国家和地区的代表汇聚一堂，共同讨论环境对人类的影响问题。这是人类第一次将环境问题纳入世界各国政府和国际政治的事务议程。大会通过的《人类环境宣言》宣布了 37 个共同观点和 26 项共同原则。它向全球呼吁：现在已经到达历史上这样一个时刻，我们在决定世界各地的行动时，必须更加审慎地考虑它们对环境产生的后果。由于无知或不关心，我们可能给生活和幸福所依靠的地球环境造成巨大的无法换回的损失。因此，保护和改善人类环境是关系全世界各国人民的幸福和经济发展的重要问题；是全世界各国人民的迫切希望和各国政府的责任，也是人类的紧迫目标。各国政府和人民必须为全体人民和自身后代的利益而作出共同的努力。

作为探讨保护全球环境战略的第一次国际会议，联合国人类环境大会的意义在于唤起各国政府共同对环境问题，特别是对环境污染的觉醒和关注。尽管大会对整个环境问题认识比较粗浅，对解决环境问题的途径尚未确定，尤其是没能找出问题的根源和责任，但是，它正式吹响了人类共同向环境问题挑战的进军号。各国政府和公众的环境意识，无论是在广度上还是在深度上都向前迈进了一步。

4.1.2　可持续发展理论的提出

(1) 可持续发展思想的提出

斯德哥尔摩会议之后，发达国家普遍加强了对环境保护的投入，生态面貌得到了很大的改善，空气开始逐渐变得清新，鱼儿重新出现在绝迹多年的河流中。许多人陶醉于改善环境的成果，产生了一种乐观而模糊的认识，似乎环境问题已经得到了基本控制，甚至有人认为，只要政府做好准备，环境随时都可以得到清理。

在纪念斯德哥尔摩会议 10 周年之际，一些专家撰文指出，新的问题已经出现了。一方面，虽然发达国家在治理环境污染方面取得了一些进展，但环境问题的焦点却逐渐转移到了发展中国家——热带雨林正在消失，良田由于过度开垦而逐渐变成不毛之地；另一方面，越来越多的证据使人们开始关注全球性环境问题的发展，酸雨、全球变暖和臭氧层耗竭等，给人类带来了更大的威胁。在这样的前景下，各国政府逐渐开始认识到，环境问题决不只是一个国家内部的问题，只有通过国际合作，才有可能真正取得进步。实际上，即使是在斯德哥尔摩会议之后，世界上公害事件仍时有发生，而 1984—1986 年之间那场横扫非洲大陆的饥荒似乎也向人们提出，环境问题如果不能很好地得到解决，那将是人类的一场悲剧。

1983 年 12 月，联合国成立了世界环境与发展委员会（World Commission of Environment and Development，WCED）。委员会的宗旨在于：为持续的发展提出长期的环境战略，把对环境的关注转化成南北双方的更大合作，找到国际社会更有效地保护环境的途径等。经过 5 年细致的实地调查研究，WCED 于 1987 年 4 月出版了其最终报告《我们共同的未来》。同年 12 月，该报告经过联合国第 42 届大会通过，在全球范围内引起了巨大的反响。

该报告以详实的资料，针对世界环境与发展方面存在的问题，提出具体而现实的建议。最引人注目的是，报告中首次采纳"持续性"和"可持续发展"的概念，把环境与发展紧密地结合在了一起。报告指出，需要一种全新的发展道路，在这条道路上，持续的发展不仅仅能够于某一时期在某些地区实现，而是要在整个星球上延续到遥远的未来。

这种全新的发展道路，就是“可持续发展”。

随着《我们共同的未来》的发表和可持续发展理论的提出，一条新的发展道路开始出现在人类面前。

(2) 联合国环境与发展大会

1992 年 6 月 5 日在巴西里约热内卢举行的联合国环境与发展大会(UNCED)上，183 个国家和 70 个国际组织的代表通过了《里约环境与发展宣言》(地球宪章)和《21 世纪议程》两大纲领性文件。前者是为保护地球永恒活力和整体性，建立公平的全球伙伴关系行为准则的宣言，提出了实现可持续发展的 27 条基本原则；后者是为保障人类共同的未来所采取的全球性战略措施。会上还签署了联合国《气候变化框架公约》《生物多样性公约》和《关于森林的原则声明》等重要文件。走可持续发展的道路得到人类最广泛、最高级别的政治承诺。

这次大会与 1972 年的第一次人类环境大会相比，有 3 点不同：

一是认识的一致性和认识的进一步深化。1972 年的会议上发达国家高喊环境问题的严重性，而发展中国家大多未予响应，甚至说环境问题是发达国家的事。而 20 年后的联合国环境与发展大会上发达国家和发展中国家都认识到了环境问题对人类生产和发展的严重威胁，认识到了解决环境问题的紧迫性。

二是找到了解决环境问题的正确道路。斯德哥尔摩会议的最大功绩在于唤起世人的环境觉醒，并在西方国家开始了认真治理。1992 年的联合国环境与发展大会不仅扩展了环境问题的认识范围和深度，而且把环境问题与经济社会发展结合起来研究，探求它们之间的相互影响和相互依托的关系，故定名“环境与发展大会”，这是人类认识的一大飞跃。

三是明确了责任，开辟了资金渠道。从影响全球性和区域性的环境问题看，重要责任逐渐地或间接地来自工业发达国家，这是历史事实。由此，他们就有义务承担环境治理的费用。

4.2 可持续发展的定义、内涵、内容及原则

4.2.1 可持续发展的定义

与任何理论的形成和发展一样，可持续发展定义形成了不同的流派，这些流派或对相关问题有所侧重，或强调可持续发展中的不同属性，从全球范围来看，比较有影响的有以下几类：

(1) 从自然属性定义可持续发展

持续性这一概念是由生态学家首先提出来的，即所谓生态持续性。它旨在说明自然资源及其开发利用程度间的平衡(Geerling and de Bie, 1986)。1991 年 11 月，国际生态学联合会(INTECOL)和国际生物科学联合会(IUBS)联合举行关于可持续发展问题专题研讨会。该研讨会的成果发展并深化了可持续发展概念的自然属性，将可持续发展定义为：“保护和加强环境系统的生产和更新能力”，即可持续发展是不超越环境系统更新能力的发展。从生物圈概念出发定义可持续发展是从自然属性方面表征可持续发展的另一种代

表，即认为可持续发展是寻求一种最佳的生态系统以支持生态的完整性和人类愿望的实现，使人类的生存环境得以持续（R.T.T. Forman, *Ecologically Sustainable Landscape*, 1990）。

(2) 从社会属性定义可持续发展

1991 年，由世界自然保护同盟（INCN）、联合国环境规划署（UNEP）和世界野生生物基金会（WWF）共同发表了《保护地球——可持续自下而上战略》（*Caring for the Earth: A Strategy for Sustainable Living*）（以下简称《生存战略》）。《生存战略》提出的可持续发展定义为："在生存于不超出维持生态系统涵容能力之情况下，改善人类的生活品质"，并且提出人类可持续生存的 9 条基本原则。在这 9 条原则中，既强调了人类的生产方式与生活方式要与地球承载能力保持平衡，保护地球的生命力和生物多样性，同时，提出了人类可持续发展的价值观和 130 个行动方案，着重论述了可持续发展的最终落脚点是人类社会，即改善人类的生活品质，创造美好的生活环境。《生存战略》认为各国可以根据自己的国情制定各不相同的发展目标。但是，在"发展"的内涵中应包括有提高人类健康水平、改善人类生活质量和获得必须资源的途径，并创造一个保障人们拥有平等、自由、人权的环境，"发展"只有使我们的生活在所有这些方面都得到改善，才是真正的"发展"。

(3) 从经济属性定义可持续发展

从经济属性定义可持续发展也有不少表达方式。不管哪一种表达，都认为可持续发展的核心是经济发展。Edward B. Barbier 在其著作《经济、自然资源、不足和发展》中，把可持续发展定义为"在保持自然资源的质量和其所提供服务的前提下，使经济发展的净利益增加到最大限度"（*Economics, Natural Resources, Scarcity and Development: Conventional and Alternative Views*, 1985）。还有的学者提出，可持续发展是"今天的资源使用不应减少未来的实际收入"（Anil Markandya and David W. Pearce, *Natural Environments and the Social Rate of Discount*, 1988）。当然，定义中的经济发展已不是传统的以牺牲资源与环境为代价的经济发展，而是"不降低环境质量和不破坏世界自然资源基础的经济发展"（*The World Resources Institute*, *World Resources*, 1992—1993）。

(4) 从科技属性定义可持续发展

实施可持续发展，除了政策和管理因素之外，科技进步起着重大作用。没有科学技术的支撑，无从谈起人类的可持续发展。因此，有的学者从技术选择的角度扩展了可持续发展的定义，认为"可持续发展就是转向更清洁、更有效的技术——尽可能接近'零排放'或'密闭式'工艺方法——尽可能减少能源和其他自然资源的消耗"（James Gustave Spath *The Environment: The Greening of Technology*，1989）。还有的学者提出"可持续发展就是建立极少产生废料和污染物的工艺或技术系统"（*The World Resource Institute*, *World Resources*, 1992—1993）。他们认为污染并不是工业活动不可避免的结果，而是技术差、效率低的表现。他们主张发达国家与发展中国家之间进行技术合作，以缩小技术差距，提高发展中国家的经济生产力。同时，应在全球范围内开发更有效地使用矿物能源的技术，提供安全、经济的可再生能源技术来限制导致气候变暖的二氧化碳的排放，并通过恰当的技术选择，停止某些化学品的生产与使用，以保护臭氧层，逐步解决全球环境问题。

(5) 布氏可持续发展定义

1987 年前挪威首相布伦特兰夫人(Gro Harlem Brundland)及她所主持的有 21 个国家的著名的环境与发展问题专家组成的联合国世界环境与发展委员会(World Commission on Environment and Development)，在其长篇调查报告《我们共同的未来》(*Our Common Future*)(以下简称《报告》)中，系统地阐述了人类面临的一系列重大经济、社会和环境问题，提出了可持续发展定义。布氏提出的可持续发展定义是："满足当代人的需求，又不损害子孙后代满足其需求能力的发展"。这一定义在最概括的意义上得到了广泛的接受和认可，并在 1992 年联合国环境与发展大会上得到共识。

4.2.2 可持续发展的内涵

从全球普遍认可的概念中，我们可以梳理出可持续发展有以下几个方面的内涵：

(1) 共同发展

地球是一个复杂的巨系统，每个国家或地区都是这个巨系统不可分割的子系统。系统的最根本特征是其整体性，每个子系统都和其他子系统相互联系并发生作用，只要一个系统发生问题，都会直接或间接影响到其他的系统，甚至会诱发系统的整体突变，这在地球生态系统中表现最为突出。因此，可持续发展追求的是整体发展和协调发展，即共同发展。

(2) 协调发展

协调发展包括经济、社会、环境三大系统的整体协调，也包括世界、国家和地区三个空间层面的协调，还包括一个国家或地区经济与人口、资源、环境、社会以及内部各个阶层的协调，持续发展源于协调发展。

(3) 公平发展

世界经济的发展呈现出因水平差异而表现出来的层次性，这是发展过程中始终存在的问题。但是这种发展水平的层次性若因不公平、不平等而引发或加剧，就会因为局部而上升到整体，并最终影响到整个世界的可持续发展。可持续发展思想的公平发展包含两个纬度：一是时间纬度上的公平，当代人的发展不能以损害后代人的发展能力为代价；二是空间纬度上的公平，一个国家或地区的发展不能以损害其他国家或地区的发展能力为代价。

(4) 高效发展

公平和效率是可持续发展的两个轮子。可持续发展的效率不同于经济学的效率，可持续发展的效率既包括经济意义上的效率，也包含着自然资源和环境的损益的成分。因此，可持续发展思想的高效发展是指经济、社会、资源、环境、人口等协调下的高效率发展。

(5) 多维发展

人类社会的发展表现出全球化的趋势，但是不同国家与地区的发展水平是不同的，而且不同国家与地区又有着异质性的文化、体制、地理环境、国际环境等发展背景。此外，因为可持续发展又是一个综合性、全球性的概念，要考虑到不同地域实体的可接受性，因此，可持续发展本身包含了多样性、多模式、多维度选择的内涵。因此，在可持续发展这个全球性目标的约束和指导下，各国与各地区在实施可持续发展战略时，应该从国情或区情出发，走符合本国或本地区实际的、多样性的、多模式的可持续发展道路。

4.2.3　可持续发展的内容

可持续发展思想认为发展与环境是一个有机的整体。《里约宣言》强调："为实现可持续发展，环境保护工作应当是发展进程的一个重要组成部分，不能脱离这一进程来考虑。"可持续发展理论大体包括以下几个重要内容：

(1) 可持续发展不否定经济增长（尤其是穷国的经济增长），但需要重新审视任何实现经济增长的方式。要得到实现可持续发展的经济增长，必须将生产方式从粗放型转变为集约型，减少每单位经济活动造成的环境压力，研究并解决经济上的扭曲和误区。既然环境退化的原因存在于经济过程中，其解决答案也应该从经济过程中去寻找。我国目前在实行的两个转变其中就有一个经济增长方式的转变。

(2) 可持续发展以自然资本为基础，强调与环境承载力相协调。"可持续性"可以通过适当的经济手段、技术措施和政府干预得以实现。要力求降低自然资本的消耗速率，使之低于资源的再生速率或替代品的开发速率。要鼓励清洁工艺和可持续消费方式，使每单位经济活动所产生的废物数量尽量减少。

(3) 可持续发展以提高生活质量为目标，同社会进步相适应。"经济发展"的概念远比"经济增长"的含义更广泛。经济增长一般被定义为国民生产总值的提高，发展则必须使社会和经济结构发生进化、使一系列社会发展目标得以实现。

(4) 可持续发展承认并要求体现出环境资源的价值。这种价值不仅体现在环境对经济系统的支撑和服务价值上，也体现在环境对生命保障系统的存在价值上。应当把生产中环境资源的投入和服务计入生产成本和产品价值中，并逐步修改和完善国民经济核算体系。

(5) 可持续发展的实施以适宜的政策和法律体系为条件，强调"综合决策"和"公众参与"。需要改变过去各个部门封闭地、分隔"单打一"地分别制定和实施经济、社会、环境政策的做法，应根据周密的社会、经济、环境因素和科学原则、全面的信息和综合的要求来制定政策并予以实施。可持续发展的原则要纳入经济发展、人口、环境、资源、社会保障等各项立法及重大决策之中。

4.2.4　可持续发展的原则

可持续发展是一种新的人类生存方式。这种生存方式不但要求体现在以资源利用和环境保护为主的环境生活领域，更要求体现到作为发展源头的经济生活和社会生活中去。贯彻可持续发展战略必须遵从一些基本原则：

(1) 公平性原则（fairness）

可持续发展强调发展应该追求 2 个方面的公平：一是本代人的公平即代内平等。可持续发展要满足全体人民的基本需求和给全体人民机会以满足他们要求较高生活质量的愿望。当今世界的现实是一部分人富足，而占世界 1/5 的人口处于贫困状态；占全球人口26%的发达国家耗用了占全球80%的能源、钢铁和纸张等。这种贫富悬殊、两极分化的世界不可能实现可持续发展。因此，要给世界以公平的分配和公平的发展权，要把消除贫困作为可持续发展进程特别优先的问题来考虑。二是代际间的公平即世代平等。要认识到人类赖以生存的自然资源是有限的。本代人不能因为自己的发展与需求而损害人类世世代代满足需求的条件——自然资源与环境。要给世世代代以公平利用自然资源的权利。

(2)持续性原则(sustainability)

持续性原则的核心思想是指人类的经济建设和社会发展不能超越自然资源与生态环境的承载能力。这意味着，可持续发展不仅要求人与人之间的公平，还要顾及人与自然之间的公平。资源和环境是人类生存与发展的基础，离开了资源和环境，就无从谈及人类的生存与发展。可持续发展主张建立在保护地球自然系统基础上的发展，因此发展必须有一定的限制因素。人类发展对自然资源的耗竭速率应充分顾及资源的临界性，应以不损害支持地球生命的大气、水、土壤、生物等自然系统为前提。换句话说，人类需要根据持续性原则调整自己的生活方式、确定自己的消耗标准，而不是过度生产和过度消费。发展一旦破坏了人类生存的物质基础，发展本身也就衰退了。

(3)共同性原则(common)

鉴于世界各国历史、文化和发展水平的差异，可持续发展的具体目标、政策和实施步骤不可能是唯一的。但是，可持续发展作为全球发展的总目标，所体现的公平性原则和持续性原则，则是应该共同遵从的。要实现可持续发展的总目标，就必须采取全球共同的联合行动，认识到我们的家园——地球的整体性和相互依赖性。从根本上说，贯彻可持续发展就是要促进人类之间及人类与自然之间的和谐。如果每个人都能真诚地按"共同性原则"办事，那么人类内部及人与自然之间就能保持互惠共生的关系，从而实现可持续发展。

4.3 可持续发展的理论基础

4.3.1 环境承载力理论

(1)环境承载力概述

环境承载力(Environmental Bearing Capacity)是环境系统对人类社会发展活动的支持能力。不少学者对环境承载力的概念从理论和应用两方面进行了思考与探索，也初步给出了它的定义和表述方法。

实践表明，人类赖以生存和发展的环境是一个具有维持其稳态效应能力的系统，它既为人类活动提供资源并容纳废弃物，又为人类活动提供空间和载体。由于环境系统的组成物质在数量上存在一定的比例关系，在空间上有一定的分布规律，所以它对人类活动的支持能力就有一个限度，或者说，存在一个阈值。我们把这个阈值定义为环境承载力，确切地说，环境承载力是指"某一时期，某种环境状态下，某一区域环境对人类社会经济活动的支持能力的阈值"。这里，"某一区域"是广义的，可以大到整个地球。

不难理解，当前出现的种种环境问题，大多都是人类社会的发展活动与环境承载力之间出现冲突造成的。也就是说当人类社会发展活动对环境的作用超过了环境所能支持的极限，即外界的“刺激”超出了环境系统维持其动态平衡的抗干扰能力时，人类社会行为对环境的作用力就超出了环境承载力，从而造成了种种环境问题。因此，环境承载力可以作为衡量人类社会经济活动与环境协调程度的一个判据。

环境承载力最主要的特点是客观性和主观性的结合。客观性体现在一定的环境状态下其环境承载力是客观的，是可以衡量和把握的；主观性表现在环境承载力的指标及其数值将因人类社会行为内容的不同而不同，而且人类可以通过自身的行为，特别是社会经济行为来改变环境承载力的大小，控制其变化方向。

环境承载力的另一特点是具有明显的区域性和时间性，地区不同或时间范围不同，环境承载力可以不同。

环境承载力的衡量包括衡量的指标体系和衡量方法两部分内容。由于环境承载力必须能体现出环境系统和社会、经济系统之间在物质、能量和信息方面的联系，所以环境承载力应是一个矢量。显然，表示这个量的指标体系必须从环境系统与社会经济系统的物质、能量和信息的交换上入手。

由此可见，在构造环境承载力的指标体系时，首先要对人类的社会、经济行为进行分类，然后再针对不同的行为类型给出不同的指标体系。比如，欲表达某个地区对发展工业的环境承载力时，其指标体系是一种，而欲表达其对发展农业的环境承载力时，其指标体系又是另一种；欲表达某个地区对发展工业城市的环境承载力时，其指标体系是一种，而欲表达其对发展风景旅游城市的环境承载力，其指标体系又是另一种。

然而，不论人类的社会经济行为可能属于哪一类型，一般来说，环境承载力的指标体系总是由以下三部分的指标所构成：

① 自然资源供给类指标：如水资源、土地资源、生物资源、生态状况等；

② 社会条件支持类指标：如经济实力、公用设施、交通条件等；

③ 污染承受能力类指标：如污染物的迁移、扩散和转化能力，绿化状况等。

关于环境超载能力有以下几种观点：

① 完全从环境保护主义的立场出发看这个问题，会将一切“坏现象”如森林破坏、沙漠化、水土流失、能源危机和环境污染等视为环境超载能力被突破的表现，但如果接受这个观点，就会发现环境超载能力本身已成为一种没有多大意义的概念。

② 另一类观点是将承载能力与所谓“短板效应”挂钩。认为制约人口进一步发展或生活水平进一步提高的资源或环境因素构成了环境超载力的短板，应该将这些因素的承载极限视为承载能力的极限。但需要注意的是，“短板”常常具有很强的相对性。如果水是一个地区的“短板”，那么，通过发展节水技术，加强管理和建设水利工程，“短板”就会获得修补。至于资源一类“短板”，20 世纪 70 年代的石油危机的前因后果更证明了其局部性和暂时性。

(2) 环境承载力的确定

环境质量 (Environmental Quality) 是环境科学中表征环境本质属性的一个重要概念。从哲学层次看，它是一种客观存在，是不以人的意志为转移的环境系统的基本属性。在科学层次上，目前存在着 2 种解释：一是从近代物理学中的“熵”、“场”理论出发，认为环境质量是环境系统的表达；二是从“功能观”出发，认为它是环境状态品质的表示。不管从哪一种解释出发，环境质量都应该既是体现环境系统组成的要素又是体现其整体状况的量。从技术含义(应用层次)看，人们对环境质量的描述与量化表示都必然具有一定的主观性。目前世界各国的环境质量指标仅仅局限于污染物在环境要素中的含量和浓度上。因此，在实践中目前的环境质量概念只能作为污染程度的同义词来解释。显然，环境质量评价应该是一项估计在人类社会行为的作用下环境质量发生了什么样的变化，并在此基础上判断它对人类社会生存发展需求满足的程度，它无法起到判断经济发展与环境是否协调的作用。因此，环境质量这一概念不是一个判断环境与发展是否协调的尺度。

“环境承载力”这一概念的提出，其思想前提是环境的“资源观”和“价值观”。环境作为一种资源，它包含了两层含义：一是指环境的单个要素(如土地、水、气候、动植物、矿产等)以及它们的组合方式(环境状态)；二是指与环境污染相对应的环境纳污能力，即“环境自净能力”。环境的这种资源观告诉我们，环境要素的供应量和产出速度是有限的，环境要素组合方式的形成速度是极其缓慢的，环境的自净能力更是有限的，也就是说在一定的时空条件下环境对人类社会经济发展活动的支持能力是有限的，我们应根据环境资源的有限的支持能力来确定人类社会经济活动的方向和速度。另外，环境又是有价值的，这种价值的含义“客体对主体需求的满足程度”，环境资源的价值是指环境对人类这一主体在物质、精神、文化、情感、美学、经济诸方面需要的满足度。环境价值与经济价值是两类不同的价值，对人类社会的永久生存而言，环境价值的重要性绝不低于经济价值的重要性。因此，决不能简单、片面地追求环境价值的货币化。但为使环境资源得以永续利用、环境价值得以保持或提高，必须对环境作一定经济投入。因此，环境价值与经济价值之间又有十分密切的联系，人们需要经济价值，更需要环境价值。

(3)环境承载力的实质内涵

“环境承载力”的科学定义可表述为：在某一时期，某种状态或条件下，某地区的环境所能承受的人类活动作用的阈值。这里，“某种状态或条件”，是指现实的或拟定的环境结构不发生明显不利于人类生存的方向改变的前提条件。所谓“能承受”是指不影响环境系统正常功能的发挥。由于它所承载的是人类社会活动(主要指人类经济发展行为)在规模、强度或速度上的限值，因而其大小可用人类活动的方向、速度、规模等量来表现。

从哲学层次上来看，环境承载力是一个表征环境系统属性的客观的量，是环境系统活力的表现，是环境系统产出能力和自我调节能力的表现。当人类活动对环境的索取超过一定的限度时，环境系统的结构和功能就会发生质的变化，它将反过来危及人类的生存与持续发展。这一观点可以表示为人类经济活动(载荷现量)/环境承载力。

此值≥1，表明经济发展对环境的索取远大于环境对经济活动的支持度，环境已“严重超载”；此值=1，表明环境处于基本满负荷状态；此值≤1，表明环境尚未满负荷，允许进一步发展。

从技术层次上讲，由于在一定时期内，区域环境系统在结构、功能方面不会发生质的变化，而环境承载力是环境系统结构特征的反映，故其“量”和“质”2 个方面的规定性是客观的，可以把握的，并能定量和定性表达。但环境承载力的客观性，不等于它一成不变；相反，它可因人类对环境的改造而发生变化。例如，对某些环境限制因子采取适当的改善措施(如缺水城市的调水)则可大大提高其环境承载力；这种可调节性告诉我们，人类在经济活动过程中应有目的地寻求环境限制因子并降低其限制强度，以使环境承载力在量和质 2 个方面向人类预定的目标变化。

从技术层次上把握环境承载力，还应该掌握它的“多向性”和“多层次性”，即环境承载力将因人类社会经济发展活动的层次、内容不同而具备不同的表现形式和可能得到不同的结论值。因此，正确表述和理解人类经济发展行为，是进行环境承载力研究的前提。我们认为可在一个特殊的四维空间中来表现人类活动，第一个坐标用以确定人类经济发展所处的层次，包括战略层次、宏观布局层次、微观技术层次等；第二个坐标用以确定人类经济活动的性质，即对资源的经济部门的分配或再分配及产业结构的构建等；第三个坐标是确立人类活动范围(边界辨识)，包括大、中、小 3 个尺度；第四个坐标用以确立人类经济发展行为所处的“时序”，根据实施过程可分为筹划阶段、规划阶段、实施阶段、运行阶段和反馈阶段等。以上四维空间坐标的组合可以完整地表现出人类社会经济行为的主要内容和基本特点。这种高维矢量矩阵形态充分地显示出人类社会经济活动的复杂性和多样性。由此可见，不能简单去追求一种一成不变的，固定的环境承载力的量化指标和计算模式。

以上分析表明，提高环境承载力和调整人类经济发展行为是协调环境与发展的 2 条基本途径，其中降低环境阻力的作用程度、强化环境管理、优化环境规划方案等是提高环境承载力可行的途径和手段，而调整人类社会经济发展行为则比较复杂并具相当的难度。

4.3.2 环境价值论

(1)环境价值概述

环境价值论是可持续发展思想的核心理论之一。

环境究竟有没有价值的问题，是一个似乎已经解决而实际上还远远没有解决的问题。说它“似乎已经解决”是指在常识上、口头上没有人说它没有价值；说它“远远没有解决”是指在理论上和实际经济生活中，从来也不重视甚至不考虑它的价值的存在。导致在实际上不承认环境有价值的根源在于迄今为止在实际经济生活中占统治地位的传统经济学理论。因为根据传统经济学的理论，由于环境，特别是天然环境，它既没有劳动的参与，又不能拿到市场上去交换所有权和使用权。所以，尽管环境为人类社会的生存、发展提供了所需的全部物质资源和状态条件，它也是没有价值的。

要真正处理好环境与发展的关系，推动人类社会走上可持续发展的轨道，当前最迫切要解决的问题是建立正确的价值观并解决其经济化的问题。而这又必须首先从哲学的高度上来进行分析。

究竟什么是“价值”呢？细想一下不难发现，通常人们说某事物有价值，总是指该事物对人们有用，这就是说，有价值的事物必须能满足人类的某种需要，如空气供人们呼吸，水供人们饮用及工、农业生产使用，土壤供种植农作物，太阳能是地球上供人类利用的一切能源的最终来源等。由此可见，价值实质上是反映了客体与主体需要之间的一种特定关系。

这里所指主体需要是一种客观的、社会的需要，而不是某个具体的人或集团的主观需要。比如一片森林或草原，对一位渔民来说，他可能并不需要它们，或至少绝大多数时候不需要，但是对于整个人类社会而言，它们无论在维持生态平衡、绿化美化环境、防止风沙和水土流失，还是在提供木材与牧草方面，都能直接或间接地满足人类社会生存发展的不同方面的需要。由此可见人类社会对环境的需要是一种客观存在，它不会因某个具体的人或集团的不需要而不存在。另外，还有一些主体需要可能会由于人类社会发展阶段的局限性而一时未被认识和提出，但也不能因此而否认它的客观性。

明确指出价值是主体需要与客体之间的关系，对于澄清“价值”的概念具有十分重要的意义。首先，任何客体，只有当它与主体发生联系，并成为主体活动的组成部分时，才会对主体发生有益或有害的影响，成为主体的价值对象。因此价值关系的载体是客体与主体两个方面，离开任何一方，价值都无从谈起，而且，同一个客体，与不同的主体发生联系，成为不同活动的组成部分时，所形成的价值也会不同。

其次，客体的价值不是自然生成的，只有当主体在认识和改造客体的社会活动中，将自己的主观愿望在客观对象中展现以后，客体才会显示出它的价值属性，才具有价值。由此可见，客体的价值属性不是类似于物理、化学或生物学意义上的纯自然属性，也不是由主体根据自己的主观愿望随意赋予客体的，而是在客体的自然属性的基础上，通过主体的社会实践活动后获得的社会属性。

(2)环境价值的体现

一个事物(环境)的价值应该从以下 3 个层次来认识：①响应主体(人类社会)需求的价值。例如地球上蕴藏的矿物资源、生物资源、水资源、土地资源、阳光资源、空气资源等，它们具有满足人类社会生存、发展需求的条件和能力，我们不妨把这种价值称为“需求响应价值”。②符合主体需求的价值。这是“需求响应价值”与“劳动价值”之和。比如矿物资源，它的天然形态并不符合人类社会生存、发展的需求，必须在经过人类的采掘和有目的加工后，才能符合人类社会生存、发展的需求。因此，我们在这一层次上把事物的价值称为“需求符合价值”。③满足主体需求的价值。这是“需求符合价值”与“市场价值”之和。这是因为任何一个经过加工后的产品(或状态)都必须通过市场的流通才能真正满足主体的需求。这个价值才是客体主体化后所具有的价值。

由以上的分析可知，环境之所以能够直接或间接(通过人类劳动)地满足人类社会生存、发展的需求，首先是因为它具有响应需求的自然属性，因此在实际经济生活中和理论上不承认环境有价值，不把环境的价值考虑在内，显然是不正确的。

4.3.3 协同发展论(环境场论)

历史的教训是，不注意保护环境的发展，以损害后代人的发展条件和发展能力为代价，或以损害别的地区、别的国家的发展条件和发展能力为代价的发展，带来的必然是全球性的资源破坏、环境污染、生态退化以及世界性的频繁战乱。这就是说过去的发展道路不是可持续的，或至少是持续性不够的，因而是不可取的。无论如何，人类从工业文明的阴影中走出来，改变过去的发展思想和发展模式已经是势在必行了。

不管怎样理解，可持续发展一词的概念都必须是以“发展”为前提的。没有发展，也就谈不上是否可持续发展。至于“发展”一词，不管如何去理解，其首要内容也必然是人类社会物质财富的增长和人类生活质量的提高。因此，可持续发展绝不意味着停止或放弃物质财富的增长，正相反，它要追求的是更好、更快、更健康的增长。这意味着可持续发展的核心是在每一个历史时段中如何发展的问题，特别是社会物质财富的生产如何增长的问题。这里“如何增长”指的是：

① 人类社会物质财富的增长与人类生活质量的提高、消费模式的选择如何相互调适；

② 人类社会物质财富的增长与环境条件、环境状况如何相互匹配；

③ 人类社会物质财富的增长在经济系统内部各产业、行业部门如何恰当的分布。

从上述 3 点可以看出，可持续发展的核心问题实质上是在每一个历史时段中社会、经济、环境三大系统的协同发展问题。也就是人类社会通过采取适当的发展行为，使这三大系统相互作用的结果达到社会效益、经济效益和环境效益统一的问题。

协同发展是一个理论原则，也是一个行动准则，如果说“可持续发展”是从时间域上表达了人类社会的追求和信念的话，那么“协同发展”则是从由发展要素构成的空间域上表达了人类社会的追求和信念。与“可持续发展”相比，“协同发展”更具有可操作性，只有实现了“协同发展”才能从过程上保证“可持续发展”目标的实现。

4.4　可持续发展的评价

4.4.1　可持续发展指标体系的研究状况

自从可持续发展的概念被确认之后，很多研究机构为寻求它们的测量指标作出了不懈的努力。1994 年联合国可持续发展委员会(UNCSD)召开的国际会议上，着重鼓励世界各国为制定指标体系作出自己的贡献。根据归纳，比较有影响的可持续发展的指标体系大致有：

(1) 人类活动强度指标(HAI)

人类活动强度指标由以色列希伯来大学所建，并已应用于全球的评价与预测，但其理论基础和方法论均存在某些缺陷，因此还未得到广泛承认。

(2) 人文发展指数(HDI)

人文发展指数是联合国开发计划署(UNDP)所创立的著名指标，它是一项由：“预期寿命、教育水准和生活质量”三项基础变量所组成的综合指标，并得到了世界各国的赞同，但对指标变量的选择与计算，仍有较多的争议。此外，人文发展指数更多地偏重于现状的描述和历史序列的分析，预测和预报的功能还有待改善(UNDP，1995)。

(3) 持续发展经济福利模型(WMDS)

持续发展经济福利模型是世界银行直接资助、由资深经济学家代尔和库伯(Daly and Cobb)所制定。该模型考虑的因素相当全面，计算也比较复杂，但目前仅适用于发达国家尤其是美国，广大的发展中国家尚无法使用。

(4) 调节国民经济模型(ANP)

这是由莱依帕(Leipert)提出，旨在将原先单一的国内经济生产总值(GNP)衡量贫富标准，转换到考虑更多调整因素后再去对国民经济加以分析，并且更多地涉及所产生的社会效果。该模型引起不少人的兴趣，但仍未进入实用化阶段。

(5) 环境经济持续发展模型(EESD)

该模型由加拿大国际持续发展研究所(IISD)提出，以科玛纳尔(Commoner)的环境经济模型和穆恩(Munn)的持续发展框架为依据，发展了一类综合性的可持续发展指标体系，目前正在试用中。

(6) "可持续发展度"模型(DSD)

该模型 1993 年由中国的牛文元、美国的约纳森和阿伯杜拉共同提出，发表于国际 SCI 核心刊物《Environmental Management》上，建造了独立的理论框架，扩展了重要的附加因素和计算程序，并特别考虑了发展中国家的特点。该模型的理论体系较完备，但实用程度还有待改进。

以上这些模型，大体上可以归纳为三大类型：其一，测定可持续发展的"单项指标"，如人均 GNP，调整的人均 GNP，调节国民经济等。虽然这种指标简单易行，但是无力反映可持续发展的复杂内容。其二，测定可持续发展的"复合指标"，例如联合国开发署的"人文发展指数"，希伯来大学的"人类活动强度模型"等。这些指标方法比较全面地反映了可持续发展的基本内涵，而且资料收集容易，计算程度不太繁杂，是目前大多数研究者和管理者所追求的方向。其三，测定可持续发展"系统指标"，例如牛文元等的"可持续发展度"及改型的 Commoner 方程等，此类指标体系试图从理论层次上去解析可持续发展的本质特征，并将它们纳入到统一的系统模型之中。但由于各方面的限制，目前此方向的研究还很薄弱。综观上述，从应用和可操作的角度去考虑，第二类指标体系(复合型)是现阶段的研究主体。

4.4.2 林业可持续发展指标体系的研究状况

第十届世界林业大会指出，林业面临的"真正挑战在于通过综合的与可持续的发展，协调自然资源的经济利用和环境保护，"因此林业的发展应当是综合的和可持续的，使区域内生态、经济、社会协调地发展。可持续林业的概念提出后，关于可持续林业的测度问题一直是学者们关注的焦点。国际热带木材组织于 1992 年 5 月制定了世界上第一个关于森林可持续经营的标准和指标体系，它的对象是热带国家。欧洲森林保护的部长级会议 1993 年 6 月在赫尔辛基举行，会议确认了欧洲森林可持续经营的标准和指标，文字虽不长，但操作性强，适合欧洲。欧洲安全合作会议(CSCE) 1993 年 9 月在加拿大蒙特利尔召开了北方及温带森林可持续发展专家研讨会，会上对森林可持续发展的常用术语构筑了一个层序关系，包括目标、原则、标准、方针、指标和监测等，并提出了温带和北方森林可持续发展的 7 项标准，共 80 多个指标。这些指标体现了森林可持续发展的全局性、多面性和深刻性，但显得庞杂。1995 年 2 月在塔拉波托形成了亚马孙森林可持续经营的标准和指标，确定了国家水平上的 7 个标准和 47 个指标、森林经营单位水平上的 4 个标准和 23 个指标以及国际水平上的 1 个标准和 7 个指标；1995 年 11 月在内罗毕制定了非洲干旱区森林可持续经营的标准和指标体系；1996 年 10 月在开罗制定了近东地区的森林可持续经营的标准和指标；1997 年制定了中美洲森林可持续经营的标准和指标以及非洲木材组织森林可持续经营的标准和指标。以上标准和指标大多数是在国家水平上，少数包含森林经营单位的标准和指标，也有包含区域和全球水平的标准。由于各国的森林面积、质量和类型以及所有制、社会、经济条件差异极大，因此，有些指标只适应于一些特定的国家和区域，而不适应于其他国家和区域。

我国学者刘璨等结合国内外经验提出了我国林业可持续发展评价指标体系，突出了时间空间的观念，但有些指标数据的获得必须扩大现有的资源监测范围，目前操作起来有一定的难度。苏喜友等认为评价森林资源可持续发展指标分为状态指标和技术经济指标两类，状态指标用其承载力、生产力、稳定性、持续性、多样性、调控力来识别，技术经济指标包括森林资源的结构、功能、效益等几乎包罗万象的指标，操作起来难度很大。纵观国内外对可持续林业的研究，迄今为止，大部分研究是关于森林可持续经营的评价，对可持续林业的评价则相对较少，绝大部分都仅停留在建立评价指标体系上，不但显得庞杂，而且有些数据目前我国难以获得，操作起来难度很大，并且很少涉及评价指标的具体量化和综合，即目前尚没有建立一套完整的区域可持续林业评价指标体系和评价标准。

4.4.3　可持续发展的支撑体系

(1) 可持续发展的决定因素

就一个国家和地区而言，其可持续发展水平主要取决于以下几种能力：

① 人口承载能力　指一个国家或地区按人口平均的资源数量和质量对于该空间范围内人口的基本生存与发展的支撑能力。如果在充分考虑资源的代际分配问题的前提下，该空间范围的资源无论从数量上还是质量上都可以满足人们的基本生存与发展需要，则说明该国或地区具备了可持续发展的初步条件。反之，缺乏这一基本条件，就需要通过依靠科技进步，寻找替代资源。

② 区域生产能力　指一个国家或地区的资源、人力和技术等可以转化为产品或服务的总体能力。要实现可持续发展，必须保证区域生产能力在不危及其他能力的前提下，与人的需求的增长保持同步。

③ 环境的缓冲能力　也可称为环境的容许能力。发展与环境相辅相成，人类对区域的开发、对资源的利用、对废物的处理等，都必须维持在环境的允许范围内，否则，发展就是不可持续的。

④ 社会稳定能力　指社会保持和恢复“自然-社会-经济”系统运行的能力。实现可持续发展就是人类对“自然-社会-经济”复合系统的调控过程。然而，无论是由特大自然灾害等不可抗拒的外力干扰引起的自然波动，还是由于战争的干扰或重大决策失误造成的经济社会波动，对该系统都是一种灾难。如果系统本身具有较强的抗干扰能力或较强的弹性，说明该国家或地区具有一定的支撑可持续发展的社会稳定能力。反之，则较差。

⑤ 管理调节能力　即人们驾驭“自然-社会-环境”复合系统的能力。可持续发展要

求人的认识能力、行动能力、决策能力等适应可持续发展的要求。

(2)可持续发展的支撑体系

既然一个国家或地区的可持续发展水平取决于人口承载能力、区域生产能力、环境缓冲能力、社会稳定能力和管理调节能力，那么要实现可持续发展就必须不断加强这些方面的能力建设。由于这些能力的建设，与一个国家或地区的管理、法制、科技、教育、公众参与等体系的构建密切相关。因此可以说，可持续发展的能力建设，就是要构建可持续发展的管理体系、法制体系、科技体系、教育体系、公众参与体系等。

① *可持续发展的管理体系* 实现可持续发展需要有一个非常有效的管理体系。历史与现实表明，环境与发展不协调的许多问题是由于决策与管理的不当所造成的。因此，提高决策与管理能力就构成了可持续发展能力建设的重要内容。可持续发展管理体系要求培养高素质的决策人员与管理人员。不断提高他们的决策能力及其综合运用规划、法制、行政、经济等手段的能力，建立可持续发展的管理组织机构与机制。

② *可持续发展的法制体系* 与可持续发展相关的法律法规的制定与实施，是实现可持续发展的重要保障。只有完善立法，严格执法，才能保证可持续发展的顺利进行。

③ *可持续发展的科技体系* 科技是可持续发展的主要基础之一。它对可持续发展的作用是多方面的。它可以加深人类对人与自然关系的理解，扩大自然资源的可供给范围，提高资源的利用效率，提供保护生态环境与控制环境污染的有效手段，提高可持续发展的管理水平等，总之，没有较高科技支持，可持续发展的目标就难以实现。

④ *可持续发展的教育体系* 可持续发展要求人们有高度的知识水平，明白人的活动对自然和社会的长远影响与后果，要求人们有高度的道德水平，认识自己对子孙后代的高度责任，自觉地为人类社会的长远利益而不惜牺牲一些眼前利益和局部利益。这都需要在可持续发展能力建设中大力发展符合可持续发展的教育事业。这种教育体系，不仅应该使人们获得可持续发展的科学知识，而且要使人们具备可持续发展的道德水平。这种教育既包括学校教育这种主要形式，而且还应包括广泛的潜移默化的社会教育。

⑤ *可持续发展的公众参与体系* 公众参与是可持续发展的必要保证，也是可持续发展能力建设的主要方面。这是因为，可持续发展的目标和行动，都必须依靠社会公众参与，才能正确和顺利实现。因此，公众参与的程度，直接决定可持续发展目标的正确与否，决定可持续发展的正确目标能否最终实现。

4.5 全球《21世纪议程》和《中国21世纪议程》

4.5.1 全球《21世纪议程》

以联合国环境与发展大会为标志，人类对环境与发展的认识提高到了新的阶段，可持续发展的实践活动也开始在全球范围内普遍展开。全球《21世纪议程》正是贯彻实施可持续发展战略的人类活动计划。这份文件是1992年环境与发展大会上通过的重要文件之一。该文件虽然不具有法律的约束力，但它反映了环境与发展领域的全球共识和最高级别的政治承诺，提供了全球推进可持续发展的行动准则。

(1) 全球《21 世纪议程》的基本思想

全球《21 世纪议程》深刻指出，人类正处于一个历史的关键时刻，世界面对国家之间和各国内部长期存在的经济悬殊现象，贫困、饥荒、疾病和文盲有增无减，赖以维持生命的地球生态系统继续恶化。如果人类不想进入这个不可持续的绝境，就必须改变现行的政策，综合处理环境与发展问题，提高所有人，特别是穷人的生活水平，在全球范围更好地保护和管理生态系统。要争取一个更为安全、更为繁荣、更为平等的未来，任何一个国家不可能仅依靠自己的力量取得成功，必须联合起来，建立促进可持续发展全球伙伴关系，只有这样才能实现可持续发展的长远目标。

《21 世纪议程》的目的是为了促使全世界为下一世纪的挑战做好准备。它强调圆满实施议程是各国政府必须首先负起的责任。为了实现议程的目标，各国的战略、计划、政策和程序至关重要，国际合作需要相互支持和各国的努力。同时，要特别注重转型经济阶段许多国家所面临的特殊情况和挑战。它还指出，议程是一个能动的方案，并视需要和情况的改变不断调整。

(2) 全球《21 世纪议程》的主要内容

《21 世纪议程》涉及人类可持续发展的所有领域，提供了 21 世纪如何使经济、社会与环境协调发展的行动纲领和行动蓝图。它共计 40 多万字，整个文件分 4 个部分。

第一部分，经济与社会的可持续发展。包括加速发展中国家可持续发展的国际合作和有关的国内政策、消除贫困、改变消费方式、人口动态与可持续能力、保护和促进人类健康、促进人类住区的可持续发展、将环境与发展总是纳入决策进程。

第二部分，资源保护与管理。包括保护大气层；统筹规划和管理陆地资源的方式；禁止砍伐森林、脆弱生态系统的管理和山区发展；促进可持续农业和农村的发展；生物多样性保护；对生物技术的环境无害化管理；保护海洋，包括封闭和半封闭沿海区，保护、合理利用和开发其生物资源；保护淡水资源的质量和供应——对水资源的开发、管理和利用；有毒化学品的环境无害化管理，包括防止在国际上非法贩运有毒废料、危险废料的环境无害化管理；对放射性废料实行安全和环境无害化管理。

第三部分，加强主要群体的作用。包括采取全球性行动促进妇女的发展；青年和儿童参与可持续发展、确认和加强土著人民及其社区的作用；加强非政府组织作为可持续发展合作者的作用、支持《21 世纪议程》的地方当局的倡议；加强工人及工会的作用、加强工商界的作用、加强科学和技术界的作用、加强农民的作用。

第四部分，实施手段。包括财政资源及其机制；环境无害化(和安全化)技术的转让；促进教育、公众意识和培训、促进发展中国家的能力建设、国际体制安排；完善国际法律文书及其机制等。

4.5.2　《中国 21 世纪议程》

《中国 21 世纪议程》是中国实施可持续发展战略的行动纲领，是制定国民经济和社会发展中长期计划的指导性文件，同时也是中国政府认真履行 1992 年联合国环境与发展大会的原则立场和实际行动，表明了中国在解决环境与发展问题上的决心和信心。《中国 21 世纪议程》为中国 21 世纪的发展描绘了一幅宏伟蓝图。

(1)《中国 21 世纪议程》的基本思想

制定和实施《中国 21 世纪议程》，走可持续发展之路，是我国在 21 世纪发展的需要和必然选择。中国是发展中国家，要提高社会生产力，增强综合国力和不断提高人民生活水平，就必须毫不动摇地把发展国民经济放在第一位，各项工作都要紧紧围绕经济建设这个中心来开展。中国是在人口基数大、人均资源少、经济和科技水平都比较落后的条件下实现经济快速发展的，这使本来就已经短缺的资源和脆弱的环境面临着更大的压力。在这种形势下，我国政府认识到，只有遵循可持续发展的战略思想，从国家整体的高度协调和组织各部门、各地方、各社会阶层和全体人民的行动，才能顺利完成预期的经济发展目标，才能保护好自然资源和改善生态环境，实现国家长期、稳定的发展。

(2)《中国 21 世纪议程》的主要内容

《中国 21 世纪议程》共 20 章，78 个方案领域，主要内容分为 4 个部分。

第一部分，可持续发展总体战略与政策。论述了实施中国可持续发展战略的背景和必要性，提出了中国可持续发展战略目标、战略重点和重大行动，建立中国可持续发展法律体系，制订促进可持续发展的经济技术政策，将资源和环境因素纳入经济核算体系，参与国际环境与发展合作的意义、原则立场和主要行动领域，其中特别强调了可持续发展能力建设，包括建立健全可持续发展管理体系，费用与资金机制，加强教育、发展科学技术，建立可持续发展信息系统，促使妇女、青少年、少数民族、工人和科学界人士及团体参与可持续发展。

第二部分，社会可持续发展。包括人口、居民消费与社会服务，消除贫困，卫生与健康，人类住区可持续发展和防灾减灾等。其中最重要的是实行计划生育、控制人口数量、提高人口素质，包括引导建立适度和健康消费的生活体系。强调尽快消除贫困，提高中国人民的卫生和健康水平。通过正确引导城市化，加强城镇用地规划和管理，合理使用土地，加快城镇基础设施建设，促进建筑业发展，向所有的人提供住房，改善住区环境，完善住区功能。建立与社会主义经济发展相适应的自然灾害防治体系。

第三部分，经济可持续发展。把促进经济快速增长作为消除贫困、提高人民生活水平、增强综合国力的必要条件，其中包括可持续发展的经济政策，农业与农村经济的可持续发展、工业与交通、通信业的可持续发展、可持续能源和生产消费等部分。着重强调利用市场机制和经济手段推动可持续发展，提供新的就业机会，在工业活动中积极推广清洁生产，尽快发展环保产业，提高能源效率与节能，开发利用新能源和可再生能源。

第四部分，资源的合理利用与环境保护。包括水、土等自然资源保护与可持续利用，还包括生物多样性保护、防治土地荒漠化、防灾减灾、保护大气层(如控制大气污染和防治酸雨)、固体废物无害化管理等。着重强调在自然资源管理决策中推行可持续发展影响评价制度，对重点区域和流域进行综合开发整治，完善生物多样性保护法规体系，建立和扩大国家自然保护区网络，建立全国土地荒漠化的监测和信息系统，开发消耗臭氧层物质的替代产品和替代技术，大面积造林，建立有害废物处置、利用的新法规和技术标准等。

(3)《中国 21 世纪议程》的特点

《中国 21 世纪议程》体现了新的发展观，力求结合中国国情，分类指导，有计划、有重点、分区域、分阶段摆脱传统的发展模式，逐步由粗放型经济发展方式过渡到集约型经济发展方式。具体内容如下：

① 我国东部和东南沿海地区经济相对比较发达，在经济继续保持稳定、快速增长的同时，重点提高增长的质量，提高效益，节约资源与能源，减少废物，改变传统的生产模式与消费模式，实施清洁生产和文明消费。

② 我国西部、西北部和西南部经济相对不够发达地区，重点是消除贫困，加强能源、交通、通讯等基础设施建设，提高经济对区域开发的支撑能力。

③ 对于农业，重点提出了一系列通过政策引导和市场调控等手段，逐步使农业向高产、优质、高效、低耗的方向发展，发展我国独具特色的乡镇企业，引导其提高效益、减少污染，为农村剩余劳动力提供更多的就业机会。

④ 能源是我国国民经济的支柱产业。根据我国能源结构中煤炭占 70%以上的特点，在能源发展中重点发展清洁煤技术，计划通过一系列清洁煤技术项目和示范工程项目，大力提倡节能、提高能源效率以及加快可再生能源的开发速度。

(4)《中国 21 世纪议程》的实施进程

《中国 21 世纪议程》的实施，将为逐步解决中国的环境与发展问题奠定基础，有力地推动中国走上可持续发展的道路。自《中国 21 世纪议程》颁布以来，中国各级政府分别从计划、法规、政策、宣传、公众参与等不同方面，加以推动实施。主要包括以下 4 个方面：

一是在实施《中国 21 世纪议程》过程中，既充分发挥市场对资源配置的基础性作用，又注重加强宏观调控，克服市场机制在配置资源和保护环境领域的“失效”现象；二是促进形成有利于节约资源、降低消耗、增加效益、改善环境的企业经营机制，有利于自主创新的技术进步机制，有利于市场公平竞争和资源优化配置的经济运行机制；三是加速科技成果转化，大力发展清洁生产技术、清洁能源技术、资源和能源有效利用技术以及资源合理开发和环境保护技术等。加强重大工程和区域、待业的软科学研究，为国家、部门、地方的经济、社会管理决策提供科技支撑；四是坚持资源开发与节约并举，大力推广清洁生产和清洁能源。千方百计减少资源的占用与消耗，大幅度提高资源、能源和原材料的利用效率；五是结合农业、林业、水利基础设施建设、“高产、高效、低耗、优质”工程和生态农业的推广，调整农业结构，优化资源和生产要素组合，加大科技兴农的力度，保护农业生态环境；六是研究、制定和改进可持续发展的相关法规和政策，研究可持续发展的理论体系，建立与国际接轨的信息系统；七是研究、改进、完善和制定一系列的管理制度，包括使可持续发展的要求进入有关决策程序的制度、对经济和社会发展的政策和项目进行可持续发展评价的制度等，以保证《中国 21 世纪议程》有关内容的顺利实施。

根据国务院决定，《中国 21 世纪议程》将作为各级政府制定国民经济和社会发展中长期计划的指导性文件，其基本思想和内容要在计划里得以体现。国务院要求各有关部门和地方政府要按照计划管理的层次，通过国民经济和社会发展计划分阶段地实施《中国 21 世纪议程》。主要是创造条件，优先安排对可持续发展有重大影响的项目，对建设项目进行是否符合可持续发展战略的评估，对不符合可持续发展要求的项目，坚决予以修改和完善。特别是按照可持续发展的思想，对经济和社会发展的政策和计划进行评估，以避免重大失误。大力提高全民可持续发展意识。

一是要加强可持续发展教育。各级教育部门逐步将可持续发展思想贯穿于从初等到高等教育全过程中。

二是要加强可持续发展宣传和科学技术普及活动，充分利用电视、电影、广播、报刊、书籍等大众传媒，积极宣传可持续发展思想。

三是要加强可持续发展培训。《中国 21 世纪议程》的实施需要群众的广泛参与，各级领导干部担负着组织实施的重任。因此，应把各级管理干部，特别是各级决策层干部的可持续发展培训，放在突出重要的位置。

四是利用国际合作实施《中国 21 世纪议程》。为了加强中国可持续发展能力建设和实施示范工程，国家从各地方、各部门实施可持续发展战略的优先项目计划中，选择有代表性的适合于国际合作的项目，列入中国 21 世纪议程优先项目，以争取国际社会的支持与合作。1994 年和 1997 年，中国政府和联合国开发计划署(UNDP)，先后在北京召开了中国 21 世纪议程高级国际圆桌会议，推出了一批《中国 21 世纪议程》优先项目。许多国际组织、外国政府和企业，以及非政府组织对优先项目表示了不同程度的合作意向，有的正在进行实质性的使用。此外，中国本着"新的全球伙伴关系的精神"，充分利用可持续发展是当今国际合作热点的有利时机，通过广泛宣传，引进资金、技术和管理经验，拓宽国际合作渠道。

4.6 中国要走可持续发展之路

4.6.1 中国必须走可持续发展之路

改革开放以来，我国经济一直保持着高速增长的态势，然而一个突出的问题是，这种增长仍处于依靠大量的物质资本投入的发展阶段。20 世纪 90 年代中后期，我国能源和钢铁等生产资料相对过剩，随着要素投入的增加，势必会出现生产的规模报酬递减效应，且在原有生产方式下无法克服。进入 21 世纪后，资源性产品供不应求，同时，大量消耗能源和原材料的经济增长方式又给生态环境和资源供给带来了更大的压力。因此，这种粗放型的增长实际上给经济发展带来了损失。所以重申对经济发展的理解，中国实施可持续发展战略是自身发展、世界潮流与历史机遇的选择。

(1) 中国存在人口、能源、环境各方面发展的制约，中国要发展必须突破人口、能源、环境的困境；而中国现在的经济发展依旧是粗放式的发展，中国经济发展方式急需转变。由此中国经济发展必须以可持续发展为依托，以人口、能源、环境协调发展为基础，积极转变经济发展方式，使经济发展真正落入循环的可持续链条当中，实现未来高速、可持续的发展。

(2) 自 20 世纪 80 年代后，人们相继发现了"全球变暖"、"臭氧层空洞"和"酸雨沉降"三大全球性的环境问题，这些问题都与人类的生存休戚相关。在联合国环境与发展大会上，世界各国对可持续发展达成了《21 世纪议程》等 5 个重要文件的共识，确定未来发展的指导原则和行动纲领。中国作为世界的一员，中国实施可持续发展战略应当是作为世界一员的责任，顺应世界经济发展的潮流。

(3) 和平和发展是当代的主题。中国要抓住这个历史机遇期发展，中国在过去已经丧失了 100 年的发展时间，100 年间频繁的战乱，内乱骚动，而如今正是战后发展的黄金时期。中国实施可持续发展战略，正是为赶上这个机遇期，实现未来的可持续发展，在未来赢得更多的主动权。

4.6.2　中国可持续发展的指导思想、目标与原则

(1) 指导思想

我国实施可持续发展战略的指导思想是：坚持以人为本，以人与自然和谐为主线，以经济发展为核心，以提高人民群众生活质量为根本出发点，以科技和体制创新为突破口，坚持不懈地全面推进经济社会与人口、资源和生态环境的协调，不断提高我国的综合国力和竞争力，为实现第三步战略目标奠定坚实的基础。

(2) 发展目标

我国 21 世纪初可持续发展的总体目标是：可持续发展能力不断增强，经济结构调整取得显著成效，人口总量得到有效控制，生态环境明显改善，资源利用率显著提高，促进人与自然的和谐，推动整个社会走上生产发展、生活富裕、生态良好的文明发展道路。

① 通过国民经济结构战略性调整，完成从“高消耗、高污染、低效益”向“低消耗、低污染、高效益”转变。促进产业结构优化升级，减轻资源环境压力，改变区域发展不平衡，缩小城乡差别。

② 继续大力推进扶贫开发，进一步改善贫困地区的基本生产、生活条件，加强基础设施建设，改善生态环境，逐步改变贫困地区经济、社会、文化的落后状况，提高贫困人口的生活质量和综合素质，巩固扶贫成果，尽快使尚未脱贫的农村人口解决温饱问题，并逐步过上小康生活。

③ 严格控制人口增长，全面提高人口素质，建立完善的优生优育体系和社会保障体系，基本实现人人享有社会保障的目标；社会就业比较充分；公共服务水平大幅度提高；防灾减灾能力全面提高，灾害损失明显降低。加强职业技能培训，提高劳动者素质，建立健全国家职业资格证书制度。

④ 合理开发和集约高效利用资源，不断提高资源承载能力，建成资源可持续利用的保障体系和重要资源战略储备安全体系。

⑤ 全国大部分地区环境质量明显改善，基本遏制生态恶化的趋势，重点地区的生态功能和生物多样性得到基本恢复，农田污染状况得到根本改善。

⑥ 形成健全的可持续发展法律、法规体系；完善可持续发展的信息共享和决策咨询服务体系；全面提高政府的科学决策和综合协调能力；大幅度提高社会公众参与可持续发展的程度；参与国际社会可持续发展领域合作的能力明显提高。

(3) 基本原则

① 持续发展，重视协调的原则。以经济建设为中心，在推进经济发展的过程中，促进人与自然的和谐，重视解决人口、资源和环境问题，坚持经济、社会与生态环境的持续协调发展。

② 科教兴国，不断创新的原则。充分发挥科技作为第一生产力和教育的先导性、全局性和基础性作用，加快科技创新步伐，大力发展各类教育，促进可持续发展战略与科教兴国战略的紧密结合。

③ 政府调控，市场调节的原则。充分发挥政府、企业、社会组织和公众四方面的积极性，政府要加大投入，强化监管，发挥主导作用，提供良好的政策环境和公共服务，充分运用市场机制，调动企业、社会组织和公众参与可持续发展。

④ 积极参与，广泛合作的原则。加强对外开放与国际合作，参与经济全球化，利用国际、国内 2 个市场和 2 种资源，在更大空间范围内推进可持续发展。

⑤重点突破，全面推进的原则。统筹规划，突出重点，分步实施；集中人力、物力和财力，选择重点领域和重点区域，进行突破，在此基础上，全面推进可持续发展战略的实施。

4.6.3 中国可持续发展的重点领域

(1)经济发展

产业结构调整。对农业和农村经济结构进行战略性调整，提高土地和水资源的利用率，减少对环境的污染和对生态环境的破坏；调整种植业、养殖业内部结构，优化农业生产区域布局，大力推进农业产业化经营，推进乡镇企业技术进步和体制创新。对工业进行改组改造和结构优化升级，减少产业发展对资源环境造成的压力，用高新技术和先进适用技术改造提升传统产业，有重点地改造一批骨干企业和发展一批高技术工程。大力发展服务业，提高供给能力和服务水平，满足人民生活质量日益增长的需要，发展以住宅为重点的房地产产业，加强旅游基础设施和配套设施建设，优化配置和充实社区服务设施，壮大社区服务业，改造提升传统流通业、运输业和邮政服务业；发展信息产业，实施信息化战略，推进政务、金融、外贸、广播电视、教育、科技、医疗卫生、社会保障和公用事业等重点领域信息化进程。加强基础设施建设，加强以大江大河治理为重点的防洪工程建设，加快南水北调等水资源宏观配置工程，加快重点公路国道主干网建设，建设改造主要铁路通道。

区域发展与消除贫困。调整区域结构，减缓区域发展不平衡，通过扶贫和推进西部大开发战略，加快西部地区的水利、交通、能源、通信、广播电视和城市基础设施建设，加快发展特色经济，提高资源利用效率，减少污染物排放；逐步消除绝对贫困和减少相对贫困，继续实行开发式扶贫，实行政府主导，社会各界参与扶贫开发，采取社会、经济、生态环境综合配套的扶贫措施，改善贫困地区生产、生活、医疗卫生等基本条件；积极稳妥地开展生态移民，减轻生态恶化地区的压力，促进生态保护和恢复。

城镇化与小城镇建设。加强城镇体系规划，积极发展中小城市，完善区域性中心城市的功能，发挥大城市的辐射带动作用，有重点地发展小城镇。适时、科学、稳妥地调整城镇行政区划设置，构建适应我国城镇可持续发展的体制框架、政策框架和规划体系，积极稳妥地推进城镇化进程，完善城镇社会经济综合发展规划，分类指导不同类型的城镇发展。发展城乡一体化的劳动力、资金等要素市场，加快农村人口向城镇转移的步伐。把引导农村中小企业合理集聚、完善农村市场体系、发展农业产业化经营和社会化服务等与小城镇建设结合起来，通过繁荣小城镇经济，提高小城镇对农村人口的吸纳能力。加强城镇基础设施建设，提高城镇的就业容量，健全城镇居住、公共服务和社会服务等功能。

积极应对经济全球化。优化出口商品结构，完善进口商品管理，扩大机电产品和高新技术产品的出口，限制和禁止影响人类健康和安全、破坏环境的商品和技术进出口；逐步提高进出口商品的环境质量标准，建立健全保护人类健康、动植物健康和环境的管理体制；大力发展国际经贸，吸引外资投向我国鼓励发展的领域和地区，鼓励有实力的国内企业向海外发展；提高产业国际竞争力，将传统的资源密集型产业调整为劳动密集型、技术密集型和资本密集型相结合的产业；积极参与多边贸易、环境等规则制定，与国际社会共同努力，反对利用环境、人权等问题制造新的贸易壁垒，切实保障可持续发展战略的顺利实施。

(2)社会发展

加强人口综合管理。坚持计划生育基本国策，稳定现行生育政策，加快我国有关人口方面的法律法规体系建设；切实加强计划生育基层工作，农村抓村组，城市抓社区，落实企事业单位计划生育法人责任制，加强计划生育技术服务网络建设，提高干部队伍管理和服务水平；加强社会主义新型生育观念和生育文化宣传教育，加强计划生育利益导向机制建设，加强与计划生育相关的社会保障制度建设；采取多种综合措施，鼓励家庭实行计划生育，加强计划生育人群权益保护；加强对流动人口的综合管理；高质量、高水平地普及九年义务教育，做好学前教育工作，在城市和发达地区普及高中阶段教育，加强高等教育，发展继续教育，提高人口素质。

完善社会保障体系。建立独立于企业事业单位之外，资金来源多元化、保障制度规范化、管理服务社会化的社会保障体系。调整和完善城镇职工基本养老保险制度；稳步推动国有企业下岗职工基本生活保障向失业保险并轨，健全失业保险制度；努力扩大基本医疗保险覆盖面，稳步推进工伤保险和生育保险；加强和完善以城市居民最低生活保障制度为基础的社会救济制度，加快社会福利特别是社区老年福利事业的发展；在有条件的地区探索建立农村养老、医疗保险和最低生活保障制度；实现社会保障管理和服务的社会化；加强社会保障资金的筹集和管理；加快社会保障立法步伐；加快社会保障信息系统建设；实行积极的就业政策，千方百计扩大就业，广开就业门路，发展劳动密集型产业；引导全社会转变就业观念，推行灵活多样的就业形式，鼓励自谋职业和自主创业；完善就业服务体系，加强职业技能培训，提高劳动者素质。

发展卫生事业。建立健全卫生法律法规体系、监督执法体系。继续深化医疗卫生管理体制改革，完善政府调控下的各项医疗卫生管理政策；优化卫生资源配置，合理布局，逐步形成以社区卫生服务为基础、分工合理、方便、快捷的新型城镇卫生服务体系；加强农村卫生事业建设，建立适应农村社会经济发展要求，具有预防保健和基本医疗功能的农村卫生服务体系，基本实现农民人人享有初级卫生保健目标；提高对突发事件、紧急疫情的迅速反应和处理能力，加强对重大疾病的预防与有效控制；切实加强妇女儿童的预防保健工作，提高儿童全程免疫接种率，全面提高妇女儿童的保健水平；加强社会养老保障建设，完善老年医疗、康复服务以及医院、社区卫生服务与家庭护理服务体系；加强职业病的防治，保护从业人员健康；全面普及卫生知识，提倡健康的生活习惯与生活方式。

加强灾害综合管理。进一步完善灾害管理法律法规，增强全民防灾减灾意识；制定防灾减灾规划和应急方案；建立和完善主要自然灾害以及重大事故的监测、预报预警系统，全面提升和整合信息处理能力，提高预报的时效性和准确性；加强部门协作与配合，建立完善的灾害处理应急指挥系统和减灾救灾综合协调机制，加强防灾减灾工程建设、救援物资和设备储备，形成一支快速反应的救灾力量，提高紧急救援能力，减少灾害造成的人员伤亡和经济损失；推进经常性社会捐助工作网络建设和制度建设，逐步形成良好的社会化灾害救助机制。

(3)资源优化配置、合理利用与保护

水资源优化配置、合理利用、有效保护与安全供给。健全水资源开发、管理与保护的法律法规体系，实施更严格的水资源管理政策；实施水资源流域管理与行政区域管理相结合的管理体制；明确水权，实施流域与区域水资源总量的分配制度，合理调配生活、生产和生态用水；实施国民经济和社会发展规划、城市总体规划、重大建设项目水资源论证制度，促进水资源利用与人口、环境、经济社会协调发展；建立合理的价格机制和激励机制，实施计划用水与定额用水相结合的综合管理措施，推行用水审计，促进水资源的合理利用；鼓励发展节水农业、节水工业，建设节水型城市和节水型社会，全面节约用水，提高水的利用率；实施水功能区划管理制度，有效保护水资源；实施南水北调工程，改善水资源的宏观布局；大力提倡污水再生利用等非传统水资源的开发利用。

土地合理利用。贯彻执行十分珍惜、合理利用土地和切实保护耕地的基本国策，坚持实行世界上最严格的土地管理制度；加强土地资源调查、评价和监测，科学编制和严格实施土地利用总体规划；加强耕地保护和基本农田建设，防止耕地质量退化，确保国家粮食安全；加强林地保护和森林资源建设，确保国土生态安全；合理调整土地利用结构与布局，提高土地利用效率；加强建设用地管理，控制建设用地规模，促进农民居住向城镇集中、工业向工业园区集中，保障经济建设必需的土地；积极开展土地整理和复垦，适度开发土地后备资源；加强土地资产管理，深化土地使用制度改革，大力推进土地使用权市场建设，完善地价管理制度和土地税费体系，引导集约高效利用土地资源；完善土地产权制度，保障农户承包经营权；改革征地制度；深入开展土地科技的研究与应用，扩大土地遥感监测，逐步完善土地利用管理信息系统；加强土地法制建设，完善土地管理法律法规，健全土地执法体制，加大土地执法力度。

改善能源结构，提高能源效率。大力发展天然气、水电、可再生能源、新能源等清洁能源，发展清洁燃料公共汽车和电动公共汽车，积极利用国外油气资源，努力降低煤炭在一次能源消费中的比重；大力发展清洁利用煤炭和热电联产集中供热技术，强化能源节约，提高能源利用效率，减少环境污染；在适宜地区大力发展沼气、节能灶、太阳能、风能等，改善农村能源结构；实施“西气东输”、“西电东送”等重大工程，改善能源布局。

森林资源的可持续利用。加大森林资源保护、管理、监督和执法力度，禁止乱砍滥伐林木、毁林开垦等行为，提高全民保护森林资源的意识；积极落实森林资源管护经营责任制，明确“责、权、利”关系，理顺森林资源管理体制；深化林业的分类经营改革；调整和完善不适应的林业政策，切实减轻林业税费负担；提高科技含量，以高新技术改造传统产业和淘汰落后生产方式，加快发展速生丰产用材林基地和林业产业；加大生态环境建设力度，全面实施天然林资源保护等林业重点工程建设。

草地资源的可持续利用。加强草原管理机构建设，强化管理职能，加大执法力度；积极落实草原承包制，明确草原使用的“责、权、利”关系；提高科技含量，改变草原资源利用方式，变传统的粗放数量型为质量效益型；加大以人工种草、飞播种草、围栏封育、草场改良、划区轮牧和草地鼠虫害防治等为主要内容的天然草原保护建设实施力度，防止超载过牧，强化“三化”草地治理，恢复天然草场植被。

矿产资源的可持续利用。进一步健全矿产资源法律法规体系；科学编制和严格实施矿产资源规划，加强对矿产资源开发利用的宏观调控，促进矿产资源勘查和开发利用的合理布局。进一步加强矿产资源调查评价和勘查工作，提高矿产资源保证程度；对战略性矿产资源实行保护性开采。健全矿产资源有偿使用制度，依靠科技进步和科学管理，促进矿产资源利用结构的调整和优化，提高资源利用效率。

海洋资源的可持续利用。制定合理利用和保护海洋的发展规划；严格执行海洋功能区划，强化海域使用管理，加强海域使用审批，全面推行海域有偿使用制度。

气候资源的可持续利用。进一步增强全民的气候资源意识；建立和健全气候资源开发利用与保护的法律法规体系；制定气候资源合理开发利用与保护规划；及时修订、更新气候资源区划；采用先进的计算机信息处理技术和遥感技术，加强对气候资源的监测与评估；建立气候资源合理开发利用的试验示范基地。

矿产资源战略储备。建立战略矿产资源储备制度，完善相关经济政策和管理体制；建立战略矿产资源安全供应的预警系统，在大城市实行多水源供给的水资源战略储备制度；采用国家储备与社会储备相结合的方式，实施石油等重要矿产资源战略储备。

(4)生态保护和建设

生态环境监测及安全评价。建立完善的生态环境监测与安全评估技术和标准体系，形成国家级、区域级、保护区等多层次的生态环境监测体系；采用遥感和地面监测等现代技术手段对森林、草地、湿地、农田、自然保护区、沙漠、水土保持、农业生态环境、生物多样性、大型生态建设工程、重点资源开发区及土地利用变化等进行有效监测与管理，对严重突发污染事故和海上赤潮、石油污染、沙尘暴等灾害进行应急跟踪监测；建立生态环境安全评价及预警预报系统。

建设林业重点生态工程。重点保护长江上游、黄河中上游和东北国有林区天然林资源，治理水土流失，减少风沙危害，加强生物多样性保护，建立速生丰产林基地，逐步满足人们对生态环境和林副产品的需求。加快实施天然林保护，退耕还林，京津风沙源治理，“三北”和长江中下游地区等重点防护林建设、野生动植物及自然保护区建设、重点地区速生丰产用材林基地建设六大林业生态工程。

建立自然保护区。加强现有森林生态系统、珍稀野生动物、荒漠生态系统、内陆湿地和水域生态系统等类型自然保护区建设，强化现有草原与草甸生态系统、海洋和海岸生态系统、野生植物、地质遗迹、古生物遗迹等类型自然保护区的建设。

建立生态功能保护区。加强现有生态功能保护区的建设和管理；在江河源区，长江、黄河和松花江等流域重要湿地(湖泊)，塔里木河、黑河等内陆河流域，南方红壤丘陵区、黄土高原、北方土石山区，农牧交错区、干旱草原地区，近海重要渔业水域建立生态功能保护区；调整生态功能保护区内的产业结构，发展生态“友好型”的产业，最大限度地减轻人为活动对生态系统的影响；坚持“封育为主，宜治则治，宜荒则荒”的原则，尽快恢复与重建生态功能。

防治土地沙化。制定适合土地沙化地区经济发展的经营机制和政策，研究、推广防治土地沙化的适宜耕作制度；形成防、治、用有机结合的土地沙化防治体系。

加强水土保持。完善水土保持政策，落实国家对退耕还林、还草的各项政策，加强基本农田和草原水利建设；坚持水资源保护与开发相结合，水土流失治理与群众脱贫致富、发展地方经济相结合的原则，实施以大流域为骨干、以小流域为单元的综合治理，防止大规模开发建设过程中造成新的人为水土流失；建立工程措施、生物措施和耕作措施相结合的综合防治体系；研究、开发和推广水土保持实用技术，加强国际合作与交流，引进和推广先进技术、优良品种、管理方法和手段。

加强风景名胜区保护。按照“严格保护、统一管理、合理开发、永续利用”的原则，编制风景名胜区规划，并严格实施。风景名胜区规划中要划定核心保护区(包括生态保护区、自然景观区和史迹保护区)保护范围，制定专项保护规划，确定保护重点和保护措施。核心保护区禁止开发与资源保护无关的工程建设。风景名胜区规划要与当地土地利用总体规划协调一致。

重视城市生态环境建设。合理规划城市建设用地，建立并严格实施城市“绿线”管制制度。按现代化城市的标准，确保一定比例的公共绿地和较大面积的城市周边生态保护区域。加大城市绿化建设力度，提高城市大气环境质量。大力推动园林城市创建活动，减轻“城市热岛效应”。加强城市建设项目的环境保护及市容环境管理，减少扬尘和噪音。

(5)环境保护和污染防治

流域水污染防治。加大重点河流和湖泊水污染防治力度，加强饮用水源地保护、富营养化湖泊治理、面源污染控制；推行清洁生产，进一步减少污染物排放量；实行流域污染物排放总量控制，提高污水处理率，在一些行业推行污水零排放；继续加大城市污水和垃圾处理设施的建设力度；优化产业、产品结构，发展环保高技术，加快研发和推广适合中国国情的重污染行业污染治理技术，提升我国整体的产业水平和水污染治理水平。

海洋污染防治。完善全国海洋环境监测网络，强化海洋污染及生态环境监测。

大气污染防治。控制致酸物质、有毒有害工业气体排放，防治酸雨、可吸入颗粒物、光化学烟雾和室内空气污染。

城市交通管理。整合城市交通结构，优先发展公共交通，特大城市要注重发展轨道交通，建立公共交通优先的路网系统，控制城市机动车尾气污染和噪声污染。

固体废物污染防治。逐步实行垃圾分类收集，实现垃圾的无害化、减量化、资源化，提高垃圾无害化处理率和综合利用率；进一步提高固体废弃物中可利用物质的综合利用率，加强矿山环境保护和生态恢复治理；加强危险废物的安全处置。

环保产业发展。规范环保产业市场，优化环保产业结构，通过推进污染治理市场化、企业化、产业化，构筑面向市场的环保技术服务体系和良好的市场运行机制；制定引导环保产业发展的配套政策，加强环境保护关键技术和工艺设备的研究开发，提高高效实用环保设备的生产能力，促进重大环保设备的成套化、系列化和标准化；通过环境标准、技术政策、示范工程和重点实用技术等引导环保产业发展；实施 ISO 14 000 环境管理体系、环境标志产品认证制度，大力加强环保中介、环保技术和工程服务。

(6) 能力建设

可持续发展的立法与实施。加强可持续发展立法，完善有关法律制度；以可持续发展为原则，制定和完善人口、资源、生态环境、自然灾害防治以及信息资源共享和利用等方面的法规；根据市场经济运行规律和世贸组织的规则，修订相应的法规。建立健全可持续发展的法律实施保障体系，严格依法行政，加强执法监督，切实保证可持续发展的各项法律制度得以实施。

可持续发展指标体系与监测评价。逐步建立符合我国国情的、多层次的可持续发展指标体系和监测评价系统，开展国家和地区的可持续发展水平监测评价，定期发布监测评价报告。

可持续发展的信息共享。建立公共基础数据、人口、社会经济、资源、生态、环境和灾害等信息库，实现基于高速网络基础上的、面向社会各界的、具有数据分析与处理能力的信息共享和信息服务体系；建立适应于政府决策的信息共享网络。

面对新世纪的国际国内环境，为了实现《中华人民共和国国民经济和社会发展第十二个五年规划纲要》（以下简称《纲要》）中提出的各项目标，必须采取行政、经济、科技、法律等手段，从加强部门协调、拓宽融资渠道、依靠科教支撑、健全法规制度等方面采取切实有效的保障措施。按照科学发展观的要求，以高度的责任感和使命感，切实推进可持续发展战略的顺利实施。

(1) 运用行政手段，提高可持续发展的综合决策水平

加强领导，抓好管理。各级政府都要认真贯彻可持续发展战略，将《纲要》所确定的有关人口资源环境等方面的任务纳入日常工作议程。继续坚持和认真落实人口资源环境工作党政一把手亲自抓、负总责的制度，逐级建立和完善严格的责任制。

强化监督，狠抓落实。各级政府应当确保将可持续发展工作纳入相关的战略、规划和计划，并且贯穿到计划实施的全过程。逐步将领导干部实施可持续发展战略的评估结果和最后验收结果作为定量考核指标。

统一协调，综合决策。建立和完善人口资源环境与经济社会的统一协调机制与综合决策激励机制；制订有利于综合考核地区和企业可持续发展水平的指标体系，试行将资源环境成本纳入国民经济核算体系；试行重大项目和重大决策的可持续发展影响评价制度，建立公众参与综合决策的渠道，提高政府推进可持续发展的公共服务水平。

(2) 运用经济手段，建立有利于可持续发展的投入机制

建立有利于可持续发展的相对稳定的资金投入筹措机制。逐步加大各级政府在可持续发展方面的必要投入，引导非国有资金甚至国外资金投入可持续发展领域，大幅度提高实施可持续发展战略的资金保障程度和稳定性，提高对投入可持续发展资金使用的管理水平和投入资金的经济效益。

建立有利于引导各类利益主体参与可持续发展的价格调节机制。通过价格调节，引导各类相关利益主体的法人强化节约资源，严格保护城乡生态环境，真正发挥价格机制在资源的市场供求和可持续利用等方面的调节功能。

(3) 运用科教手段，为推进可持续发展提供强有力的支撑

深化科技体制改革，建设国家创新体系。通过机制创新和管理创新，逐步形成既顺应市场经济要求，又符合科技发展自身规律的科技体制。优化科技资源配置，进一步加强与可持续发展相关的科学研究体系、技术开发体系、科技服务体系建设，调动科技人员从事可持续发展领域研究和产业化的积极性、创造性，促进实现人口资源环境的可持续发展。

依靠科技，大力开发、推广和应用先进适用的生态“友好型”实用技术。集中力量研究开发一批对可持续发展有重大影响的关键技术，提高可持续发展技术水平和能力；在加快企业结构调整的过程中，推行清洁生产，并与企业技术进步、节能降耗、资源综合利用和加强企业管理结合起来，加快各类企业环境污染由末端治理向全过程控制的根本转变。加快建立和完善以开展清洁生产为重点的工业污染综合防治模式，鼓励和支持企业采用高新技术，使用新型能源，走低能耗、物耗、少排污的清洁生产发展道路；选择具备条件的地区或企业，扶持建立若干生态和环保研发中心，组织开展技术和装备攻关，提高环保设备成套化、系列化水平。

积极发展各级各类教育，提高全民可持续发展意识。强化人力资源开发，提高公众参与可持续发展的科学文化素质。在基础教育以及高等教育教材中增加关于可持续发展的内容，在中小学开设“科学”课程，在部分高等学校建立一批可持续发展的示范园(区)。政府有关部门要在经费投入和工作安排上加大面向全社会宣传、普及、推广、应用等软环境建设的力度。科研机构定期向社会开放。利用大众传媒和网络广泛开展国民素质教育和科学普及。

(4) 运用法律手段，提高实施可持续发展战略的法制化水平

继续加强可持续发展方面的立法工作。研究、制定一些新的法律法规，加快修改完善现有法律法规，形成基本完善的可持续发展法律制度。各地区要按照国家法律法规，根据当地实际情况，制定实施一些地方性法规，以促进发展各具特色的区域性可持续发展模式和道路。

做好相应的配套制度建设和标准制定工作。建立健全有关可持续发展的各项管理制度，包括现行的各项环境管理制度、自然资源权属管理制度、有偿使用制度和使用权(产权)流转制度、流动人口综合管理制度等，逐步形成具有中国特色社会主义的人口资源环境工作管理制度体系。

大力提高全社会的公共监督和法制化管理水平。加强执法队伍建设，加大执法力度，注意发挥新闻单位、社会中介组织的监督作用，切实保障各级政府和执法部门依法行使管理职能；注重人口资源环境有关法律法规知识的宣传、普及和教育，尽快提高社会大众的可持续发展法律意识和法制观念。

(5) 运用示范手段，做好重点区域和领域的试点示范工作

加强可持续发展的试点示范工作，总结经验，逐步推进可持续发展战略的实施。通过开展试点示范工作，建立一批可持续发展基地，形成集技术、管理、政策、机制于一体的综合示范；围绕可持续发展领域的重大问题，开展政策、战略和关键技术研究。

(6) 加强国际合作，为可持续发展创造良好的国际环境

积极参与全球环境合作，就参与各类环境条约问题制定对策，认真履行参加的各类国际条约，贯彻落实可持续发展世界首脑会议等相关国际会议达成的决议和决定；重视并积极推动双边和多边国际合作，利用各种渠道促进国内环境保护，维护我国利益，为可持续发展创造良好的国际环境；适应经济全球化和我国加入世贸组织的新形势，逐步建立和完善以绿色产品、技术、服务为主导的投资贸易政策体系，充分利用国际国内两种资源和两个市场，促进我国可持续发展战略的顺利实施。

参 考 文 献

国家林业局. 1997. 中国生态环境建设规划纲要 [M]. 北京: 中国林业出版社.

国家林业局计资司. 1999. 中国的木材贸易——供需平衡状况 [C]//森林可持续经营和认证国际研讨会.

关毓秀. 1998. 浅谈森林生态系统经营 [C]//森林可持续经营学术研讨会论文集.

侯元兆, 张佩昌, 王琦. 1995. 中国森林资源核算研究 [M]. 北京: 中国林业出版社.

蒋海. 生态公益林可持续发展探索 [J]. 林业经济 (3): 38-39.

雷加富. 1996. 中国林业资源报告 [M]. 北京: 中国林业出版社.

李育才. 1996. 面向 21 世纪的林业发展战略 [M]. 北京: 中国林业出版社.

李育才. 1999. 中国的现代林业 [M]. 北京: 中国林业出版社.

李智勇. 1998. 森林环境资源价值评估的方法与缺陷 [M]//江泽慧. 面向 21 世纪的林业: 可持续发展战略下的林业科学技术. 北京: 中国农业科技出版社.

林业部. 1995. 中国 21 世纪议程 林业行动计划 [M]. 北京: 中国林业出版社.

沈国舫. 1997. 中国森林可持续发展问题探讨 [C]//面向 21 世纪的林业国际学术讨论会论文集. 北京: 中国林学会: 88-94.

张守攻. 1999. "十五" 实施林业可持续发展战略研究报告.

张守攻, 朱春全, 肖文发, 等. 2001. 森林可持续经营导论 [M]. 北京: 中国林业出版社.

郑小贤. 1997. 森林资源经营管理理论与技术研究 [D]. 北京: 北京林业大学.

朱春全, 等. 1998. 中国制定森林可持续经营标准与指标体系的进展 [M]//江泽慧.面向 21 世纪的林业: 可持续发展战略下的林业科学技术. 北京: 中国农业科技出版社.

Edroma E L. 1997. Wildlife tourism and other products from wildlands [J]. Productive functions of forests. Proceedings of the XI World Congress, 3: 333-337.

Gregersen H, Lundgren A, Kengen S, et al. 1997. Measuring and capturing forest values issues for the decision—maker. Proceedings of the XI World Congress,4: 13-22.

Helsinki Process. 1993. Ministerial conference on the protection of forests in Europe. Helsinki, Finland. 16-17.

第5章

林业可持续发展与森林可持续经营

5.1 林业可持续发展

5.1.1 林业可持续发展的背景

走可持续发展之路，是中国未来发展的自身需要和必然选择。可持续发展作为一种全新的发展观，它不仅是一种理论，其本身也包含着把这种新的发展观念、发展目标和相应的发展战略付诸实践。随着科学技术的迅猛发展和人类生态环境日益恶化，备受世人关注的能源消耗、资源枯竭、人口膨胀、粮食短缺、环境退化和生态失调等六大危机都与林业的开发利用和保护有着直接或间接的关系。林业工作的重点在于保护森林资源，森林资源已成为人类生存与可持续发展不可缺少的资源宝库，许多国家纷纷把目光转向森林，强烈希望扩大森林的面积和提高森林的质量，以便获得“绿色宝库”及其资源，使人们对森林地位作用的认识发生质的变化。森林作为林业的主体，林业的发展离不开森林，林业的作用显而易见。

5.1.2 林业可持续发展的含义及目标

5.1.2.1 林业可持续发展的含义

林业可持续发展是对森林生态系统在确保其生产力和可更新能力，以及森林生态系统的物种和生态多样性不受到损害前提下的林业实践活动，它通过综合开发培育和利用森林，发挥其多种功能，并且保护土壤、空气和水的质量，以及森林动植物的生存环境，既满足当前社会经济发展的需要，又不损害未来满足其需求能力的林业。可持续林业不仅从健康、完整的生态系统、生物多样性、良好的环境及主要林产品持续生产等诸多方面，反映现代森林的多重价值观，而且对区域乃至整个国家、全球的社会经济发展和生存环境的改善，都有着不可替代的作用，而且这种作用几乎渗透到人类生存时空的每一个领域。

5.1.2.2　林业可持续发展的目标

林业可持续发展的目标，是由一个个具体的区域对林业发展的需求来决定的。一般说来，应当从森林所发挥的作用方面来考虑。而森林的作用受制于特定区域的社会意义和国民经济意义，就其作用来划分，主要体现在社会、经济与生态环境 3 个方面。

(1) 林业可持续发展的社会目标

林业可持续发展的社会目标，强调满足人类基本需要和较高层次的社会文化要求，持续不断地提供林产品以满足社会需要，这是林业可持续发展的一个主要目标。作为社会经济大系统的林业产业，担负着为社会发展提供生活资料(燃料、食品等)与生产资料(原材料)的双重任务。随着全球范围内不可再生资源的不断消耗，森林作为主要的可再生资源，其满足人类社会物质需求的作用是不会消失的。人类对森林的社会、文化功能要求的不断提高，是社会经济发展的总趋势。满足人们对森林的多种需要和愿望，是林业的根本任务。在中国，林业可持续发展的特殊意义，还在于为广大山区农民提供就业机会与生存条件，为脱贫致富提供经济来源。

(2) 林业可持续发展的经济目标

林业可持续发展的经济目标，主要关注于林业生产者的长期利益。这里必须明确的是林业经济可持续性发展的主体是林业生产经营者。当前对经济利益实现方式的考察，主要还是通过为社会提供物质产品的形式，实现自身的利益，其中起主导作用的是林产品产量的持续产出。而林产品的产出，除了取决于林业生产力水平外，同时还受到自然生态环境的制约，更受制于非林业部门的影响。林业经营者经营的森林生态系统所提供的环境产品，具有经济利益的外部特征，必然造成林业利益难以在市场条件下完全实现。面对这种情况，林业可持续发展的经济目标，必须有其他实现途径。最可行的方式，一是实行生态补偿；二是国家扶持。因此，林业持续发展的必要条件之一，是必须保障林业生产者的经济可持续性。

(3) 林业可持续发展的生态环境目标

林业可持续发展的生态环境目标，关注的是森林生态系统的完整性和稳定性。通过退化生态系统的重建与已有森林生态系统的合理经营，保障森林生态系统在维护全球、国家、区域等不同层次上所发挥的环境服务功能的持续性。其中关键是无退化地使用林地和保护生物多样性，保持森林生态系统的生产力和可再生产能力以及长期健康。林业可持续发展的生态环境目标，不仅是保障林业自身社会经济可持续的基础，更重要的意义还在于持续发挥森林生态系统在维护全球生命支持系统中的重要性与不可替代性。可持续发展思想提出的主要背景是以水土流失、荒漠化、二氧化碳浓度增高、工业污染等为主的全球性环境问题，而森林生态系统的局部消失、退化是其中最关键的因素。因此，林业可持续发展的生态环境目标，从全人类根本利益来看，应当处于最重要地位，这也是森林问题成为全社会关注焦点的本质原因。

综上所述，林业可持续发展目标应当包括社会、经济、生态环境 3 个方面，其中社会与生态环境目标，体现的是全人类的利益，即可持续发展的社会经济，需要林业持续的提供物质产品与生态环境服务功能。而作为人类群体中的林业生产经营者来说，不仅需要自身的实践活动所提供的产品服务，更要求其自身经济利益的持续性，这也是不同利益主体对林业问题构成不同态度的深刻原因。三大目标的统一，是林业可持续发展最理想的境界。但是，由于不同利益主体的存在，实践中 3 个目标常常处于矛盾之中。虽然全社会对林业重要性的认识，随着环境意识的提高在逐步深化，但至今仍没有建立起合理的利益分配机制，其结果使林业处于一种不利的发展环境。在林业内部，除自身不合理的经营活动所造成的困境外，更主要的是林业始终处于一种自我发展的封闭系统中，为了生存不得不砍伐森林。结果，不仅失去了自身发展的条件，也与社会要求相背离。可持续发展的提出，为重新认识林业以及重构林业与社会经济大系统之间合理关系提供了机遇。

5.1.3 林业可持续发展存在的问题及对策

5.1.3.1 林业可持续发展存在的问题

新中国成立以来，中国林业取得了举世瞩目的成就：造林绿化取得显著进展，生态环境得到了较大的改善；防护林体系建设全面开展；林业迅速发展，综合实力不断增强；森林资源保护管理工作走上正规化、制度化的轨道；林业和林业队伍自身建设得到了明显加强。我国林业建设虽然取得了显著成就，但是要实现林业的可持续发展还存在很多问题，主要表现在两个方面。

(1) 林区可采资源萎缩，企业经济危困，生态平衡受到破坏

① 没有建立资源的补偿机制，违背了资源再生产规律和价值规律。采取重采轻予的政策，只向森林索取，不承认森林的价值，只计算采运成本，没看到森林的生态价值。再加上“原”字号、初加工的林产品较多，木材价格偏低，使资源的消耗得不到必要的投入和补偿。

② 林业管理体制没有理顺，条块分割，责权分离，产销脱节。

③ 经济政策和投资政策不当，长期实行以木材为中心的单一产业结构，忽视了对森林的保护培育和多种资源综合开发利用的投入。

④ 林业技术研究、推广与信息发展滞后。由于林业科研投入严重不足，造成林业科技进步滞后，科技贡献份额仅占 20%左右，远远低于其他行业。由于采伐与更新方式不当，林区生态失衡问题日益明显。迹地更新树种单一，大多形成针叶纯林的单层林分。林木生长率低，病虫害严重，导致植被破坏、水土流失，气候异常等现象。

(2) 发展林业的意识与林业可持续发展战略不相适应

① 在计划经济时期，我们在造林营林工作中，大多数是急于求成，没有按照林业的自然规律和经济规律办事，出现了森林植株过密，林木分化严重，树种单一，形成大面积纯林，加剧了森林的病虫害，使林木成活率不高，经济效益差。

② 林业基础设施薄弱，发展后劲不足。国家对林业基础设施建设投入欠账太多，林业基础脆弱，导致森林环境建设与发展后劲不足。如火情瞭望台覆盖率仅为 50%左右，预防森林火灾和防治病虫害的综合能力差。

③ 发展林业的意识同林业的地位作用不相适应。林业作为国民经济的基础产业和社会公益事业，肩负着维护国土生态安全，促进经济可持续发展的重要使命。但由于宣传

教育工作不够深入，还没有形成全民的共同意识。

④ 当前林业经济的发展水平同国民经济和社会发展的需要不相适应。随着木材产量调减政策的实施，使木材市场的供求关系发生变化，林区的生产结构调整尚未全部到位，因此，使一些地方林业产业的发展处于低迷状态。

5.1.3.2　林业可持续发展的对策

(1)解放思想，更新观念，大胆改革旧体制和旧机制，使林业管理体制顺畅，机制灵活

长期以来，我国经济发展一直是以粗放的外延发展为特征，即通过高投入、高消耗、高污染实现经济的较高增长。这和人们认识上的片面性与局限性有直接关系。因此，必须提高思想，统一认识，处理好当前利益和长远利益、局部利益和全局利益的关系，走可持续发展的道路，坚持资源开发和资源节约并重的方针，积极开发有利于环境保护和可持续发展的先进技术。

(2)加快林业改革步伐，建立既适应社会主义市场经济又反映林业特点的林业经济体制

当前，首先要转变政府职能，加强和改善对林业的领导，逐步建立有利于可持续发展的综合决策体系，按照区域化、社会化原则，合理设置林业生产管理组织，调整生产力布局，建立和完善森林资源产权制度，明确产权关系。逐步推行森林资源有偿使用、转让和资源资产化管理，参照建立现代企业制度的做法，调整林业企事业组织，构建新的产业群体。同时，应加快研究建立可操作的森林资源与环境综合核算体系，使有关统计信息和林产品价格能够较准确地反映经济活动所引起的森林资源和环境变化。

(3)制定和完善可持续发展的政策体系和法制体系

① 通过政策引导和调控、法律规范约束和行业标准规范，促进全社会参与林业建设，消除非可持续发展的各种因素。要综合运用经济、法律和必要的行政手段，强化林业管理。运用税收、金融、价格、投资等经济手段和产业政策，调整利益结构，保证林业投入和防止短期行为。

② 开征生态税收，提高资源的利用率。由于现行税收体制的缺陷，使得自然资源与能源价格过低(鼓励了低效和浪费)，而劳动力成本过高(抑制了就业的扩大)。在这种税收政策引导之下，其结果必须是企业特别注重提高劳动生产率，而不是重视提高能源和原材料的生产率，导致自然资源的过度利用和生态环境的加速退化。同时，劳动力资源的利用不足，出现严重的失业现象。通过征收生态税，将有助于经济发展的优先领域从提高劳动生产率转向提高能源和原材料的利用率。与此同时，削减劳动所得税(社会保障体系的资金来源)，这样可以实现税收的转移，从而明显地扩大就业机会。

③ 逐步建立和完善保障林业可持续发展的政策体系、法律体系，建立促进林业可持续发展的综合决策机制。尤其要以法治林，在全社会营造良好的保护林业发展的法制环境。

(4) 建立林业可持续发展的保障体系

林业的行业特点和社会性，使得林业的总体效益非常巨大，而直接经济效益在很多地方并不显著。我国亟须建立一套完整的林业可持续发展保障体系，其原因有 3 个方面。第一，我国人口数量众多，且人口素质相对不高；第二，国民经济的发展离不开林业基础产业的发展，并且森林资源相对短缺，中国人均森林占有量只有世界人均森林占有量的 20%；第三，我国山地多，土地瘠薄，各种自然灾害频繁，且环境污染和生态破坏日益加剧。

林业可持续发展的保障体系包括以下几个方面的内容：①政府调控(政策支持)；②科技支持；③资金支持；④文化支持；⑤公众参与。

(5) 加强林业可持续发展的理论、方法及应用技术研究

首先，加强林业科技研究。当前，应尽快研究建立人工林集约经营技术体系，林业生态环境监测网络及其配套技术系统，研究开发森林资源综合高效利用技术和森林灾害预测、预报、预防和应急反应能力等技术。使林业可持续发展具有科学的理论基础和技术依据。其次，建立林业可持续发展试验示范区。开展林业可持续发展示范区建设。其目标是探索林业实现可持续发展的途径和措施，研究解决林业可持续发展中的重大理论和技术问题，为林业实现可持续发展提供理论依据和典型示范。

5.2 森林可持续经营

5.2.1 森林经营思想的演变

5.2.1.1 林业发展过程

(1) 原始林业时期

原始林业时期与落后的社会经济发展水平相对应，人与自然环境的关系直接而密切，森林不仅是人类进化的场所，更是人类所需食物和住所的唯一来源。当时的人口密度低，科学技术不发达，相对于森林的生产供应能力，人对森林的影响是微弱的。

随着农牧业的发展，森林被认为是妨碍人类农耕经济继续发展的障碍，毁林开荒、毁林取薪，成为这一时期的重要特征，从本质上讲“破坏森林的数量”成了人们展示发展业绩的重要内容。

历代统治者大兴土木、频繁的战争导致了森林资源的破坏，当森林减少到一定程度时，原先认为取之不尽的资源出现了供应能力问题，一些国家和地区先后认识到了森林的合理利用和保护的必要性。如中国的园圃制、德国在 10 世纪所形成的地方性森林资源管理制度，以及不同规模人工林的出现，逐步形成了原始林业。这一时期对森林的利用主要以薪材和原木的利用为主。从经营方式上看，林业活动集中于对原始林的盲目开发利用，而森林的更新基本上依赖于自然的力量。

(2) 传统林业时期

传统林业伴随着产业革命的兴起而产生和发展。17 世纪末到 18 世纪初，森林资源成为重要的工业原料，对原木直接或间接的工业利用逐步取代了民用材，成为森林利用的主要方式，特别是取代了以薪材利用为主的森林利用格局。随着木材工业的进一步发展，新型相关产业(如铁路、建筑、造纸业、家具行业等)的不断出现，客观上加快了森林资源的消耗速度。森林采运和原木生产以及后来所开展的大规模人工造林实践是这一时期林业活动的主要内容。

传统森林经营理论的理论框架如下：

① 目的：以单一木材生产为中心，通过对森林资源的管理，向社会均衡地提供木材。

② 理论：以法正林思想为核心，不论是完全调整林还是广义法正林，不论是同龄林还是异龄林都体现为以木材生产为中心这一本质特征。

③ 技术：以收获调整和森林资源蓄积量的管理为技术保障体系的核心。

④ 管理：以林场或林业局为范围的部门生产组织管理形式，并以林班和小班为基本单元组织森林经营单位。

(3) 现代林业时期

尽管在 20 世纪五六十年代，许多国家和地区在林业实践中已经注意到了森林经营与生态环境、社会经济发展的关系，注意到了维持森林生态系统健康的问题。但是，森林经营思想和理论的真正变革是 1992 年联合国环境与发展大会以后正在形成的“森林可持续经营”理论。

从“永续收获”(sustained yield) 到“森林可持续经营”(sustainable forest management)，森林经营思想的内涵扩大了，各国政府都承诺森林要可持续地加以经营，然而对这一概念并不存在统一的、精确的解释。

5.2.1.2　森林经营思想的演变

(1) 永续经营——曾主宰世界森林经营 200 年的经营思想

1669 年，法国率先颁布了《森林与水法令》，明确规定森林经营原则是，既要满足木材生产，又不得影响自然更新。这是木材的使用极限和永恒生产首次被列入国家法规。18 世纪末，德国提出了“永续生产”的理论，对世界森林经营思想的演变产生了深远的影响。所谓永续生产，就是在良好经营的基础上，使国家森林每年的产量保持恒定，即多年生植物的收获量不能大于生长量。这一理论后来成为欧美国家现代森林经营思想的精髓，也逐渐成为包括我国在内的世界大多数国家的森林经营指导思想。

19 世纪末，曾留学法国的美国首任林务局长、林学家平肖，把这一理论正式引入美国。20 世纪 60 年代，美国对这种森林经营思想又进行了完善，制定了“森林的多种利用和永续生产条例”，以法律的形式规定，美国的森林除生产木材外，还要在游憩、保护野生动物和环境保护等方面进行多种利用，而且要达到永续生产。

20 世纪 70 年代，美国学者提出了森林多功能主导利用的经营思想，在理论上对森林的多种利用做了进一步完善。80 年代，美国又有人提出了“新林业”理论，主张以森林生态学和景观生态学为基础，并吸收森林永续经营理论中的合理部分，以实现森林的经济效益、生态效益和社会效益相互统一的经营目标，形成不但能永续生产木材和其他林产品，而且也能持久发挥保护生物多样性及改善生态环境等多种效益的林业系统。80 年代中期，“近自然林业”的理论在中欧又得到了复苏。欧洲许多国家都不同程度地采纳了这一理论。

(2) 可持续经营——当今森林经营的主体思想

可以说，老一代林业工作者为完善森林的永续生产政策花费了数百年时间，但全球的森林不但没有实现越采越多的目标，反而到了日益枯竭的地步。尤其是热带林，竟然仍在以每年超过 $1000\times10^4\ hm^2$ 的速度消亡。如按此速度发展下去，地球上的热带林将在百年之内全部消失。森林资源的破坏不仅造成了重大的经济损失，同时给人类赖以生存的环境带来了严重的危害：水旱灾害频繁发生、生物多样性锐减、生态失衡、大气污染、气候变暖等，人类正饱尝着自己酿成的恶果。

所幸的是，20 世纪中期，人类自然保护意识开始觉醒，保护森林亦即保护人类赖以生存的环境逐渐由科学家的呼吁变为国际社会和各国政府的行动。“可持续发展”一词是 1987 年世界环境与发展委员会(又称布伦特兰委员会)在《我们共同的未来》这一报告中提出的。“可持续发展”的核心是“既满足当代人的需求，又不会对满足后人需求能力构成危害的发展”。1990 年，国际热带木材组织(ITTO)率先制定了热带森林可持续经营指南，把可持续发展的概念转化为行动。

1992 年，在巴西里约热内卢召开了联合国环境与发展大会，大会上签署的《关于森林问题的原则声明》，又一次明确地提出了森林的可持续经营。如今，森林可持续经营和林业可持续发展已成为各国森林经营和发展林业的准则。

(3) 从森林永续经营发展到森林可持续经营

从词意上来看，永续经营和可持续经营并没有实质性的差异，其分别译自英文单词“sustained management”和“sustainable management”。但其真正含义却有本质的差别。“永续经营”是针对几百年来人类对森林的破坏和木材生产发生危机的情况而提出的一种森林经营思想，其目的是确保森林可以源源不断地生产木材。而“可持续经营”是以保障满足当代人和后代人对社会、经济、生态、文化和精神等方面的需求为目的的。这些需求包括森林产品和服务(如木材及其产品、水、食物、饲料、药品、燃料、庇阴、就业、游憩、野生动物生境、景观多样性和自然保护区)和其他森林产品。它强调的是森林多种功能的持久利用。从理论上讲，它是永续经营的升华。

自 20 世纪 50 年代以来，人类对森林的利用已经逐渐由单一的木材及其产品转变为多种利用。特别是在许多西方国家，森林已成为全民的共同财富，林业成为社会的公益行业。爱护树木、保护森林成为全民的自觉意识和共同责任。近几年来，林业在我国的地位也发生了根本变化。过去那种轻视林业、歧视林业工作者的现象也得到初步扭转。随着生活水平的提高，人民群众热爱自然、喜爱森林的意识和需求开始复苏。我国的六大林业工程就是造福于中华民族的公益型事业，受到了全社会的欢迎。

从森林的永续利用到森林的可持续经营经过了质的飞跃，是理论的升华。它是林学家和政治家共同智慧的结晶。在其间 200 年的发展过程中经历了无数的重大事件，但促其发展的主要动因在于森林无休止的破坏不仅仅导致木材及其产品的短缺，从而造成重大的经济损失，而且更重要的是，由于生物物种的不断丧失而导致生态失衡、自然灾害频发和气候变暖，严重地危害人类的生存环境。最终，森林问题被摆上了政治家的议事日程。在 1992 年联合国环境与发展大会上，经各国首脑签署的《21 世纪议程》和《关于森林问题的原则声明》等文件应运而生，从而正式确立了森林可持续经营思想的主导地位。

森林经营思想的发展与演变也体现在历届世界林业大会的主题上。世界林业大会是国际林业的重要活动，也是各国林业工作者重要的交流场所。第一届大会于 1926 年在罗马举行，其后由于世界大战而中断。联合国粮农组织成立后，规定世界林业大会每 6 年召开一次。前 5 届大会的主题基本上是根据林业学科本身的发展确立的，其后的主题则把林业置于整个国民经济和人民生活之中。1966 年在西班牙召开的第六届世界林业大会的主题是“林业在变化中的世界经济中的作用”，但会议的核心内容是讨论木材的作用和木材生产问题。1972 年在阿根廷召开的第七届世界林业大会的主题为“林业与社会经济的发展”，首次把野生生物保护列入大会内容。1978 年在雅加达举行的第八届世界林业大会的主题为“森林为人民”，强调林业的发展必须与山区开发和消除农民贫困相结合。正是在这次大会以后，社区林业(社会林业)得到了蓬勃发展。1985 年在墨西哥召开的第九届世界林业大会，主题定为“森林资源如何为社会的综合发展服务”，强调了森林的多种利用和综合服务功能。1991 年在法国召开的第十届世界森林大会的主题是“森林：未来的遗产”，大会的首要议题是森林的生态效益。林学家们谈论最多的话题是控制温室效应、保持水土和涵养水源、生物多样性保护及乡村发展等，把森林的作用提到影响人类生存和地球前途的高度。这次大会为 1992 年的联合国环境与发展大会确立森林和林业问题的重要地位提供了舆论和理论基础。1997 年在土耳其召开的第十一届世界森林大会的主题是“森林可持续：迈向 21 世纪”。森林可持续经营和林业可持续发展成为本届大会的重要内容。本次大会通过的《安塔利亚宣言》指出，“各种类型的森林不仅为世界人民提供重要的社会、经济及环境产品与服务，而且为保障食物供给、净化水和空气及保护土壤作出了重大贡献，实现可持续发展的关键就在于森林的可持续经营”。作为联合国环境与发展大会的后续行动，本次大会系统地总结了联合国环境与发展大会以来有关森林问题的国际行动的进展，指出目前世界上有 100 多个国家参与了制定和实施森林可持续经营标准与指标的行动。

5.2.2　森林可持续经营的内涵

5.2.2.1　森林可持续经营的目的及意义

(1) 森林可持续经营的目的

新的历史条件下，为了顺应世界林业的发展趋势，根据中国社会经济发展、生态环境建设和自然资源保护对森林经营的现实需求，结合我国森林资源分布、结构以及森林经营现状，要切实推进中国森林可持续经营的发展进程，提高森林生态系统环境服务功能和森林产品生产能力。从森林与人类生存和发展相互依赖关系的角度来看，森林可持续经营的总体目标，是通过森林生态系统的科学管理和合理经营、维持森林生态系统的健康和活力、维护生物多样性及其生态过程来实现的，以此来满足社会经济发展过程中对森林产品及其环境服务功能的需求，保障和促进社会、经济、资源、环境的持续协调发展。

(2) 森林可持续经营的意义

从宏观层面明确中国森林可持续经营的基本要求和重点领域，指出中国实现森林可持续经营的途径。为林业管理和科技部门探索森林经营管理的体制和机制，为调整和制定森林经营政策，完善森林经营规程，建立健全森林经营保障体系、支撑体系等提供理论指导和行为规范。

人类文明发展史证明，森林是人类文明的摇篮，森林繁茂，文明兴旺。实现森林的可持续经营管理，关系到人类的生存和发展，因此，具有十分重要的意义。

5.2.2.2 森林可持续经营的含义与特征

(1) 森林可持续经营的含义

随着森林问题的突显，全球对森林问题的关注达到了空前的高度。国际上不少机构和学者纷纷指出森林可持续经营的重要性，提出要逐步开展森林的可持续经营，实现人与森林的和谐共存。国内外对森林可持续经营给出了多种解释。

联合国粮农组织对森林可持续经营的定义是：一种包括行政、经济、法律、社会、技术以及科技等手段的行为，涉及天然林和人工林。它是有计划的各种人为干预措施，目的是保护和维持森林生态系统的各种功能。与此同时，通过发展具有社会、环境和经济价值的物种，来满足人类日益增长的物质和环境需要(联合国粮农组织，1997)。从技术上讲，森林可持续经营是各种森林经营方案的编制和实施，从而调控森林目的产品的收获和永续利用，并且维持和提高森林的各种环境功能。

森林多种效益中包含非木材生产、净化水质、调节洪峰、污染物的吸收分解、养分的循环、土壤生成与保持、控制植物病虫害、提供动物生息地和避难场所、缓和自然干扰、调节局部与全球气候等。森林服务包括提供就业和舒适环境、保健、教育、游憩和文化等方面。

(2) 森林可持续经营的特征

森林可持续经营，要求以一定的方式和强度管理、利用森林和林地，有效维持其生物多样性、生产力、更新能力和活力，确保现在和将来都能在经营单位、区域、国家和全球水平上发挥森林的生态、经济和社会综合效益，同时对其他的生态系统不造成危害。森林可持续经营关注的重点是：

① 林业必须服从和服务于国家经济社会可持续发展目标，不断满足经济社会发展和人民生活水平提高对森林物质产品和生态服务功能的需要。

② 不仅强调森林的木材生产功能，更要注重森林生态系统整体功能的维持和提高。

③ 努力协调均衡相关利益群体，特别是林区居民的利益，促进参与式森林经营。

④ 完善森林经营支撑体系，加强机构、财政支持、法律法规、科研培训等体系建设，建立灵活的应急反应机制，以应对异常干旱年、严重森林火灾和林业有害生物等意外事件。

⑤ 强化对森林经营各环节的有效监管，切实维护森林生产力，确保森林效益持续发挥。

5.2.2.3　森林可持续经营的原则

森林可持续经营就是在维护森林生态系统的健康、活力、生产力、多样性和可持续性的前提下，结合人类的需要和环境的价值，通过生态途径达到科学经营森林的目的。森林可持续经营必须遵循以下几条基本原则：

① 保持土地健康(通过恢复和维持土壤、空气、水、生物多样性和生态过程的完整)，实现可持续的生态系统；

② 在土地可持续能力的范围内，满足人们依赖森林生态系统得到食物、燃料、住所、生活和思想经历的需求；

③ 对社区、区域、国家乃至全球的社会和经济的健康持续发展作出贡献；

④ 寻求人类和森林资源之间和谐的途径，通过协调地区之间，世代之间和不同利益团体之间的利益关系，使森林的经营不仅满足当代人对森林产品和服务的需求，而且为后代人满足他们的需求提供保障。

5.2.2.4　森林可持续经营的指标与标准

标准(criteria)是指用于评价森林可持续经营的条件或过程的类目。标准是由一系列定期监测以评价变化的相关指标所表示的特征。指标(indicator)指的是标准的某一方面的度量(测量)，可以测量或描述的定量或定性变量，并可定期地观测变化的趋势。

衡量是否达到森林可持续经营水平必须制定相应的审核标准，为了便于审核，各条标准下又制定相应的指标对标准进行描述。制订标准和指标不仅是衡量森林可持续经营本身所需要的，国际上普遍认为，标准还具有作为重要政策和信息的工具作用。标准与指标要具有反映事物本身特征的真实性，如反映森林特征和森林外部条件的真实性；要有明确的含义和可度量性，即标准与指标的明确性和可应用性；要有方便性，即尽可能采用已有的、为公众所熟悉的度量技术等；要成一个体系，即各项指标构成一个标准，几个标准构成一个整体衡量的体系；要有一定的灵活性，因为任一标准和指标，都有一定的时效性和变化趋势，即任何标准和指标都是在一定条件下、一定目标下采用的。这就要求我们在必要时要将其作为趋势来估量(历史的、现实的)，不要根据一时的静态值来衡量，因此，指标变化的动态监测是国家水平评价森林可持续经营目标的基础。选用什么标准和指标也不是一成不变的，不同国家或同一国家在不同时期采用的标准和指标可能不同。

采用什么样的标准和指标是衡量一个国家和区域森林可持续经营水平的重要标志，也是研究和制定森林可持续经营战略和林业可持续发展战略的重要内容。1992年联合国环境与发展大会后，全球范围内开展了森林资源可持续经营标准和指标体系的研究与协调行动。就研究和实践现状来看，研究与协调行动是在3个层次上进行的。

第一层，国际组织立足于全球或大的地区所开展的指标协调行动。迄今为止，已有8个大的组织或团体开展这方面的研究和行动。它们分别是国际热带木材组织进程、赫尔辛基进程、蒙特利尔进程、塔拉波托倡议、非洲干旱区进程、近东进程、中美洲进程、非洲木材组织进程。

第二层，各个国家本着既从自己国家的实际出发，又与国际接轨的原则，分别制定各自国家森林可持续经营的标准与指标体系。目前已有新西兰、日本、俄罗斯、加拿大、美国、印度尼西亚等国家先后制定了国家级的标准与指标体系框架。就内容来看，基本上与国际进程中所提出的核心内容类似，同时也反映出了由于各国国情、林情不同所带来的差异。

我国政府在《21 世纪议程：林业行动计划》中明确提出，要建立林业可持续。中国林业科学研究院林业可持续发展研究中心就中国森林保护和可持续经营标准和指标体系进行了探索和研究，编制了林业行业标准《中国森林可持续经营标准与指标》（LY/T 1594—2002），对我国开展森林可持续经营实践起到了一定的指导作用。该标准包括 8 个标准：生物多样性保护；森林生态系统生产力的维持；森林生态系统的健康与活力；水土保持；森林对全球碳循环贡献的贡献；长期社会效益的保持和加强；法律及政策保障体系；信息及技术支撑体系。该指标体系还需要在实践中进一步修改和完善，不断提高其科学性和可操作性。

第三层，在各国家内部，根据地域差异和规律，进行区域级森林可持续经营标准的研究和实践。此层次标准和指标体系的研究是森林资源可持续经营由理论走向实践的重要步骤和内容。

5.2.3 森林可持续经营的实现

5.2.3.1 森林可持续经营的目标

森林可持续经营的目标，可以按照森林的主导功能和作用分为社会目标、经济目标、生态环境目标和可持续的森林目标 4 个方面。

(1) 社会目标

长期以来，森林持续不断地提供多种林产品，满足人类在生存发展过程中对森林生态系统中与衣食住行密切相关的多种林产品的需求是森林可持续经营的一个主要目标。森林可持续经营的社会目标，还包括为社会提供就业机会、增加收入、满足人的精神需求目标（如森林文化与森林美学、陶冶情操、教育、学术研究、宗教信仰、旅游观光等）。对于大多数发展中国家而言，森林可持续经营还具有发展经济、消除贫困的目标。

(2) 经济目标

森林可持续经营的经济目标可从 4 个方面来考虑：

① 获得多种林产品，带动林产工业发展，为国家或区域的社会、经济发展做出贡献。在一些发展中国家和地区以及森林资源丰富的国家，经营森林的主要目的就是要为其他产业的发展提供原始积累，因此，林业是国家重要的经济部门。

② 使森林经营者和森林资源管理部门获得持续的经济收益。没有坚实可靠的经济基础做保障，不从根本上改善经济条件，森林可持续经营是难以想象的。在森林生态系统环境允许的范围内，追求经济目标的最大化和应得收益，是改善林业经济条件的关键，忽视经济目标，森林可持续经营就会失去动力，而超越生态环境界限，一味追求自身的经济目标，则会丧失森林可持续经营的基础。

③ 促进和保障与森林生态系统密切相关的水利、旅游、渔业、运输、畜牧业等一

大批产业的发展，提高相关产业经济效益的目标。

④ 提高国家、区域(流域)等不同空间尺度防灾减灾的实际效果。

(3)环境目标

森林可持续经营的环境目标取决于人类对森林环境功能、森林价值的认识程度。目前广泛认同的目标主要包括：水土保持、涵养水源、二氧化碳储存、改善气候、生物多样性保护、流域治理、荒漠化防治等。这些目标的实现可为人类社会的生存和发展提供适宜的和可利用的生态环境，为满足人的精神、文化、宗教、教育、娱乐等多方面需求，提供良好的生态景观及其环境服务。

(4)生态目标

健康的森林生态系统是森林可持续经营的社会、经济、环境目标得以实现的基础和前提。可持续经营的生态目标体现了人类经营森林的意愿和目的。也就是说，人类经营森林的目的最终反映在森林的分布、数量、质量等许多方面。因此，可持续经营的生态目标，同时也是森林经营思想的具体体现，反映了人类经营森林的生物、经济和社会的综合价值。值得注意的是，可持续经营的生态目标，不仅受特定区域社会经济发展水平的制约，同时也受制于特定区域的自然生态环境条件。在实践中，对可持续经营的生态目标的具体界定，应根据经营森林的社会、经济、自然环境等综合背景来考虑，以满足社会经济发展过程中对森林的多种产品及其环境服务功能的需求。

5.2.3.2 森林可持续经营机制

(1)影响森林可持续经营的环境

森林可持续经营的任务，就是要协调需求与限制之间的矛盾，寻求在区域自然、社会、经济条件支持下，符合区域及其更大空间尺度上生存和发展所需要的森林经营模式和途径。

① *森林可持续经营的生物自然环境* 生物自然环境是指森林经营过程中所依托的自然界(可资利用的多种自然资源和自然条件)。从生态学的观点看，生物与自然环境需要维持合理的生态关系，才能为森林生态系统的生长和发育以及森林生态系统完整性的维持提供适宜的环境。区域生物自然环境决定了现实与潜在的森林生态系统的基本结构、森林群落类型、生态过程特征、森林生态系统生产力、生物多样性丰富程度，影响并决定了特定区域森林生态系统的功能及其承载力，从根本上制约了森林生态系统促进和保障区域可持续发展的潜在作用。深入、系统地研究和掌握特定区域的生物自然环境，结合区域可持续发展对森林生态系统产品及其环境服务功能的需要，确定的森林可持续经营目标体系才能既符合生物自然环境特征，又最大限度地满足社会经济发展的需要。

② *森林可持续经营的社会政治环境* 社会政治环境是指影响森林可持续经营的社会政治要素，对森林的价值认定和政府、公众对发展林业的态度，政府对开展森林可持续经营工作的政策、法律法规的目标取向。

③ *森林可持续经营的经济技术环境* 经济技术环境是指森林可持续经营过程中所依赖的经济条件与技术体系所构成的综合环境。

④ *森林可持续经营的市场环境* 森林可持续经营的市场环境是指完善的林地产权

制度与充分发育、运行规范的林业要素市场。

(2)森林可持续经营的调控机制

① *政府宏观调控*　政府有效的宏观调控是实现森林可持续经营目标的社会经济基础。森林可持续经营具有外部性特征，且受到自然生态环境条件的制约，政府不能仅局限于解决林业内部的微观管理，更要搞好整个国家的林业宏观调控，构建森林可持续经营宏观调控体系。通过有效的行政管理手段，建立和完善森林可持续经营的宏观条件，为林业发展提供坚实的基础。

市场经济条件下，政府宏观调控的具体任务是：a. 制定林业发展战略和政策；b. 制定森林可持续经营宏观调控目标；c. 担负全国林业科教体系建设工作；d. 制定全国森林可持续经营的法律、法规；e. 培育和调控森林经营市场，制定市场规则，维护市场秩序；f. 保护森林经营者利益；g. 保护森林资源和生态环境。

当前需要调控、解决的是：a. 林业投入不足与国家财政资金短缺之间的矛盾；b. 剩余劳动力的大量存在与二、三产业吸纳能力不足之间的矛盾；c. 林产品需求压力与资源保护之间的矛盾。

② *综合决策与公众参与*

A. 综合决策：综合决策既是一个探索的过程，又是一个参与的过程。探索指在制订综合决策之前，决策者会同专家对决策的目标和实际状况进行研究和评估，提出目标和运作手段，并随着政策的实施进行监督和修正；参与是指被实施政策的地区和产业的各利益群体和个人都将参与政策的讨论和政策的制订，以及政策的实施。森林可持续经营的综合决策就是要在对各种利益群体目标的协调中达到可持续发展的总目标。综合决策的政策框架必须与政府目前正在执行的其他政策有一个合理的、明确的关系，同时还要处理好与其他合作伙伴的关系。

B. 公众参与制度：社区实施的森林经营政策和林业生态工程项目须由当地人参与和表决。

C. 政策与制度：政策植根于社会环境之中。制定政策必须对这个政策在社会政治经济环境中如何发挥作用有充分的估计和全面的了解。成功的政策应与它所处的环境建立动态的平衡。政策制订受制于国家宏观社会经济发展战略，政府的林业发展政策、森林经营政策源于一定时期政府确定的宏观发展战略和政府对特定时期具体情况的判断。政府的社会经济发展战略对森林可持续经营政策进行了角色定位，它影响着制订制度的基础、运行机制和社会利益结构，为森林可持续经营政策的选择划定了空间。森林可持续经营政策体系的制订，须满足 3 个原则：a. 完整性原则；b. 协调性原则；c. 互补性原则。制度是以政策(特别是长期政策)为支撑的生产关系、产权制度、经营形式、组织类型以及收入分配原则等所共同构成的综合体。完善的森林可持续经营制度是长期、稳定地进行森林可持续经营的一个基本前提，同时又是衡量发展程度的一个重要标志，有利于森林可持续经营的社会化服务体系建设。林业社会化服务体系指专门从事为森林经营提供服务的行业、部门和单位按社会化生产分工协作的要求所组成的服务系统。

(3)森林可持续经营的动力机制和激励与制约机制

森林可持续经营的动力机制指推动森林可持续经营所必需的动力的产生机理，以及维持和改善这种作用机理的各种物质基础、经济关系、法律制度和组织措施等构成的综合系统。

构建森林可持续经营的激励与约束机制，就是要形成一种能够有效地将森林经营者个人的理性行为与社会的理性行为统一起来的机制，使森林经营者对利益的追求在一定的约束条件下作出有利于增进社会福利的选择，从而提高社会整体效益。

(4) 调控保障手段的综合运用

森林可持续经营调控保障手段多种多样，按照性质的不同，可分为经济手段、技术手段、政策手段、行政手段和法律手段；按照作用的不同，可分为直接手段和间接手段；按照内容的不同，可分为财税政策、金融政策、投资政策、环境保护政策和资源政策等手段。

5.2.3.3　森林可持续经营的途径

(1) 森林区域化经营

地域分异规模的客观存在决定了区域森林可持续经营的自然环境基础，决定了潜在的森林生态系统的承载力和森林生态系统的结构、组成和功能。

森林可持续经营过程，要不断满足特定区域、特定时期社会经济发展对森林产品及其环境服务功能的多种需求。

森林可持续经营目标是由社会经济发展需求和自然资源环境基础共同决定的。森林可持续经营的实践，有赖于区域复合系统中相关部门的协调统一，有赖于政府行为、市场行为、公众行为的协调统一，这一切只有在区域可持续发展框架内才能找到答案。

(2) 森林分类经营

森林分类经营是实现社会、经济、资源、环境持续协调发展的手段和具体途径。

由于社会经济发展水平的差异，特定区域产业结构的制约，不同区域和利益主体在社会经济发展过程中，对森林的主导需求是有差异的。此外，由于森林所处地理区位特征、林地生产力、森林结构、质量等森林生态系统本身差异性的客观存在，决定了森林经营者必须根据现实或潜在的森林资源所在地区的生态环境保护和社会、经济发展的需要，将现实或潜在的森林生态系统，按不同的经营目标进行分类和空间定位，并采取相应的技术、经济、行政和法律手段进行经营管理。森林分类经营涉及的内容包括如下 3 个方面。

① 森林的分类　明确分类对象、分类原则、分类指标体系、分类基本单元和划分方法等问题。

② 经营主体的分类　国有林，私有林经营主体的确立、经营主体权利与义务的规范、界定。

③ 理论与实践问题　构建森林分类经营技术体系、管理机制、经济政策、林政管理法规、组织形式、管理制度、生态补偿、产权问题、政府宏观调控以及相应的保障体系等一系列涉及社会、政治、经济、文化、技术等领域，这是森林分类经营研究、实践的重点和核心。

森林分类经营的根本任务是要在类型划分的基础上，依据所确定的经营森林主导目标，采取相应的组织形式、经营形式、技术措施体系，建立相应的森林经营管理模式。其中各种类型经营主体的培育、组织形式的建立，经济上可行，社会上可接受，生态上合理的森林经营模式体系的构建，是分类经营由理论走向实践的关键。而可持续的森林分类经营技术体系的确定要在对现有技术进行合理组装的同时，进行相应的技术创新。

森林分类经营是包含社会、经济诸多因素的系统工程，它的最终落实还要配套有科学、合理的符合市场经济基本原则和可持续发展思想的法律法规、经济政策、管理机制、分配机制、投入机制，以及政府行为、公众行为、市场行为的规范化作保障。

(3) 森林生态系统经营

森林生态系统经营即运用生态经济学原理，充分利用当地自然条件和自然资源，在促进林产品发展的同时，为人类发展创造最佳的生态环境。其本质特征是自然和人工森林生态系统的生态平衡，是森林经营生态化的体现。其行动步骤如下：

① 改进传统的调查理论、方法和技术；

② 制定森林生态系统经营战略；

③ 实施和监测森林生态系统经营战略；

④ 确定森林生态系统经营的空间系统途径。

森林生态系统经营是合理利用和保护森林资源，实现森林可持续发展的有效途径，然而森林生态系统的复杂性和管理难度远远超出我们的想象。由于人们对生态系统的功能及其变化规律认识不足，在森林生态系统经营实践上往往只注重短期利益和经济效益，而不是长期的可持续性收益。森林生态系统受到破坏所引起的环境问题具有滞后效应，人类只有进行科学的经营管理，才能避免由于失误带来的不可挽回的后果。

森林生态系统经营的目标，是森林经营管理思想的体现，反映了生物、经济和社会的综合价值。在实践中，对森林生态系统经营的可持续目标的界定，应根据森林经营的生态、经济和社会背景综合考虑。

(4) 森林资源产业化经营

随着经济的发展，人们对森林资源的物质产品和环境服务的需求日益增大，依靠森林资源的自然再生产远不能解决森林资源短缺的问题，必须发展森林资源的社会再生产，增加投入来扩大森林资源再生产，提高森林资源的生产力、稳定性和持久性，扩展环境容量，以满足社会经济发展中对森林资源产品及其环境的需求。

作为一种社会分工，森林经营者需要在市场经济规律与自然规律双重制约下从事森林资源培育、保护和经营等工作，也就是森林资源产业化经营。

森林资源产业化经营分为森林产品资源产业化经营和森林环境资源产业化经营 2 个方面，其内容包括：

① 生态环境保护和治理专业化；

② 加大对森林资源产业的投入；

③ 产业化经营；

④ 建立合理的森林资源产业结构。

以市场为导向，以经济为纽带，以生态环境建设为主导，依托林副产品加工、销售以及森林生态旅游业等的发展，围绕区域性支柱产业，实行专业化生产、一体化经营、社会化服务、企业化管理，逐步形成森林培育、经营、保护和利用一体化的生产经营体系和利益共同体。

5.2.4　森林可持续经营的模式

5.2.4.1　森林可持续经营的宏观模式

(1) 分类经营

① 林业分类经营的法律依据　林业分类经营是在社会主义市场经济条件下，根据社会对生态和经济的需求，按照森林多种功能主导利用的方向不同，将森林五大林种相应划分为生态公益林和商品林两大类，分别按各自的特点和规律运营的一种新型的林业经营管理体制和发展模式。

《中华人民共和国森林法》第八条规定：国家设立森林生态效益补偿基金，用于提供生态效益的防护林和特种用途林的森林资源、林木的营造、抚育、保护和管理。第十五条规定：用材林、经济林、薪炭林的森林、林木和林地使用权可以依法转让，也可以依法作价入股或者作为合资、合作造林的出资、合作条件，但不得将林地改为非林地。

② 林业分类经营的客观依据　在市场经济条件下，林业生产可分为两大类产品和服务，一类是有价格的各种林产品，它们是可以用于交换的商品，这些产品可以为经营者独占，并且可以以出售、转让、租赁等方式获取利润，可以通过市场进行资源配置。另一类是无价格的各种服务，这些服务是社会公共产品，经营者无法获得利润，也不可能通过市场去进行资源配置。

在市场经济体制下，首先要区分政府和企业的职能，然后确定不同的经营体制、投资渠道和资金来源。为社会大众提供公共产品和服务的应该是政府职能，由政府来配置其资源，资金投入应由财政负担。为社会提供各种林产品，使林产品能进入市场的林业企业，由市场来配置其资源，按市场经济规律企业自主经营、自负盈亏。

在这种情况下有 2 种选择：一是整个林业作为事业管理，实行收支两条线，即林业的全部收入交国家，林业的所有支出由国家预算提供。二是对林业实行分类经营，把提供公共产品的林业公益部分按事业区分出来，主要由国家来管理，同时采取社区、收益者和经营者共同经营并承担一部分费用的办法来经营。能进入市场的部分则进入市场。

③ 林业分类经营与森林分类经营　林业分类经营的内涵比森林分类经营要广，森林分类及森林分类经营是林业分类经营的基础。分类是手段，不是目的。具体可分为三大部分：林业经营对象——森林的分类及其森林分类经营；经营主体的分类；管理体制、运行机制、经营模式、经济政策的分类。

A. 林业经营的对象——森林分类及森林分类经营。森林分类是森林分类经营的基础，森林分类经营又是林业分类经营的基础。森林分类经营是以森林功能为主的类型划分，以林种经营目标为依据的组织经营模式，便于目标管理。《中华人民共和国森林法》第四条规定：森林划分为防护林、用材林、经济林、薪炭林和特种用途林。按照有关规定，森林分类工作由省级以上林业主管部门负责组织实施。国家重点的防护林和特种用途林的确定，由国务院林业主管部门提出意见，报国务院批准公布。森林分类是森林分类经营的前提，属政府行为，特别是生态公益林的确定由政府根据社会发展需要进行配置。森林分类经营是指根据森林所处的自然环境和社会经济条件，以及森林的结构特点，根据功能划分为几种不同类型，按照各自的经营目的，采用相应的经营模式。

B. 经营主体的分类。经营生态公益林的是政府提供经费的事业单位，经营商品林的是各种企业单位和个人。有一部分既有生态公益林，也有商品林的可以作为企业对待，但国家和社区要给予一定的补偿。对林农经营的生态公益林，国家和社区也要根据其损失给予补偿。

④ 分类经营的基本思路　将防护林和特种用途林划分为生态公益林，将用材林、经济林、薪炭林划分为商品林，分别采用不同的经营机制、经营模式和经营手段。

把商品林的经营推向市场，在生态约束下，按经济规律来经营；而生态公益林的经营采取政府为主，社会参与和受益者补偿的经营机制，由各级政府和社区负责经营管理，按自然规律来经营。

⑤ 分类经营的理论基础

A. 森林经营原则：包括永续性原则、经济性原则和公益性原则。

B. 森林经营目标。在经营原则指导下，根据所在地区社会经济发展的需求来确定。当目标之间有冲突时，需要确定优先次序。

传统的森林经营目标以林木及其副产品的生产为主，具体包括：充分提供食物和生活材料、货币收益最大、森林纯收益最大和林地纯收益最大。

森林分类经营的经营目标要求：森林生态系统的健康、完整；水土保持等生态效益最大；森林游憩等社会效益最大；林产品等经济效益最大。

森林经营目标可依时间、空间分为 3 种情形：a. 同一时间，不同小空间的不同森林经营目标的镶嵌(静态分类经营)；b. 同一空间，不同时间有不同的森林经营目标(动态分类经营)；c. 同一空间，同时有多种森林经营目标。

(2) 回归自然林业

① 回归自然林业的提出　18 世纪末的农业指导思想认为：农业是以获取货币收益为目的的产业，合理的农业应是获取最大纯收益的农业。受其影响，森林经营目标从森林永续利用转向追求最大经济利益，开始大规模采伐天然林和营造人工林。针对“大砍大造”的作法及其后果，不少林学家提出了异议。

19 世纪末，林学界开始重视在森林经营中起主导作用的自然规律，提出森林经营要符合自然规律，其中的代表人物是慕尼黑大学校长盖耶尔教授。他提出要尽可能地利用森林生产力，尽可能地保护和维持森林，并尽可能地多收获的回归自然思想，反对营造人工同龄纯林，主张利用天然更新经营混交林。

盖耶尔的思想可以用一句话来表示，即“森林经营应回归自然，应尊重自然规律，应利用自然的全部生产力。”当时的造林与森林经营方法被形式化了，盖耶尔主张：造林学应建立在自然科学基础上，对经验的正确理解和细心观察的基础上，废除传统针叶树纯林造林，尽可能地适地适树，努力营造混交有山毛榉等阔叶树的混交林，充分利用和诱导天然更新，在考虑林分结构的同时提高林木生长量，防止各种天然危害。

② 恒续林思想　恒续林思想认为：森林是生物与土壤、气候的集合，森林经营必须

以恒续作为指导原则。恒续林思想的代表人物是缪拉。缪拉认为林学家的作用就是林木相互间生存竞争的裁判，单一森林作业法的做法不够合理，必须采用择伐作业。恒续林思想的基本内容大致可分为以下 7 个方面。

A. 林业与农业。缪拉认为把林业与农业等同起来，把农业上的一些做法照搬到林业上来是林业经营失败的根源，农业与林业有本质的差异。林业的基础森林可以天然下种更新，没有一定的收获期和死亡期，能够生生不息地继续存在下去。

B. 森林有机体与恒续林经营。人们一般认为森林是树木的集合，缪拉认为这种错误的认识是对森林缺乏洞察所至。他说："没有树木当然谈不上森林。但森林不是仅由树木组成的。树木和土地是特殊的，不可分的结合。"他还指出森林不仅仅包含树木和土地，除地被植物外，森林中还包含鸟类及动物等。缪拉指出：构成森林的各成分都具有一定的地位和意义。我们目前仅对其中的一小部分有所认识，对其复杂的关系还不理解。在自然界原来有众多树种组成的地方，人为栽植赤松、云杉的单一树种，有时因为害虫会破坏我们的经营。排除其他树种栽植单一树种对于林地会有影响，无论是肉眼能观察到的，还是肉眼观察不到的。所以对这种做法必须确定限度。

C. 恒续林经营与作业法。缪拉指出：恒续林经营不是一种特定的经营方法名称，为达到恒续林经营目的，可以通过多种多样的方法来维持健全的森林有机体的构成与状态。有些人认为把恒续林经营理解为择伐作业是一种误解。择伐作业是传统作业法中恒续确保森林有机体的一种作业法。

D. 恒续林经营与木材生产。林业的目的是永续生产尽可能多的木材。因此，恒续林经营必须比皆伐作业生产更多的木材。缪拉认为，皆伐作业只采伐优良林木，从而妨碍了其他林木生长的同时又中断了木材恒续生产，是最不经济的方法，恒续林经营实践证明了其木材产量是同类皆伐作业林分的 3 倍。

E. 恒续林思想的要求。恒续林经营不存在固定不变的作业法，随各林分组成及状态而千差万别，但存在经营基本要求：不采用皆伐；在全林每年进行单株挂号采伐；维持或营造异龄混交林；以天然更新为主，不排除人工更新；不使用外来树种的种子和苗木。

F. 恒续林经营与森林经理。传统森林经理规定在一定的森林类型实施一定的作业方法，森林经营只不过是严格遵循其规定的过程。缪拉认为：森林经理是森林经营的记录。通过定期证明森林的财产、收支现状，经常确定经营与收获对森林的影响，来保证永续。因此，森林经理应是森林经营及其发展的结果。

G. 恒续林经营与森林美学。缪拉认为：对于有坚定信仰的、行动始终如一的，对自然界崇高作品及其无限美持敬畏态度的林学家来说，其行为的点滴都无意识地与森林美学是一致的，只有恒续林经营能满足森林美学的要求。恒续林是完全独特的，能与森林美学要求一致的森林经营方法，恒续林能创造有价值的、美的作品。

缪拉还向恒续林经营者呼吁：恒续林思想适用于全部森林。无论在何地都不采用皆伐。每年在全林中手提斧子去维持健康的森林有机体。这样能每年增加森林收入，而要求你们有高度的精神和肉体勤劳。至今为止你们是樵夫。现在开始你们要对每一株收获与抚育的林木进行挂号。所以，你们的工作已经从手工劳动走向艺术，真正的森林艺术高度。你们的行为将是置于森林美学指导下的自由创造劳动。经营方案对你们来说已不再是作业命令。哪怕伐去一株林木也要判断是否对森林的健康、生产力和森林美学有利。众多树种的混交，多龄级林木的集合，丰满树形的形成，生长良好幼树的抚育等都将通过你们的手来实现，你们的工作就是艺术，是无价的艺术。随着你们的认识的增加，你们对森林美学法则的理解也将越加深入，经济效益也将越大。最美的森林也是收获最大的森林。对于成功的森林经营者来说，它能协调森林美学与经济的要求。

(3) 森林生态系统经营

① 森林生态系统经营的提出　20 世纪 70 年代，美国林学家提出了生态系统经营；80 年代，又提出了森林生态系统经营的思想。森林生态系统经营把人类对林产品和服务的需求，与生态系统健康的长期保护综合为一体，是森林经营历史上的一次重大转变。

② 森林生态系统经营的概念　在可接受的社会、生物和经济上的风险范围内，维持或加强生态系统的健康和生命力，同时生产基本的商品及其相关方面的价值，以满足人类需要和期望的一种资源经营制度。

③ 森林生态系统经营的内涵　内涵包括：重视人文社会科学在森林经营中的作用；以生态学原理为指导，以生态系统保护和恢复为重点；超越传统的时空尺度和专业分工，实行综合资源经营；以社会需要为基础，根据政策、法规等制定经营目标；适应性经营。

5.2.4.2　森林可持续经营的微观模式

(1) 平分法

我国《齐民要术》中有有关杨树经营的记载“岁种三十亩，三年九十亩；一年卖三十亩。周而复始，永世无穷。”在 14~16 世纪的德、法等欧洲国家出现了森林经营的简单区划轮伐法。它将全林面积用轮伐期年数等分区划，每年采伐相等的森林面积。这种方法主要适用于阔叶薪炭林，采伐后利用天然更新，几十年后又可收获利用。

18 世纪末，各国林学家相继提出材积平分法、面积平分法和折衷平分法。前 2 种方法是将轮伐期分为若干施业期(分期)， 然后将全林材积或面积平分于各分期，每个分期的收获相等。折衷平分法要求实现材积永续收获的同时，实现面积的法正状态。

(2) 法正林

① 概念与理论模型　法正林的名称及其理论产生于 18 世纪，从此法正林作为传统森林经营管理的理想目标，发展成为法正林思想，一直是森林经营管理的理论基础。能持久地每年提供一定数量木材的森林称为法正林。通常指经营类型或作业级的森林。

② 法正林的条件　a. 法正龄级分配；b. 法正林分排列；c. 法正生长量；d. 法正蓄积量。当森林满足以上 4 个基本条件时叫作法正状态，即法正林。

③ 检查法　检查法顾名思义，通过定期重复调查来检查森林结构、蓄积和生长量的变化情况。检查法是一种集约经营的方法，它的基本思想和方法论至今仍有指导意义。

检查法森林经营原则是：a. 尽可能多的持续生产；b. 用尽可能少的资料进行生产；c. 尽可能生产最好的材种。

5.3　森林可持续经营与林业可持续发展的关系

林业可持续发展的基础是森林可持续经营。森林可持续经营已从概念走向了实践，各国都在实践森林可持续经营。第 11 届世界林业大会上有论文指出，林业可持续发展是指林业对整个国家或全球发展的贡献，它经常涉及林地向其他用途的永久性或暂时性转化；而森林可持续经营是指地区性的森林经营必须满足林业对实现地区经济、社会和环境目标的需要，同时在国家或全球意义上它又是保障可持续发展的服务性手段。

森林可持续经营与林业可持续发展之间，是一种从属关系(前者从属于后者)，但也是一种交互作用的过程。林业可持续发展的核心(或基础)是森林可持续经营，没有森林的可持续经营就谈不上林业的可持续发展。但如果没有林业可持续发展的其他条件存在，森林的可持续经营也难以实现。包括森林可持续经营在内的林业可持续发展的许多因素之间，也存在相互促进和相互制约的关系。

参 考 文 献

高煜. 2006. 产权、资源利用与中国的可持续发展 [J]. 西北大学学报(哲社版), 36(1): 56-59.
洪银兴. 2000. 可持续发展经济学 [M]. 北京: 商务印书馆.
焦必方. 2000. 环保型经济增长——21 世纪中国的必然选择 [M]. 上海: 复旦大学出版社.
金乐琴. 2002. 中国可持续发展: 从理念到行动 [J]. 林业经济, (8): 33-35.
刘鸿明. 2003. 可持续发展理论的经济学基础之所见 [J]. 中国人口 · 资源与环境, 13(3): 115-117.
刘毅. 2006. 可持续发展制度安排的经济学基础及在我国的实践 [J]. 广东社会科学, (2): 18-23.
彭水军, 包群. 2006. 环境污染、内生增长与经济可持续发展 [J]. 数量经济技术经济研究, (9): 114-126.
任保平. 2003. 经济发展成本分析: 可持续发展经济学的理论基础 [J]. 中国人口 · 资源与环境, (2): 1-5.
王金南. 2002. 发展循环经济是 21 世纪环境保护的战略选择 [J]. 经济研究参考, (6): 13-17.
王克敏. 2000. 经济伦理与可持续发展 [M]. 北京: 社会科学文献出版社.
叶文虎. 1994. 可持续发展之路 [M]. 北京: 北京大学出版社.
张孝德, 钱书法. 2001. 21 世纪中国可持续发展模式的选择: 从外部治理向成本内化转变 [J]. 经济研究参考, (2): 16-20.
周宏春. 2002. 我国人口、资源、环境的现状与政策建议 [J]. 经济研究参考, (6): 18-22.
周玉梅. 2004. 构建循环经济模式实现可持续发展 [J]. 当代经济研究, (2): 37-39.

第6章

中国林业发展战略

6.1 中国林业发展的历史性转变与定位

进入21世纪后，人们已越来越认识到自然资源和生态环境是维持经济社会可持续发展的重要因素。如何以人为本，协调人与自然的关系；如何平衡资源消耗在行业之间、区域之间、国家和地区之间、代际之间的利益；如何以较低的生态成本减少贫困，走上经济稳步增长，生态环境持续改善的“双赢”之路，已成为世界经济社会发展的主流话题和中国可持续发展的必然选择。林业作为经济与社会可持续发展的基础、生态环境建设的根本措施，在国家可持续发展战略中具有重要的地位。

6.1.1 中国林业的历史性变化

新中国成立初期，国民经济处于逐步恢复发展时期，社会对林业的主导需求主要是木材，加之受“以粮为纲”思想的影响，使得林地成了扩大耕地面积的重要来源。人们把森林当作一种单纯的经济资源，把林业仅仅当作一项基础产业，把林业部门当作一个产业部门，以木材生产为中心来组织和安排林业工作，而且采伐的主要是天然林，社会对森林的生态价值没有经济回报，毁林开荒屡禁不止，林业工作基本上是林业一个部门的事情。

改革开放以后，随着经济社会的不断发展和人民生活水平的不断提高，人们开始逐渐认识到林业既是一项重要的基础产业，又是一项重要的公益事业，同时兼有三大效益。林业部门开始实施以三北防护林建设工程为代表的生态工程，提出了建立林业生态体系和林业产业体系的目标，人工林得到大力发展，毁林开荒现象有所减缓，森林生态效益补偿问题提上日程，社会办林业的格局渐具雏形。但改革开放初期的经济社会发展特征，决定了以木材生产为中心的发展模式仍然难以改变。

到20世纪末，中国已实现了“三步走”战略的第一、二步目标，在党的“十五大”上将邓小平设计的第三步战略目标进一步具体化，明确提出了到21世纪中叶达到现代化的阶段目标："到本世纪中叶建国100年时，基本实现现代化，建成富强民主文明的社会主义国家"。跨入新世纪，我国已进入全面建设小康社会，加快推进社会主义现代化的新的历史发展阶段。与此同时，生态环境、自然资源和经济社会发展的矛盾也日益突出，自然资源不足和恶劣的生态环境成为制约我国经济与社会可持续发展的主要因素之一，社会对生态环境的关注达到了前所未有的程度，改善生态环境日渐成为社会对林业的主导需求。

显然，面对社会主导需求、消费层次、资源配置方式和经济增长方式的变化，加强生态建设成为林业工作的主要任务，我国林业正经历极其深刻的历史性转变。

(1) 以木材生产为主向以生态建设为主的转变

这一转变意味着对林业的定性、定位和指导思想进行了重大调整，实现林业认识上的巨大飞跃。在社会主义市场经济条件下，只有实现由以木材生产为主向以生态建设为主的根本性转变，确立以生态建设为主的林业可持续发展道路，才能充分认识新时期林业在国民经济和社会发展中的地位与作用，进一步明确政府和市场在林业建设上不同的责任和义务，真正建立起以政府投入为主的财政支持体系，形成适应新时期林业生产力发展要求的新型管理体制、运行机制和发展模式。这一转变是由以木材生产为主向以生态建设为主的转变的核心和根本，其他转变是这一转变的重要标志和表现形式，是推动这一转变的重要力量。

(2) 以采伐天然林为主向以采伐人工林为主的转变

天然林在调节气候、涵养水源、保持水土、保护生物多样性、维持生态平衡等方面，具有人工林所无法比拟的重要作用，是无可替代的可再生资源。我国的天然林大部分处于大江大河的源头，在维护国土生态安全方面发挥着巨大的作用，保护这些宝贵的天然林资源刻不容缓。要保护我国的天然林资源，必须加大人工林培育，用较少的林地产出较多的木材，解决木材供需矛盾，逐步实现采伐天然林为主向以采伐人工林为主转变，保护好天然林。

(3) 由毁林开荒向退耕还林的转变

毁林开荒在中国延续了几千年，为此我们付出了惨重的生态代价。坡耕地开垦造成水土流失、土地沙漠化，使生态环境不断恶化。1999年，国家抓住有利时机，做出了以粮食换生态，实施退耕还林工程的重大决策，是一个伟大的历史性转折。实施退耕还林，恢复以森林为主体的植被，从长远看，是治理水土流失和土地沙漠化的根本措施；从近期看，又是调整农村产业结构，拉动内需，增加农民收入的有效途径。

(4) 由无偿使用森林生态效益向有偿使用森林生态效益的转变

长期以来，人们无偿使用森林的生态效益，森林经营者得不到价值回报。这一转变，旨在建立起新时期林业发展的良性循环机制，通过生态效益补偿或促进森林生态效益进入更大范围的市场进行交易等，调动各种森林经营者营林护林的积极性，解决林业发展的动力问题。

(5) 实现由部门办林业向社会办林业的转变

这一转变主要在于动员全社会力量，调动一切积极因素参与林业建设，保障林业的持续快速健康发展。六大林业工程的启动，使林业成为一项民众参与程度高、需要各方面大力配合和支持的社会性工程。推进这一转变，有利于赢得大家对林业的关心、重视和支持；有利于充分吸引社会生产要素投入林业建设；有利于激活林业内部的运行机制，使林业成为一个有义务、有责任、有利益、有活力的事业；有利于促进林业部门的职能转变，不断强化执法监管、宏观调控和公共服务职能。

6.1.2 新世纪中国林业的定位

加强生态建设，维护生态安全，是21世纪人类面临的共同主题，也是我国经济社会可持续发展的重要基础。全面建设小康社会，加快推进社会主义现代化，必须走生产发展、生活富裕、生态良好的文明发展道路，实现经济发展与人口、资源、环境的协调，实现人与自然的和谐相处。

森林是陆地生态系统的主体，林业是一项重要的公益事业和基础产业，是生态建设最根本、最长期的措施，承担着生态建设和林产品供给的重要任务。我国经济与社会发展的快速发展以及世界林业的发展趋势，要求把林业建设放在更加突出的位置，概括起来：在贯彻可持续发展战略中，要赋予林业以重要地位；在生态建设中，要赋予林业以首要地位；在西部大开发中，要赋予林业以基础地位。在应对气候变化中，要赋予林业以特殊地位。

6.2 中国可持续发展的林业战略

中国可持续发展林业战略主要从战略思想、战略方针、战略目标和任务、战略布局、战略途径等方面进行概括。

6.2.1 林业发展的战略思想

林业是经济和社会可持续发展的重要基础，是生态建设最根本、最长期的措施。森林作为陆地生态系统的主体，对改善生态环境、维护生态平衡具有不可替代的作用；森林作为一个巨大的可再生的自然资源宝库，与其他生态系统有着多方面的关联，是维系人与自然和谐统一的纽带，更是国土生态安全的保障。必须高度重视森林资源总存量的可持续增长，森林的生态、社会、经济三大效益在中国现代化建设中的重要战略地位。

在新的历史时期，中国林业发展的战略思想是：确立以生态建设为主的林业可持续发展道路，建立以森林植被为主体、林草结合的国土生态安全体系，建设山川秀美的生态文明社会，大力保护、培育和合理利用森林资源，实现林业跨越式发展，使林业更好地为国民经济和社会发展服务。

林业发展总体战略思想的核心是“生态建设、生态安全、生态文明”。这三者之间相互关联，相辅相成。生态建设是生态安全的前提，生态安全是生态文明的基础和保障，生态文明是生态建设和生态安全所追求的最终目标。这一思想既代表了先进生产力发展的必然要求和最广大人民群众的根本利益，又顺应了世界发展的大趋势，展示了中华民族对自身发展的慎重选择，对生态建设的高度责任感和对全球森林问题的整体关怀，体现了可持续发展的理念。这一新的战略思想，标志着中国林业发展将由以木材生产为主向生态建设为主的重大历史转变。

6.2.2 林业发展的战略指导方针

林业发展的战略指导方针是："严格保护，积极发展，科学经营，持续利用。"

在新的历史时期，围绕国家可持续发展的整体目标，林业发展要按照"生态建设、生态安全、生态文明"的战略思想，严格保护天然林、野生动植物以及湿地等典型生态系统；积极发展人工林、林产品精深加工、森林旅游等绿色产业；高新技术与传统技术相结合，加强森林科学经营；实现森林木质和非木质资源以及生态资源的持续利用。

6.2.3 林业发展的战略目标

经过 50 年的不懈努力，到 20 世纪中叶，全国适宜治理的荒漠化土地基本得到治理，适宜的土地基本得到绿化，典型森林、湿地与荒漠生态系统和国家重点保护野生动植物种群得到有效保护；全国生态环境明显改善，基本实现山川秀美；基本建成资源丰富、功能完善、效益显著、生态良好的现代林业，满足国民经济与社会发展对林业的生态、经济和社会需求，实现我国林业可持续发展。

6.2.4 林业发展的战略布局

按照林业总体战略思想、指导方针和目标，规划中国林业发展战略布局。林业生态建设应在外延上有扩展，内涵上更加突出生态优先、保护为主，体现新时期林业发展态势及其以生态建设为主，经济社会效益兼顾的时代特征。在以往林业建设成效的基础上，进行林业生产力结构、布局的重新配置，形成以重点工程为中心，生态建设主线突出的林业生产力布局。

(1) 总体布局

21 世纪林业发展要以天然林资源保护、退耕还林、三北及长江流域等重点防护林体系建设、京津风沙源治理、野生动植物保护及自然保护区建设、重点地区速生丰产用材林基地建设等六大林业工程为框架，构建"点、线、面"结合的全国森林生态网络体系，即以全国城镇绿化区、森林公园和周边自然保护区及典型生态区为"点"；以大江大河、主要山脉、海岸线、主干铁路公路为"线"，以东北地区，北方干旱、半干旱地区，黄土高原和太行山、燕山地区，华北与长江下游丘陵平原地区，南方山地丘陵地区，东南沿海及热带地区，西南高山峡谷地区，青藏高原地区、城市化地区八大区为"面"，实现森林资源在空间布局上的均衡、合理配置。

(2) 区域布局

① 东北地区　东北林区以实施东北内蒙古重点国有林区天然林保护工程为契机，促进林区由采伐森林为主向管护森林为主转变，通过休养生息恢复森林植被。这一地区主要具有原料的指向性(且可以来自俄罗斯东部森林)，兼有部分市场指向(且可以出售国外)，应重点发展人工用材林，大力发展非国境线上的山区林业和平原林业；应提高林产

工业科技水平，减少初级产品产量，提高精深加工产品产量，从而用较少的资源消耗获得较大的经济产出。

② 北方干旱、半干旱地区　实行以保护为前提、全面治理为主的发展策略，在战略措施上应以实施防沙治沙工程和退耕还林工程为核心，并对现有森林植被实行严格保护。一是在沙源和干旱区全面遏制沙化土地扩展的趋势，特别是对直接影响京津生态安全的两大沙尘暴多发地区，进行重点治理。在沙漠仍在推进的边缘地带，以种植耐旱灌木为主，建立起能遏制沙漠推进的生态屏障；对已经沙化的地区进行大规模的治理，扩大人类的生存空间；对沙漠中人们集居形成的绿洲，在巩固的基础上不断扩大绿洲范围。二是对水土流失严重的黄土高原和黄河中上游地区、林草交错带上的风沙地等实行大规模退耕还林还草，按照“退耕还林、封山绿化、以粮代赈、个体承包”的思路将退化耕地和风沙地的还林还草和防沙治沙、水土治理紧密结合起来，大力恢复林草植被，以灌草养地。为了考虑农民的长远生计和地区木材等林产品供应，在林灌草的防护作用下，适当种植用材林和特有经济树种，发展经济果品及其深加工产品。三是对仅存的少量天然林资源实行停伐保护，国有林场职工逐步分流。

③ 华北与长江下游丘陵平原地区　在策略上适宜发展混农林业或种植林业。一方面建立完善的农田防护林网，保护基本耕地；另一方面，由于农田防护林生长迅速，应引导农民科学合理地利用沟渠路旁、农田网带、滩涂植树造林，通过集约经营培育平原速生丰产林，从而不断地产出用材，满足木材加工企业的部分需求，实现生态效益和经济效益的双增长。同时，在靠近城市的地区，发展高投入、高产出的种苗花卉业，满足城市发展和人们生活水平逐渐提高的需要。

④ 南方山地丘陵地区　其主要任务是有效提高森林资源质量，建设优质高效用材林基地；集约化发展经济林，大力发展水果产业，调整森林资源结构和林业产业结构，提高森林综合效益。在策略上首先应搞好分类经营，明确生态公益林和商品林的建设区域，结合退耕还林工程加快荒山荒地绿化、陡坡耕地还林和灌木林的改造，利用先进的营造林技术对难利用土地进行改造，尽量扩大林业规模，强化森林经营管理，缩短森林资源的培育周期，提高集体林质量和单位面积的木材产量。另外，通过发展集团型林企联合体，对森林资源初级产品进行深加工，提高精深加工产品的产出。

⑤ 东南沿海及热带地区　其主要任务是在保护好热带雨林和沿海红树林资源的前提下，发展具有热带特色的商品林业。在策略上主要实施天然林资源保护工程、沿海防护林工程和速生丰产用材林基地建设工程。在适宜的山区和丘陵地带大力发展集约化速生丰产用材林、以培育大径材为目标的热带地区珍稀树种用材林、热带水果经济林、短伐期工业原料林，以及发展木材精深加工和林化产品。

⑥ 西南高山峡谷地区　其主要任务是建设生态公益林，改善生态环境，确保大江大河生态安全。在发展策略上应以保护天然林、建设江河沿线防护林为重点，以实施天然林资源保护工程和退耕还林工程为契机，将天然林停伐保护同退耕还林、治理荒山荒地结合进行。在地势平缓、不会形成水土流失的适宜区域，可发展一些经济林和速生丰产用材林、工业原料林基地；在缺薪少柴地区，发展一些薪炭林，以缓解农村烧柴对植被破坏的压力。同时，大力调整林业产业结构，提高精深加工产品的产出，重点应发展人

造板材。

⑦ 青藏高原地区　其主要任务是保护高寒高原典型生态系统，应采取全面的严格保护措施，适当辅以治理措施，防止林、灌、草植被退化，增强高寒湿地涵养水源功能，确保大江大河中下游的生态安全。同时，要加强对野生动物的保护、管理和执法力度。

⑧ 城市化地区　加大城市森林建设力度，将城市林业发展纳入城市总体发展规划，突出重点，强调游憩林和人居生态林建设，从注重视觉效果为主向视觉与生态功能兼顾的转变；从注重绿化建设用地面积的增加向提高土地空间利用效率转变；从集中在建成区的内部绿化美化向建立城乡一体的城市森林生态系统转变。

在重视林业生态布局的同时也要重视林业产业布局。东部具有良好的经济社会条件，用政策机制调动积极性，将基干林带划定为国家重点公益林并积极探索其补偿新机制，出台适应平原林业、城市林业和沿海林业特点的木材采伐管理办法，延伸产业，形成一、二、三产业协调发展的新兴产业体系，全面提高林业的整体水平，实现少林地区的林业可持续发展。

在西部的山西、内蒙古中西部、河南西北部、广西西北部、重庆、四川、贵州、云南、西藏、陕西、甘肃、宁夏、青海、新疆等地为我国生态最脆弱、治理难度最大、任务最艰巨的区域，加快西部地区的生态治理步伐，从而为西部大开发战略的顺利实施提供生态基础支撑。

在南部的安徽南部、湖北、湖南、江西、浙江、福建、广东、广西、海南等林业产业发展较具活力的地区，充分利用南方优越的水热条件和经济社会优势，全面提高林业的质量和效益；加大科技投入，强化科技支撑，以技术升级提升林业的整体水平，充分发挥区域自然条件优势，提高林地产出率，实现生态、经济与社会效益的紧密结合和最大化。

北部应深入推进吉林、黑龙江和内蒙古大兴安岭等重点国有林区天然林休养生息政策，大力改革东北林区森林资源管理体制、经营机制和管理方式，将产业结构由单一的木材采伐利用转变到第一、二、三产业并重上来。加速构筑东北地区以森林植被为主体的生态体系，以森林资源为依托的产业体系，以森林发展为对象的服务体系，最终实现重振东北林业的目标。

此外，在进行区域布局的同时应加强生态文明建设，“文明不仅是人类特有的存在方式，而且是人类唯一的存在方式，也就是人类实践的存在方式。”生态文明是在生态良好，社会经济发达，物质生产丰厚的基础上所实现的人类文明的高级形态，是与社会法律规范和道德规范相协调，与传统美德相承接的良好的社会人文环境、思想理念与行为方式；是经济社会可持续发展的重要标志和先进文化的重要象征，代表了最广大人民群众的根本利益。建立生态文明、经济繁荣的社会，就是要按照以人为本的发展观、不损害后代人的生存发展权的道德观以及人与自然和谐相处的价值观，指导林业建设，弘扬森林文化，改善生态环境，促使人们在思想观念、思维方式、科学教育、审美意识、人文关怀诸方面产生新的变化，逐步从生产方式、消费方式、生活方式等各方面构建生态文明的社会形态。

6.2.5 林业发展的战略途径

中国是最大的发展中国家，一方面，人口、资源、环境的现状决定了林业建设的任务是长期而又十分艰巨的；另一方面，经济社会发展对林业的迫切需求，又不允许我国再继续走世界多数发展中国家生态环境先破坏、后治理，边破坏、边治理的老路。

中国林业要走上可持续发展道路，其战略途径是：以六大林业工程为载体，以科技创新为先导，以体制改革为动力，推动林业跨越式发展，使之从以木材生产为主跨入以生态建设为主的新阶段。通过上述途径，促进我国的生态环境由目前的局部治理、整体恶化转向生态稳定、良性发展，林业经济增长方式由目前的粗放、低效、高耗转向集约、高效、低耗，最终实现中国林业的可持续发展。

6.3 中国现代林业体系建设

6.3.1 现代林业的基本内涵

中国现代林业的基本内涵可表述为：以建设生态文明社会为目标，以可持续发展理论为指导，用多目标经营做大林业，用现代科学技术提升林业，用现代物质条件装备林业，用现代信息手段管理林业，用现代市场机制发展林业，用现代法律制度保障林业，用扩大对外开放拓展林业，用高素质新型务林人推进林业，努力提高林业科学化、机械化和信息化水平，提高林地产出率、资源利用率和劳动生产率，提高林业发展的质量、素质和效益，建设完善的林业生态体系、发达的林业产业体系和繁荣的生态文化体系。

(1) 现代林业发展理念

现代林业的发展理念，就是通过科学论证和理性思考而确立的未来林业发展的最高境界和根本观念，主要解决林业发展走什么道路、达到什么样的最终目标等根本方向问题。因此，现代林业的发展理念，必须是最科学的，既符合当今世界林业发展潮流，又符合中国的国情和林情。

中国现代林业的发展理念应该是：以可持续发展理论为指导，坚持以生态建设为主的林业发展战略，全面落实科学发展观，最终实现人与自然和谐的生态文明社会。这一发展理念的四个方面是一脉相承的，也是一个不可分割的整体。建设人与自然和谐的生态文明社会，是党的“十七大”报告提出的实现全面建设小康社会目标的新要求之一，是落实科学发展观的必然要求，也是“三生态”战略思想的重要组成部分，充分体现了可持续发展的基本理念，成为现代林业建设的最高目标。

在建设现代林业的过程中，要充分考虑发展的可持续性，既充分满足当代人对林业三大产品的需求，又不对后代人的发展构成危害。大力发展循环经济，建设资源节约型、生态良好和环境友好型社会，是实现可持续发展的必然要求。可持续林业从健康、完整的生态系统、生物多样性、良好的环境及主要林产品持续生产等诸多方面，反映了现代林业的多重价值观。

(2) 多目标经营

森林具有多种功能和多种价值，从单一的经济目标向生态、经济、社会多种效益并重的多目标经营转变，是当今世界林业发展的共同趋势。由于各国的国情、林情不同，其林业经营目标也各不相同。德国、奥地利等国家在总结几百年来林业发展经验和教训的基础上提出了近自然林业模式；美国提出了从人工林计划体系向生态系统经营的高层过渡；在日本则通过建设人工培育天然林、复层林、混交林等措施来确保其多目标的实现。20 世纪 80 年代中期，我国对林业发展道路进行了深入系统的研究和探索，提出了符合我国国情林情的林业分工理论，按照林业的主导功能特点或要求划类，并按各类的特点和规律运行林业经营体系和经营模式，通过森林功能性分类，充分发挥林业资源的多种功能和多种效益，不断增加林业生态产品、物质产品和文化产品的有效供给，持续不断地满足社会和广大民众对林业的多样化需求。

中国现代林业的最终目标是建设生态文明社会，具体目标是实现林业的生态、经济与社会效益的最大化。

① 生态目标　生态目标关注的是森林生态系统的完整和稳定。通过退化生态系统的重建与现有森林生态系统的合理经营，保障森林生态系统在维护全球、国家、区域等不同层次上所发挥的环境服务功能的持续性。其中关键是可持续地使用林地和保护生物多样性，保持森林生态系统的生产力和可再生产能力以及长期健康。现代林业的生态目标，不仅是保障林业自身社会经济可持续的基础，更重要的意义还在于持续发挥森林生态系统在维护全球生命支持系统中的重要性与不可替代性。林业发展的生态目标，从全人类根本利益来看，应当处于十分重要的地位，这也是森林问题成为全社会关注焦点的根本原因。

② 经济目标　经济目标主要关注林业生产者的长期利益。这里必须明确的是林业经济可持续性的主体是林业生产经营者。当前经济利益的实现方式，主要还是通过为社会提供物质产品的形式，实现自身的利益，其中起主导作用的是林产品产量的持续产出。而林产品的产出，除了取决于林业生产力水平外，同时还受到自然生态环境的制约，更受制于非林业部门的影响。林业经营者经营的森林生态系统所提供的环境产品，具有生态产品公益化、生态效益共享化、生态价值无量化、经济利益外溢化的特征，必然造成林业利益难以在市场条件下完全实现。因此，建设现代林业，必须要建立起森林生态产品投入产出的良性循环机制。现代林业经济目标的特殊意义，还在于为广大林区农民提供就业机会与生存条件，为脱贫致富提供经济来源。

③ 社会目标　社会目标强调满足人类基本需要和较高层次的社会文化要求，努力建设生态文明社会，这是现代林业的又一个主要目标，也是现代林业的根本任务。作为社会经济大系统的林业产业，担负着为社会发展提供生物质能源、生活资料与生产资料的任务。随着全球范围内不可再生资源的不断消耗，森林作为主要的可再生资源，其满足人类社会物质需求的作用是绝对不会消失的，人类对森林的社会、文化需求的不断扩大，是社会经济发展的总趋势。

(3) 现代科学技术

全面依靠科技进步是突破资源和市场对我国林业的双重制约的根本出路，它将伴随着林业科技自主创新和重大突破而产生质的飞跃。一是要致力于加快林业创新体系建设，通过加强国家林业科学中心、区域林业研究中心和林业创新基地建设，形成国家稳定支持的、配置优化、布局合理的林业创新队伍。二是要建设以企业为核心的林业实用技术研究开发体系，用现代科学技术指导森林经营全过程的林业。尤其要加强森林培育技术、森林保护技术、经营管理技术及开发利用技术等领域的研究开发，争取在以分子生物学和基因组学为依托的生物技术，以 3S 技术(遥感技术、地理信息系统、全球定位系统的统称)和 IT(信息技术)产业为依托的信息技术，以生命科学、现代生物技术和生物化学为依托的林业生物质新材料、新能源技术等领域实现重大突破，大幅度提高科学技术对林业的贡献率和显示度。三是着力推进林业科技的推广应用，通过实施科技服务林改、科技下乡、科技进村入户等活动，使林业科技推广、成果转化、技术培训工作真正落实到林业重点工程建设区、落实到基层、落实到千家万户。进一步健全和完善科技服务基层的长效机制，充分发挥基层林业科技推广体系的骨干作用和科技能手、科技大户的示范带动作用。

(4) 现代物质装备

现代林业以现代物质条件装备和技术装备为前提，并与国家工业化进程同步发展。当今世界，林业发达国家林业新技术革命的重要标志是：以工业化带动林业现代化，以机械动力代替人力，以智能控制代替人工操作。在现代林业建设中，必须进一步加强现代林业基础设施和技术装备建设，充分利用国际国内成熟技术和装备，广泛应用于林业生产和经营，大幅度提高林业劳动生产率、林地生产率和林业资源综合利用率，提升林业生产力和管理水平。特别是针对林业生产实践中所急需的种子采集和储存、工厂化育苗、营林造林、采运和加工、病虫害监控与防治、森林火灾预警与扑救等基础设施和技术装备，设备引进与消化吸收相结合，通用机械与专用机械相结合，技术集成与组装配套相结合，大幅度提高林业生产力发展水平。充分发挥政府政策支持，市场配置资源的作用，积极鼓励和引导大中型专业企业成为技术创新的主体，大力推进产学研结合，形成协作研究开发、互动多赢的机制，开展林业重大装备的技术攻关，实现林业生产过程的机械化、智能化。

(5) 现代管理手段

科学高效的管理是现代林业发展的重要保障。管理的现代化不仅包括管理理论的现代化，同时也包括管理手段的现代化。当今世界，科技发展日新月异，3S、IT 等技术的迅速发展，把经济社会的发展带入了数字化时代，也为现代林业管理提供了方便、快捷、准确的管理平台。世界林业发达国家已经在森林资源管理、生态状况动态监控、林业发展规划布局、野生动植物保护、森林自然灾害监控、植树造林成果评价、林业行政审批等林业生产、经营与管理的全过程实现了数字化、网络化，成为科学管理、科学经营、科学决策的有效手段。在现代林业建设中，不仅要不断地推进林业管理体制改革，引入科学的管理理念，建立高效的管理机制，同时还要充分利用现代科学技术成果，在现代林业管理中引入先进的技术手段。

(6) 现代市场机制

随着我国社会主义市场经济体制发育的日趋成熟，林业分类经营和产业化步伐明显加快，尤其是林权制度改革，极大地激发了国有林区企业职工和广大农户发展林业的积极性，在生态公益林由国家投入的前提下，按照市场运行机制，加快现代林业产业体系的建设。建设现代林业的市场引导机制至少包括三层含义：其一，政策激励。政府制定和不断完善与林业分类经营发展模式相适应的各项扶持、激励政策，包括制定社会(包括团体、企业和林农等)投入发展人工商品林的权益保障政策法规、建立社会在国家统一规划指导下营造生态公益林的政府采购政策、完善生态公益林补偿制度以及鼓励扶持林业发展的政策等。其二，市场引导。按照市场机制的要求，积极鼓励、引导和依靠社会力量建设现代林业，形成多元化、多形式、全方位的林业投入机制和合作机制，支持林业企业和林业生产经营者大力发展以林业生物质材料、生物质能源为龙头的新技术产业以及各类商品林业、林产品加工业、森林食品、竹藤产业、花卉业、林药业、林果业及森林旅游业等林业产业。其三，完善服务。按照“政府制定政策、市场配置资源”的原则，建立健全和不断完善有利于现代林业发展的社会化服务体系，包括金融服务、技术服务、信息服务等，并把配套服务贯穿于林业生产的全过程。通过完善服务体系，促进林业骨干企业、科技、林农以及各类林业经济合作组织和专业协会之间架起一座宽阔而畅通的桥梁，结成经济联合体和技术同盟，联合起来闯市场，加快推进现代林业产业集约化、规模化、专业化进程。

(7) 现代法律制度

现代林业是建立在完整的、适合国情、林情的林业政策、法律、法规和制度体系基础之上的林业。首先，要完善立法，强化执法，搞好普法，真正做到有法可依，执法必严，违法必究；其次，国家应建立并实行对培育、保护生态公益林以国家财政投入为主，全社会共同参与的投入机制和国家给予生态补偿机制；对发展商品林实行扶持政策，给予信贷、税收等方面的优惠措施；第三，全面推进林权制度改革，建立现代林业产权制度，落实相关的配套政策，充分调动广大林业生产者特别是广大林农投入和投身林业的积极性；第四，在完全市场经济条件下，开展国内、国际间林产品贸易，遵循统一的、与国际接轨的、公平公正的市场运行法则，建立和完善“统一、开放、规范、有序”的社会主义市场经济体系，开展森林论证、制定林产品标准和认证认可制度。

(8) 扩大对外开放

现代林业是面向全球环境和经济一体化的开放型林业。首先是责任的国际性。地球好比是一个“生态村”，由于气候变暖、物种锐减、自然灾害频繁等许多全球性问题，都直接与林业资源的保护和利用、与全球资源环境和经济社会发展紧密相关。扩大对外开放，加强国际合作，全面推进我国现代林业建设，能让全人类共同受益，体现了全球共同的发展理念和利益。21 世纪的林业发展，必须积极面对经济全球化、贸易自由化以及我国加入 WTO 后的机遇与挑战，充分利用“绿箱政策”，特别是有效利用结构调整支持、环境计划支持、地区援助支持等手段，加强林业可持续发展的能力建设，提高产业的国际竞争力；实施木材资源进口替代和木材加工产品出口导向相结合的开放战略，充分利用国际国内两个市场、两种资源，在国际贸易中加大林产品进口力度，在实施“走出去”战略中，加大在国外开发林业资源以满足国内需求的力度，充分利用国际资源，弥补国内需求缺口，发挥比较优势以形成多层次的对外开放格局。其次是广泛的参与性。我国作为一个负责任的发展中大国，要提高和维护我国在国际社会的地位，就要不断提升国际林业经济、技术和贸易合作与交流的层次，认真履行与林业有关的国际公约，积极参与国际森林政策对话和区域进程，参与制定相关的森林认证和林产品认证标准；加强林业领域的国际合作，加快与国际接轨的步伐，大力发展外向型经济，扩大林业发展空间。特别是在防治全球变暖、生物多样性保护等领域发挥重要的作用。

(9)高素质的新型务林人

拥有一支具有较高的科学素质的务林人队伍，这也是现代林业的重要标志。从广义上讲，林业人力资源是所有从事林业生产活动的人所蕴含的劳动能力的总和。我国林业人力资源主要由林业公务员、林业专业技术人员、林业企业经营管理者、林业工人和林农组成。不断提高我国现代林业人力资源的数量和质量，建立和完善现代林业人力资源的流动机制和激励机制，有效配置我国现代林业人力资源，发挥我国现代林业人力资源的潜力，对于加快我国现代林业建设具有十分重要的战略意义。

培育高素质的新型务林人是一项夯实基础、立足当前、着眼长远的战略性任务。未来我国林业人力资源培育与开发，必须牢固树立"人才资源是第一资源"的思想，紧紧围绕未来林业发展和生态建设，全面进入依靠科技进步和提高劳动者素质的轨道这个目标，坚持以人为本的原则，以林业人力资源能力建设为重点，充分激发林业从业人员积极性和创造力。努力建设林业科技创新、科技推广和教育文化普及三支队伍，抓好岗位技能培训、职业技术教育和林业高等教育、科学普及三项工作。大力推进以用人制度和分配制度为核心的人力资源管理体制改革，不断提高林业从业人员的学习能力、实践能力和创新能力，积极培养林业拔尖人才和后备人才，全面实施林业人才战略，加大林业人力资源培育与开发力度，加快实施提高林业人员素质的培训计划，切实提升林业从业人员专业知识水平和教育程度，形成布局合理、总量充足、结构优化、有序流动、社会广泛参与的林业人力资源新格局。通过人力资源管理体制和运行机制的创新，营造一个吸引人才、留住人才、人尽其才、各类人才脱颖而出的良好环境，为实现林业发展的总体目标提供可持续的人力资源保障。

综合上述对现代林业内涵的理解，建设现代林业，就是坚持以科学发展观为指导，以建设生态文明为最高目标，不断调整林业生产关系和经营管理方式，大幅度提高林业集约化、机械化和信息化水平，提高林地产出率和林业劳动生产率，提高林业发展素质、质量、效益和竞争力，转变林业增长方式、不断推进林业可持续经营，充分发挥林业多种功能和多重价值的过程。

6.3.2 现代林业的基本特征

(1)公益性特征

现代林业的首要任务，就是建立以森林生态系统为主体的、完备的国土生态安全保障体系。我国生态与环境问题十分突出，推进现代林业建设，恢复和重建森林生态体系，发挥林业巨大的生态功能，是治理生态和环境问题的根本措施。生态建设是林业工作的永恒主题，是林业部门最重要、最基本的任务。全面推进现代林业建设，必须坚持以生态建设为主的林业发展战略不动摇，努力为人民提供更多更好的生态产品。而生态产品本质上是一种公共产品，其消费具有非排他性、外部性和非市场性特点，这就决定了现代林业首先具有公益性特征。在现代林业的生态体系建设中，要按照公共事业的管理模式，建立以财政投入为主的、长期稳定的资源配置体系。

(2) 市场性特征

现代林业的另一个显著特征，就是市场成为林业经济运行的载体。发展现代林业产业，必须遵循市场原则，按照我国经济体制转型的要求，在不断深化和完善林业分类经营管理体制改革的基础上，以全面抓好林业产权制度改革为重点，带动形成符合现代林业发展要求的新型体制机制、经营形式、市场主体、动力机制、行政方式、政策措施等，努力构建符合现代社会发展要求的林业生产关系。在现代林业的产业体系建设中，行政手段将逐步退出资源配置环节，充分发挥市场功能，面向市场组织生产，实现投入—产出—消费的良性循环，逐步形成第一、二、三产业紧密衔接，产加销融为一体的多功能、可持续发展的林业产业体系。这是林业经济由传统的计划经济形态走上现代的、商品市场形态的必由之路，也是传统林业向现代林业趋近的一个重要组成部分。

(3) 协调性特征

能否有效地实现上述各个方面的协调发展，是衡量现代林业的一个重要指标。现代林业强调从系统的角度认识林业，以系统的标准衡量林业建设成效，追求系统结构合理、功能稳定、效益最大化。不仅注重生态建设，同时也重视林业产业发展和生态文化建设，不能顾此失彼，以偏概全。在生态方面，应该具有完善和高效的森林生态系统、湿地生态系统、荒漠生态系统，充分发挥林业维护国土生态安全、改善生产生活环境、维持生物多样性、增加碳汇、减缓全球气候变暖中的重要作用。在经济方面，应该具有门类齐全、品种丰富、规模可观、布局合理、优质高效、环境友好、竞争有序、充满活力的林业产业体系，为社会提供丰富的物质产品。在社会方面，应该具有主题突出、内容丰富、贴近生活、富有感染力的生态文化体系，充分发挥林业在普及生态知识、增强生态意识、繁荣生态文化、树立生态道德、弘扬生态文明、促进人与自然和谐等方面的重要作用。

林业的协调发展，主要体现在森林资源之间的协调、林业系统功能和结构之间的协调、区域之间的协调、林业与经济社会发展的协调。现代林业的布局必须是科学、合理的，既能够反映不同地区的特色，具有明确的建设重点和发展方向，整体上又能够构成一个功能齐全、突出重点，因地制宜、优势互补，均衡适度、结构稳定，布局合理、协调发展的格局，从而最大限度地满足国民经济发展和人民生活的需要，实现林业生态效益、经济效益和社会效益的统一。林业的协调发展，更要保持数量与质量、外延与内涵、总体推进与重点突破，以及区域之间和支撑保障体系各领域、各环节之间的相互协调发展；要正确认识和处理好林业与农业、牧业、水利等国民经济相关部门协调发展的关系，处理好资源保护与发展、培育与利用的关系；要用科学发展观统领林业发展全局，实现经济结构转型和增长方式转变，充分发挥林业作为生态建设主体，在解决城乡差距拉大、区域发展不平衡、经济社会发展不协调、资源环境压力加大等问题方面发挥重要作用。

(4) 高效性特征

现代林业既是生态、产业、文化等功能齐备的林业，更是集约、高效的林业。现代林业应该是充分体现现代社会生产力发展水平，拥有当今时代最先进的科学和技术水平，以现代信息技术管理的林业。建设现代林业的过程也是实现林业现代化的过程，一是实现传统技术向现代技术转变，通过品种良种化、施肥有机化、用药仿生化、手段信息化，实现良种壮苗普及、栽培技术实用、防火防虫高效、采伐全树利用、产品加工循环，使现代技术覆盖林业生产的全过程；二是实现传统装备向现代装备转变，现代林业必须彻底改变传统的生产方式，改变林业各生产环节劳动强度大、装备简陋、效率低下的状况，不断提高营林生产、采伐作业、产品加工的机械化和智能水平，实现林业生产和经营的现代化。充满活力的、高效率、高效益的体制机制，是解放和发展社会生产力的必然要求，是发展现代林业的强大动力。全面推进现代林业建设的过程，实际上是一个不断深化林业改革，建立新型体制机制，理顺生产关系的过程。实现陈旧管理模式向现代管理模式转变，实现管理组织、管理方法现代化，是现代林业的重要标志。

(5)开放性特征

现代林业的开放性主要体现在全社会的广泛参与和全方位的对外开放。现代林业建设是一项十分复杂的系统工程，需要全社会的共同努力。深入宣传林业在维护生态安全、实现兴林富民、弘扬生态文明中的重要作用，大力普及生态知识和林业知识，努力传播人与自然和谐相处的生产生活方式，进一步提高全社会的生态忧患意识，动员更多的社会力量参与生态建设，为实现林业又好又快发展、营造良好的社会氛围，是现代林业建设的重要组成部分。

在环境问题的全球化、世界经济一体化、国际贸易自由化的时代，现代林业必须是全方位开放的。建设现代林业就要抓住机遇、迎接挑战、顺应潮流、扩大开放，以外促内、优化结构，趋利避害、稳步推进。要加强林业可持续能力建设，积极应对经济全球化和贸易自由化挑战；积极参与制定并遵循国际规则，转变政府职能，切实维护国家权益；认真履行国际公约，承担应有的责任和义务；充分利用国内国外两种资源、两个市场，全面提高国际竞争力；扩大国际合作与交流，在国际林业事务中发挥重要作用。

6.3.3 现代林业建设的主要目标

现代林业理论的基础是森林。人类从森林中走来，生存于森林，依赖于森林，发展于森林，兴旺于森林。森林是人类生存的物质基础，人类利用它，并逐渐认识到保护它的重要性。当人类过度利用森林，威胁人类自身生存环境时，人类终于清醒，森林不是可以无限制利用的，而是需要保护和可持续利用。森林在赋予人类社会意义、经济意义的同时，其生态意义更为重要和伟大，事关人类和地球的可持续发展。产生于森林的林业，终于在森林的自然属性(生态属性)中被重新认知，现代林业便是这种认知的深刻思考和反省的结果。

到21世纪中叶，围绕建设生态文明的战略目标，建立起与国民经济和社会可持续发展相适应的完善的林业生态体系、发达的林业产业体系和繁荣的生态文化体系，使全国适宜治理的水土流失地区基本得到治理，水土流失和沙漠化所造成的生态环境问题基本得到解决；宜林地植树种草；天然林资源、国家重要湿地和国家重点保护动植物种群得到有效保护；森林覆盖率达到并稳定在26%以上，全国生态环境明显改善，基本实现中华大地的山川秀美；木材及主要林产品基本自给，供需平衡；森林生产率和林业综合实力达到世界中等发达林业国家的水平。

6.3.4　现代林业建设的基本原则

实现上述目标，必须从我国国情出发，根据客观规律，有重点、按步骤、分阶段地向前推进。要坚持贯彻以下重要原则：

(1) 坚持实施以生态建设为主的林业发展战略

在地球生态系统中，除海洋外，森林、湿地两大陆地生态系统以 70%以上的程度参与和影响着生物地球化学循环和生物地球物理过程，在生物界和非生物界的物质交换和能量流动中扮演着关键角色，对保持陆地生态系统的整体功能、维护生态平衡发挥着中枢作用。以森林、湿地为主要经营对象的林业，就是通过这些复杂的循环和过程来间接地生产出生态产品的，包括吸收二氧化碳、制造氧气、涵养水源、保持水土、净化水质、防风固沙、调节气候、清洁空气、减少噪音、吸附粉尘、保持生物多样性、减轻洪涝灾害等。科学家断言，假如这些生态系统从地球上消失，那么，全球 90%的淡水将白白流入大海，陆地 90%的生物将灭绝，生物固氮将减少 90%，生物放氧将减少 60%，从而引发一连串的生态灾难，人类生存就会失去根基。中国可持续发展林业战略研究课题组提出了"生态建设、生态安全、生态文明"的林业发展战略思想的核心，在中共中央、国务院《关于加快林业发展的决定》也确立了以生态建设为主的林业可持续发展道路，因此，全面推进现代林业建设，必须牢牢把握以生态建设为主的发展方向，这是现代林业建设的根本任务。

(2) 坚持以深化改革为动力

全面推进现代林业建设的过程，实际上是一个不断深化林业改革，建立新型体制机制，理顺生产关系的过程；是一个改造和提升传统林业，转变增长方式，发挥多种功能，满足社会多样化需求，实现可持续经营的过程。因此，要按照我国经济体制转型的要求，在不断深化和完善林业分类经营管理体制改革的基础上，以全力抓好林业产权制度改革为重点，带动其他各项林业改革的不断深化，逐步形成符合现代林业发展要求的新型体制机制、产权制度、经营形式、市场主体、动力机制、行政方式、政策措施等。一方面，该由市场做的，让市场的作用发挥充分；该由政府做的，把政府的责任落实到位。另一方面，充分激发林业的内在活力，调动林业经营者的积极性，增强林业发展动力。要切实推进集体林区、重点国有林区和国有林场改革，要不失时机地积极推进集体林权制度改革，走出集体林业发展的新路子。重点国有林区和国有林场的改革，关键要寻找国有森林所有权和经营权分离的有效方式，理顺管理体制和机制，提高国有林经营效率，促进林区综合发展。

(3) 坚持以科技进步为支撑

建设创新型国家，是在我国发展的关键时期在国家发展方向上做出的一个重大战略决策，对现代林业建设具有特别重要的意义。这是挖掘、调动内源性力量促进林业发展的又一个重大举措。要通过加强林业科技原始创新、集成创新、引进消化吸收再创新，重点发挥其在新兴领域、重要方向上的引领作用，在林业发展全过程、全方位中的支撑作用，在核心技术、重点难题上的突破作用，在产业结构调整、新兴产业培育中的带动作用，全面提高林业建设的质量，提高林地生产力，提高林业自然资源的利用效率，提高林业的综合效益和整体功能，做到地尽其力、物尽其效；同时，要积极推进林业科技成果转化，大力推广和普及先进成熟的科技成果和实用技术，努力将科技成果转化为现实生产力，提高林业发展的科技进步水平。

(4)坚持以产业发展为依托

森林有多方面的功能，社会有多样化的需求，两者最充分的结合才是现代林业发展的最佳状态。按照现代林业的理念，森林的生态和社会效益，远比经济效益大，必须正确处理森林三大效益的关系，将生态建设与产业发展割裂开来、对立起来的认识和做法，都是违背林业自身发展规律的。建立起完备的生态体系，满足了社会和人们的生态公益和精神文化需求，才能腾出更多的空间和更大的余地，发展林业产业；只有建立起发达的产业体系，既满足了社会和人们对林产品的需求，又积累了丰富的物质财富，才能更好地支持、保障公益林业的发展，巩固生态建设成果。要协同推进两大体系建设，在生态建设中不忘发挥产业功能，在产业发展中不忘兼顾生态要求，既突出重点，又不以偏概全，实现共赢互补。

(5)坚持以依法治林为保障

坚持依法治林，积极推进现代林业法治进程，是现代林业发展的重要保障。随着《中华人民共和国物权法》的颁布实施，《森林法》修订工作需要及时摆上议事日程，一系列原有的权利义务关系也需要进行相应调整。适应林业分类经营改革的政策和法律需要不断调整和完善。商品林与公益林的采伐管理问题，严重的林地逆转问题，种苗管理、物种引进与保护、资源利用、进出口贸易等问题都需要引起我们的高度重视，及时研究对策，加强监管，使林业经营活动都纳入法治轨道；同时，要积极履行国际公约，建立健全与国际惯例相适应的法律框架。

(6)坚持树立人与自然和谐的生态价值观

从某种意义上讲，人类文明的进步是与林业发展相伴相生的。森林孕育了人类，也孕育了人类文明，并成为人类文明发展的重要内容和标志。生态文明是继农业文明、工业文明之后迄今为止人类文明的最高形态，是现代社会高扬的精神旗帜，是现代人类共同的价值追求。发展林业是实现人与自然和谐的关键和纽带，是推进生态文化建设的载体和平台。在生态文明建设中，林业居于基础地位，处在前沿阵地，扮演关键角色，发挥先导作用，肩负着不可替代的历史使命。所以，我们不仅要担当起生态建设的重任，还要做发展生态文化的先锋，不仅要创造大量的生态成果和物质成果，还要尽可能多地创造出丰富的文化成果，努力推进重要价值观的树立和传播，做生态文明的倡导者、实践者和推动者，为现代文明发展做出自己独特的贡献。

6.3.5 现代林业体系建设

6.3.5.1 建设完善的林业生态体系

2003 年 6 月，中共中央、国务院颁布了《关于加快林业发展的决定》，把确立以生态建设为主的林业可持续发展道路、建立以森林植被为主体、林草结合的国土生态安全体系、建设山川秀美的生态文明社会作为林业发展的指导思想。这对建设完善的林业生态体系提出了新的要求，也创造了良好的条件。我国生态与环境问题十分突出，推进现代林业建设，恢复和重建林业生态体系，发挥林业巨大的生态功能，是治理生态和环境问题的根本措施。通过培育和发展森林资源，着力保护和建设好森林生态系统、荒漠化生态系统、湿地生态系统，充分发挥林业在农田生态系统、草原生态系统、城市生态系统循环发展中的基础作用，努力构建布局优化、结构合理、功能协调、效益显著的林业生态体系。使森林和湿地生态系统与其他生态系统共同营造和谐的生命支持系统，使林业生态体系在生物多样性保护、增加碳汇、减缓全球气候变暖中发挥重要作用，保证人与自然的和谐共存。林业生态体系建设要重点实施好 12 项生态工程。

(1) 天然林资源保护工程

天然林资源保护工程主要解决天然林的休养生息和恢复发展问题。这项工程 1998 年开展试点，2000 年在全国 17 个省(自治区、直辖市)全面启动。“十一五”期间，工程建设的主要任务是：继续全面停止长江上游、黄河上中游工程区天然林商品性采伐；根据东北、内蒙古等重点国有林区资源承受能力，进一步调减木材产量，使全国重点地区天然林资源真正得到休养生息。对工程区内的 $9\,418\times10^4\,hm^2$ 天然林和其他森林实行全面有效管护，加快宜林荒山荒地造林种草，计划造林 $579.3\times10^4\,hm^2$，其中人工造林 $88.1\times10^4\,hm^2$，封山育林 $390.9\times10^4\,hm^2$，飞播造林 $100.3\,hm^2$。

该工程的中长期目标为，以天然林培育为主，加速其顺向演替的进程，到 2030 年，继续全面停止长江上游、黄河上中游工程区天然林商品性采伐；根据东北、内蒙古等重点国有林区资源承受能力，进一步调减木材产量，使全国重点地区天然林资源真正得到休养生息。

(2) 退耕还林工程

退耕还林工程主要解决重点地区的水土流失和土地沙化问题。1999 年，按照“退耕还林，封山绿化，以粮代赈，个体承包”的政策，四川、陕西、甘肃 3 省率先试点，2002 年在全国 25 个省(自治区、直辖市)和新疆生产建设兵团全面启动。“十一五”期间，要在原有基础上，巩固已有成果，研究制定相关后续政策，按照“巩固成果，确保质量，完善政策，稳步推进”的总体要求，积极稳妥地推进工程建设，进一步突出长江上游、黄河上中游、京津风沙源区、南方重点石漠化地区和南水北调中线工程水源区、东北西部风沙区等重点区域，优先安排 25° 以上坡耕地和严重沙化耕地的退耕还林。

“十一五”期间，退耕还林总任务 $1\,566.7\times10^4\,hm^2$，其中，退耕地造林 $233.3\times10^4\,hm^2$(含京津风沙源治理工程退耕地还林任务)，配套宜林荒山荒地人工造林 $666.7\times10^4\,hm^2$，封山育林 $666.7\times10^4\,hm^2$。到 2020 年，争取将 25°以上的坡耕地全部退耕，实现退耕区的宜林荒山荒地基本恢复森林植被，森林资源结构质量和规模效益进一步提高，工程治理区的生态环境明显改善，农村产业结构更加优化，为建设社会主义新农村打下良好的基础。

(3) 京津风沙源治理工程

京津风沙源治理工程是构筑京津生态屏障的骨干工程，也是中国履行《联合国防治荒漠化公约》、改善世界生态状况的重要举措。建设范围西起内蒙古的达茂旗，东至内蒙古的阿鲁科尔沁旗，南起山西的代县，北至内蒙古的东乌珠穆沁旗，涉及北京、天津、河北、山西、内蒙古5省(自治区、直辖市)的75个县(旗、市、区)，总面积为$45.8\times10^4 km^2$。计划用10年时间，通过采取多种生物措施和工程措施，增加森林覆盖率，治理沙化土地，减少风沙和沙尘天气危害，最终使京津及周边地区生态有明显的改观，从总体上遏制土地沙化的扩展趋势。按工程计划，从2001—2010年，将完成退耕还林$262.93\times10^4 hm^2$、营林造林$494.4\times10^4 hm^2$、草地治理$1\,062.8\times10^4 hm^2$，修建水利配套设施113 889处，小流域综合治理23 446 km^2，生态移民18×10^4人。

“十一五”期间，要在京津风沙源治理工程中期评估报告的基础上，继续保持总体推进的同时，更加注重突出重点，强调治理成效，强化治理区域和植被恢复方式的针对性，使该地区的生态环境得到显著改善。“十一五”期间，工程建设的主要任务是：退耕还林$34.2\times10^4 hm^2$，配套宜林荒山荒沙造林$28.73\times10^4 hm^2$；人工造林$127.18\times10^4 hm^2$，飞播造林$144.94\times10^4 hm^2$，封沙育林育草$94.54\times10^4 hm^2$。草地治理$290.8\times10^4 hm^2$。小流域治理$177.5\times10^4 hm^2$，配套水利设施建设6.05×10^4处，生态移民6.06×10^4人。

(4)三北及长江流域等防护林体系建设工程

该工程包括三北地区、长江流域、珠江防护林体系建设工程和太行山以及平原绿化工程，主要通过因地制宜、因害设防，营造各种防护林，解决三北地区的土地沙化问题和其他地区各不相同的生态问题。

① 三北防护林体系建设工程　从1978年开始到2050年结束，分3个阶段、八期工程进行建设。建设任务是在保护好现有森林植被的基础上，采取人工造林、飞播造林、封山封沙育林育草等多种措施建设恢复森林植被。规划造林$3\,508.3\times10^4 hm^2$(包括林带、林网折算面积)，其中人工造林$2\,537.1\times10^4 hm^2$，飞播造林$111.4\times10^4 hm^2$，封山封沙育林$759.8\times10^4 hm^2$。四旁植树52.4×10^8株。“十一五”期间，主要调整重点是：继续突出防沙治沙和水土流失治理，注重建设完善农田防护林体系，重点抓好一批区域性防护林体系和示范区建设。主要任务是：造林$775\times10^4 hm^2$，其中，人工造林$258\times10^4 hm^2$，封沙育林育草$429\times10^4 hm^2$，飞播造林种草$88\times10^4 hm^2$。

② 长江、珠江和太行山绿化等工程　为从根本上扭转我国长江、珠江、海河等大江大河及沿海地区生态环境恶化的状况，从1989年起，先后启动长江中上游防护林、平原绿化、太行山绿化、珠江流域防护林体系建设工程。“十一五”期间，根据不同区域治理的客观要求，长江防护林要加强“两湖两库”(鄱阳湖、洞庭湖、三峡水库、丹江口水库)的治理，搞好低效林改造，巩固建设成果；珠江防护林要突出重点石漠化地区治理，加大封山育林力度，建设高效的水源涵养林和水土保持林；太行山绿化要着眼华北平原的生态屏障，搞好海河源区的水源涵养林保护和建设，因地制宜，发展特色经济林；平原绿化要重点建设华北平原、东北等平原农区高标准农田防护林体系，大力发展农村四旁植树，进一步改善农业生产条件和农村环境。主要任务是：营造林$547.7\times10^4 hm^2$，其中，人工造林$255.3\times10^4 hm^2$，封山(滩)育林(草)$261\times10^4 hm^2$，飞播造林种草$31.4\times10^4 hm^2$；同时，完成低效防护林改造$482.6\times10^4 hm^2$。

(5)沿海防护林体系建设工程

以增强抵御台风、风暴潮和海啸等自然灾害能力为核心，从建立沿海经济发达地区巩固完善的防灾减灾体系的要求出发，以海峡西岸、长三角、珠三角、环渤海湾、海南岛及北部湾等为重点区域，全面推进沿海防护林体系建设，努力构建结构稳定、功能完整的我国海疆绿色屏障。该工程建设的总体思路是：认真吸取印度洋海啸的教训，以增强沿海防护林维护国土生态安全、抵御台风、风暴潮和海啸等自然灾害能力为核心，以保护现有森林资源为基础，进一步拓宽和完善沿海基干林带建设，以沿海基干林带建设、红树林发展、湿地保护与恢复、农田林网建设和城乡绿化美化为重点，全面推进沿海防护林体系建设，努力构建结构稳定、功能完整的我国海疆绿色屏障。

2006—2015 年的主要任务是：建设基干林带和防护林 $128.2\times10^4\,hm^2$，保护和恢复红树林 $9.06\times10^4\,hm^2$，保护和恢复湿地 $160.43\times10^4\,hm^2$，建设各类示范区。“十一五”期间，建设基干林带和防护林 $103.1\times10^4\,hm^2$，完成森林经营任务 $128.5\times10^4\,hm^2$，保护和恢复红树林 $8.5\times10^4\,hm^2$，保护和恢复湿地 $103.6\times10^4\,hm^2$，建设各类示范区 41 个。到 2010 年，森林覆盖率达到 38.5%，林木绿化率 38.6%，基干林带达标率 60.5%，红树林恢复率 54.9%，湿地恢复率 56.8%，农田林网控制率 78%，城镇人均拥有绿地面积超过 3.7 m^2，城镇绿化率 91.8%，村屯绿化率 89.9%。

到 2015 年，沿海地区率先实现林业现代化，森林覆盖率达到 38.5%，林木绿化率 40.6%，基干林带达标率 92.3%，红树林恢复率 95.1%，湿地恢复率 90.6%，农田林网控制率 85%，城镇人均拥有绿地面积超过 18.6 m^2，城镇绿化率 95.0%，村屯绿化率 95.0%。

(6) 全国野生动植物保护及自然保护区建设工程

这是具有多项战略意义的生态和物种保护工程，主要解决物种保护、自然保护等问题。工程建设思路和任务是，重点建设和完善一批国家级自然保护区，建设一批示范保护区；突出建设好一批大熊猫、朱鹮等保护繁育基地；健全野生动植物进出口管理体系，有效控制并杜绝濒危野生动植物种的流失，促进野生动植物保护事业的健康发展。到 2010 年，各级自然保护区面积达 $1.25\times10^8\,hm^2$，占国土面积的 13%，其中国家级自然保护区面积达 $0.8\times10^8\,hm^2$，占国土面积的 8.3%，使 90%的国家重点保护野生动植物种和 90%的典型生态系统类型得到保护。

到 2030 年，各级自然保护区的数量达到 2 000 个，面积达 $1.612\times10^8\,hm^2$，占国土面积的 16.8%，使 95%的国家重点保护野生动植物种和 95%的典型生态系统类型以及 90%的自然湿地得到有效保护，并使 60%的国家重点保护物种资源得到恢复和增加。重点建设和完善一批国家级自然保护区，着力搞好三江源等重点自然保护区建设，建设一批示范保护区。继续实施大熊猫等一批极度濒危野生动植物种拯救工程。

(7) 湿地保护与恢复工程

湿地与森林、海洋并称为全球三大生态系统，被称为“地球之肾”。我国是世界上湿地类型齐全、数量丰富的国家之一。按照《湿地公约》对湿地类型的划分，31 类天然湿地和 9 类人工湿地在我国均有分布。加强湿地保护工程建设，对我国生态建设具有重要意义。

根据国务院批复的《全国湿地保护工程实施规划(2005—2010 年)》，“十一五”期间，要全面实施对湿地的抢救性保护，加强对自然湿地的保护监管，通过湿地及其生物多样性的保护与管理，使我国 50%的自然湿地、70%的重要湿地得到有效保护，基本形成自然湿地保护网络体系，使我国湿地保护区达到 523 个，建设各级湿地保护区 222 个，其中建设国家级湿地保护区 49 个。通过对水资源的合理调配和管理、退耕(养、牧)还湿(泽、滩)、植被恢复、栖息地恢复等措施，有计划地恢复重要湿地，使自然湿地面积萎缩和功能退化的趋势得到遏制和初步扭转。

2011—2020 年，工程建设的思路和目标是，进一步加强我国湿地保护区网络建设、建立和完善湿地保护的法律法规体系、管理体系、科研监测体系建设，全面提高我国湿地保护、管理和合理利用能力，使我国 60%以上天然湿地得到良好保护，天然湿地无净损失，湿地生态环境得到明显好转，建设湿地自然保护区 120 个，其中重点建设国家级保护区 35 个，建设国际重要湿地 30 个，恢复野生动物栖息地 14×10^4 hm^2；建立湿地可持续利用示范区 18 处；进行科研监测体系，宣传教育体系和保护管理体系建设。

(8) 南方岩溶地区石漠化综合治理工程

石漠化是指在亚热带湿润地区岩溶地貌极其发育的自然环境下，受人为活动的干扰和破坏，地表呈现类似荒漠化景观的土地退化现象，是岩溶地区土地劣化、生态恶化的顶级形态，石漠化严重制约了当地人民群众的生产生活和经济社会的可持续发展。贵州、云南、广西 3 个省(自治区)是我国石漠化危害的重点地区。

工程实施范围包括我国南方的贵州、云南、广西、湖南、湖北、四川、重庆、广东等 8 个省(自治区、直辖市)。工程建设思想，一是对南方石漠化土地通过封山育林(草)、退耕还林(草)、人工造林种草等措施进行综合治理，采取多项措施逐步恢复森林植被；二是加强石漠化地区基本农田建设和农村能源以及人畜饮水工程建设，并在石漠化危害极其严重地区有计划、有步骤地开展生态移民，改善石漠化地区的生产生活条件；三是根据岩溶地区自然资源条件特点，在不破坏生态的前提下，积极发展特色产业，促进区域经济社会协调发展。

主要建设内容，一是以退耕还林和封山育林为重点的植被恢复；二是配套建设小型水利工程、农村能源、基本农田建设并辅以必要的生态移民，力争促进石漠化地区资源、环境、人口、经济、社会的可持续发展。

到 2010 年，石漠化综合治理面积不低于 $1\,000\times10^4$ hm^2，占需治理面积的 60%以上，新增有林地和灌木林地不低于 100×10^4 hm^2，扭转石漠化面积占需治理面积的 20%以上。

到 2020 年，石漠化状况得到全面控制，建立和完善以森林植被为主体的石漠化地区的国土生态安全体系，实现区域经济社会的可持续发展。

(9) 重点水源区林业生态建设

搞好三江源地区、三峡库区和丹江口库区等重要水源区林业生态建设，保护和改善生态环境，是保证三江源地区、三峡库区和丹江口库区等重要水源区发挥涵养水源、减少入库泥沙、保障水利工程长期发挥效能的重大措施。主要思路是：以水源涵养、水土保持为核心，以提供优质水源为目标，按照“保、退、治”的方针，保护和巩固已有建设成果，恢复和扩大森林植被，加快对水土流失严重和生态地位重要的陡坡耕地退耕还林步伐，加大生态脆弱区域的综合治理。

继续实施由国家发展和改革委员会批准的《三江源自然保护区生态保护和建设总体规划》，基本扭转整个三江源地区生态环境恶性循环的趋势，保护和恢复林草植被，遏制草地植被退化、沙化等高原生态系统失衡的趋势，增加保持水土、涵养水源能力。主要建设任务：一是生态保护与建设项目，包括退牧还草 $644\times10^4\,hm^2$，退耕还林还草 $0.65\times10^4\,hm^2$，生态恶化土地治理 $80\times10^4\,hm^2$，森林草原防火、鼠害防治、水土保持、保护区管理设施与能力建设等；二是农牧民生产生活基础设施建设项目，包括生态移民 1 万多户、小城镇建设、草地保护配套、人畜饮水等；三是支撑项目，包括人工增雨、科技支撑与生态监测。

南水北调中线工程水源区林业生态建设工程，实施范围包括河南、湖北、陕西 3 省 45 个县(市、区)。初步规划："十一五"期间，完成营造林任务 $109.37\times10^4\,hm^2$，完成森林经营 $36\times10^4\,hm^2$，新建自然保护区 12 处，保护并恢复湿地 $3.08\times10^4\,hm^2$，建设各类示范区 17 个。

(10) 林业血防工程

全国林业血防工程是"十一五"期间我国启动的第一个林业重点工程，是新时期林业建设和发展的一个新亮点。这项工程体现了党中央提出的以人为本的科学发展观，对发挥林业行业功能、推进和谐社会建设作用十分巨大，同时有利于全国林业又好又快发展目标的实现。按照国家发展和改革委员会批复的《林业血防工程规划》，工程建设范围包括湖南、湖北、江西、安徽、江苏、四川和云南 7 个省的 194 个县(市)，建设期 10 年。

《林业血防工程规划》提出的总体目标是：加强抑螺防病林、退耕还林、重点防护林工程和湿地保护以及监测体系、试验示范区和科技支撑项目建设。到 2015 年，在项目区完成林业血防工程造林 $68.73\times10^4\,hm^2$，工程以营造抑螺防病林为主体，配合卫生、水利、农业等血防措施的实施，对钉螺孳生环境进行综合治理，压缩钉螺分布面积与流动区范围，显著降低滩地钉螺密度与阳性感染螺密度，最大限度地减少人畜血吸虫病的感染几率，促进项目区生态、经济协调发展、农村产业结构调整及新农村建设。

工程分两阶段实施。第一阶段(2006－2008 年)营造血防林 $33.07\times10^4\,hm^2$，造林保存率达到 85%以上，钉螺面积下降 30%以上，钉螺密度降低 50%以上，阳性螺密度降低 50%以上，使疫区群众生活水平有明显提高；第二阶段(2009－2015 年)营造血防林 $35.67\times10^4\,hm^2$。

(11) 森林公园建设

森林公园建设的思路和任务是：适应人民生活水平提高后对休闲、游憩等需求增长的要求，将林地范围内地质地貌独特、景观资源优美、自然美学价值和人文美学价值较高的地域划建为森林公园；以国家级森林公园为重点，研究制定国家森林风景资源保护的政策和措施，逐步建立对国有森林风景资源开发利用的国家特许制度和有偿使用制度，加强森林景观资源的保护和管理；加大风景林营造和景观改造等公益性设施的建设，进一步完善现有 565 个国家级森林公园的基础设施，建立和完善生态旅游对森林公园景观和环境等影响与变化的监管制度；进一步整合现有森林公园，努力形成布局合理、类型齐全、功能完备的森林公园保护和管理体系。

(12) 城市林业发展

城市森林是构建城市生态系统的基础，在改善城市生态环境质量，维护城市生态系统稳定，促进城市可持续发展中发挥着不可替代的作用。城市林业发展的思路和任务是：

以我国加速推进城市化进程为契机，以构建良好的人居环境为目标，按照改善城市生态环境、建设生态文明城市的总体要求和“城在林中、路在绿中、房在园中、人在景中”的布局要求，建设以林木为主体、总量适宜、植物多样、景观优美和以城区为重点，近远郊协调配置的，融城区公园及绿地、河流及道路林网等相结合的城市森林。

城市林业发展的区域重点：一是以珠江三角洲、长江三角洲和环渤海京津冀鲁等为重点的东部沿海经济发达地区；二是以省会城市为代表的大中型城市(群)。

要将城市森林建设和城市林业发展纳入到各级各类城市建设总体规划之中，实行同步规划，同步建设。

6.3.5.2 建设发达的林业产业体系

森林有成千上万种的植物、动物资源，是一个巨大的物种库、资源库、能源库、基因库。随着经济社会的发展，越来越多的森林资源、野生动植物资源被开发利用，依赖于森林、野生动植物等为原料的航天、环保、医药和生活用品、能源替代品等越来越多，显现出巨大的经济功能。发展林业产业和生态建设紧密相连，互相促进，相得益彰。大力发展林业产业，不仅可以促进生态建设，满足维护生态安全的要求，也可以发挥林业的经济效益，满足农民增收致富的要求。因此，建设发达的林业产业体系是实施以生态建设为主的林业发展战略的内在要求，是建设资源节约型、环境友好型社会的客观需要，是实现兴林富民的必然途径，是全面建设小康社会的有效保障，对维护国家生态安全、促进经济社会可持续发展、建设社会主义新农村、提升人民的生活品质具有重要意义。

随着我国经济社会的快速发展，林业产业的外延在不断拓展，内涵在不断丰富。林业产业的发展方向是建设以森林资源为基础，以获取经济效益为目的，以技术和资金为手段，有效组织和提供各种物质和非物质产品的行业。林业产业横跨一、二、三产业，主要包括林木种植业、经济林培育业、花卉和林木种苗业、木竹加工业、人造板制造业、木浆造纸业、林产化工加工业、林机制造业、林业生物质产业、林源生物制剂产业、林业绿色化学品行业、野生动植物驯养和繁育业、林副产品采集加工业、生态旅游业、生态文化产业等。林业产业作为重要的基础产业，除具有一般产业的共同属性外，还有自身的四大特性，即资源的可再生性，产品的可降解性，三大效益的统一性，一、二、三产业的同体性。要遵循市场经济规律和林业发展规律，通过提高林业科学化、机械化和信息化水平，提高林地产出率、资源利用率和劳动生产率，努力构建品种丰富、规模可观、布局合理、优质高效、环境友好、竞争力强的林业产业体系。

(1)加快发展以森林资源培育为基础的林业第一产业

培育丰富的森林资源，既是产业发展的重要任务，也是产业发展的重要基础。要以提高林地生产力为核心，以资源培育为基础，做大第一产业。要立足当前，加快发展短周期木竹工业原料林、速生丰产林，切实解决木竹材供需总量不足的问题；也要着眼长远，积极发展珍贵树种、大径级用材林，逐步缓解木材供需的结构性矛盾。要根据林业产业发展的需要，按照林板一体化、林纸一体化的要求，建设一批丰产优质高效的木竹工业原料林基地。同时，要努力壮大花卉和林木种苗产业，要积极发展以种植养殖业、非木质采集业为主的林下产业。

① 大力发展木竹工业原料林　大力发展和加速培育短周期木竹工业原料林，为国民经济建设提供大量的森林资源，满足木竹产品加工企业对木竹材的大量需求，是林业建设的重要任务。

A. 统筹规划、合理布局。在我国林业发展战略总体布局的前提下，南方林区发展工业原料林要根据区域的自然条件、资源的比较优势、市场需求及前景，从实际出发、突出重点，确定区域性林业产业的主导产业及建设工业原料林基地。具体规划上，在位于我国热带和南亚热带气候区的南方沿海地区，可大力发展以纸浆、人造板为主的短周期短纤维浆、人造板纸原材料林基地建设，适当发展柚木、桃花心木、紫檩等珍贵用材林树种。在位于我国亚热带气候区的长江中下游地区，包括安徽、江西、湖北、湖南等省，适宜大力发展以杉木、杨树等速生丰产林为主的工业原料林基地建设，以及杉木、柳杉、楠木、樟木等大径级用材树种培育。在经营模式上，可采用“基地+农户+公司”、“企业+基地”、“龙头企业+基地”等多种模式，大力发展南方区工业原料林生产，通过工业原料林基地建设直接为林产加工企业提供生产原料，实现资源要素的优化配置。

B. 建设主体多元化、生产经营规模化与集约化。在工业原料林基地建设主体上要实行社会办林业、主体多元化，坚持多渠道、多形式、多成分发展工业原料林。南方集体林区，逐步实行的林业产权制度改革，山地使用权到户占很大比重，给基地的规模发展带来了一定的难度。因此，通过一定的机制将农户、工业原料林基地和林产企业连接在一起，把分散的山地有效地组合成一个有机整体，以适应社会化大生产、大市场所必需的规模。发展工业原料林要实行基地集约化经营，推行企业化经营，实行林工一体化，通过加大科技、资金、劳力、管理等生产要素的投入，提高单位林地面积的产出水平。工业原料林基地运用企业管理模式，把传统的相对分散的生产及其产品规范化和标准化，大幅度减少成本，降低消耗、提高效率、增加效益。

C. 加大科技投入，建立健全科技推广体系。加大对工业原料林建设的科技投入，要充分应用现有的如无性系繁殖、选种育苗、ABT 生根粉等成熟的造林先进技术和科研成果；也要充分应用现代化的如 3 S 技术和计算机信息管理对工业原料林的生长过程和生长环境进行监测和管理，对在一定的市场条件和政策环境下不同的要素组合实行优化管理，最终实现工业原料林基地的最大经济效益。

D. 加强政策支持和引导。发展工业原料林需营造良好的政策环境。要进一步完善林业资源管理政策、经济调节政策和社会支持政策，建立健全“三权”(森林或林地使用权、林地使用权、森林或林地所有权)管理制度，完善山地流转和活立木转让制度，调整资源林政管理制度，在采伐限额、采伐周期的确定上要有所突破，要减轻林农和企业的税赋负担，取消不合理收费，切实落实国家、省、市有关优惠政策，公正、公平对待一切形式和经济成分的工业原料林基地。

② 积极培育大径级珍贵树木　我国是一个林地有限的少林国家，近年来，造林绿化虽有很大发展，森林面积、蓄积量实现了双增长，但是，森林质量和林地生产力低的问题却日益凸显出来。在我国实施天然林资源保护工程后，对珍贵大径级树木的采伐得到了限制，我国市场急需的大径级珍贵树木多依赖于进口；同时，过去在以木材生产为中心的思想指导下营造起来的新林中，用材林、纯林、针叶林的比重过大，树种单调，致

使许多林区森林生态系统质量下降、林木生长不良，病虫危害严重，珍贵林木资源锐减或枯竭，经济效益不高，生态效益较差。目前，我国南方以桉树、针叶松为主的短周期工业原料林发展迅速，在取得一定经济效益的同时，也带来了许多生态问题，而珍贵的大径级树木有着与速生工业原料林不可比拟的优点。南方地区自然地理环境优越，有优良的水热条件，树种丰富，有着培育大径级珍贵树木的有利条件，为了满足我国生态建设和经济社会可持续发展的需要，使有限的林地发挥最佳的经济、生态和社会效益，应积极培育大径级珍贵树木，以弥补我国森林资源不足，结构不合理带来的不利影响。

A. 培育以阔叶林为主的珍贵用材林，调整和优化林种树种结构。在南方各区域，选择部分立地条件好、水热条件好的优质林地，以发展用材林为主，重点培育经济价值高、市场前景好并能改善林木生境的大径级阔叶林用材林树木，如山茶科、樟科、木兰科等树种，用以更替和丰富林种树种，提高森林郁闭度和生长量，增强森林综合效益。以国有林场为主导，培育一批大径级珍贵树木资源示范基地，以示范基地的建设来影响和带动乡村珍贵、优质、高效森林的发展。

B. 实行定向培育、集约经营，加强对培育大径级珍贵树木的管理。根据本地实际情况，因地制宜地确定发展大径级珍贵森林的树种、规模和目标。研究制定专门的技术规程和标准，坚持良种壮苗、科学栽培、精细管理，严格检查验收，确保成林成材，达到优质、丰产、高效的要求。要建立严格的管理制度，对项目建设实行全程指导、检查、监督和管理。

C. 加大对大径级珍贵树木培育的政策支持。大径级珍贵树木的培育是一项成本高、周期长、投入大、见效慢的林业建设工程，在资金投入方面，完全依赖社会资金投入存在一定困难，国家应给予必要的经济扶持政策，加大对大径级珍贵树木培育的资金投入；同时，在政策制定方面，鼓励多种形式的资金投入。

③ *加大生物质能源林发展* 能源是现代人类生存和发展所依赖的重要资源。随着我国国民经济的快速发展，资源短缺和生态环境问题已成为制约我国经济社会可持续发展的主要因素，开发利用新能源和发展可再生能源已成为我国调整能源结构、解决生态环境问题的国家战略。林业生物质能源是十分重要的可再生能源，林业生物质能源品种丰富，发展潜力巨大。随着开发利用步伐的加快，林业生物质能源在维护国家能源安全、改善生态环境中将会发挥越来越重要的作用，将成为应对我国能源发展战略转型、解决能源与生态环境突出问题的重要战略手段。我国发展林业生物质能源优势明显、潜力巨大，要充分利用我国现有的宜林荒山荒地和边际性土地(盐碱地、沙地以及矿山、油田复垦地等)的资源优势，加大生物质能源林发展，为生物质能源提供丰富的生物质资源量。

A. 因地制宜、分类指导，加快生物质能源林的发展。按照因地制宜、分类指导、分步实施的原则，对南方地区生物质能源林建设进行科学规划，选择适宜的林种、树种，营造速生、短轮伐期的生物质能源林，大力发展高效、多效生物质能源林，加快生物质能源林的发展。

B. 定向培育生物质能源林，加快生物质能源林基地建设。南方地区山地资源辽阔，有着适宜优越的气候条件，同时林农又具备培育速生丰产用材林基地建设、工业原料林基地建设经验，应合理布局、科学规划，依靠科技力量，实施集约经营，给予必要的优惠政策，选择速生、高产、热值高、适合当地气候条件生长的树种，建设一批生物质能源林示范基地，建立能源示范工厂。并将经验推广应用，促进生物质能源林发展，解决农村缺乏能源的矛盾，从而实现山区经济发展、农民脱贫致富，同时产生较好的经济、社会和生态效益。

C. 不断提高生物质能源林资源利用水平。改革低效利用生物质资源的方法，经济合理开发利用生物质能源林，对树种不同，选择科学的取薪方式，通过对不同区域采取各自的建设模式和对不同的林分采取不同的作业方式，提高生物质能源林资源整体利用水平。

D. 合理开发，多种经营，加大资金投入。改变原有的低效开发方式，调整森林资源结构和林种比例；增加生物质能源林在森林资源中的权重；迅速扩大生物质能源林面积，提高生物质能源林林地生产力和增加生物质能源林蓄积量。采取灵活多样的经营形式，权属方面可个人、集体和国家一齐上；规模方面可点、线、面三者结合；树种方面可乔、灌、草有机搭配；经营水平可集约粗放或二者结合；培育方面可人工、天然或二者结合，在资金投入方面，采取多种形式，加大对生物质能源林建设投入。

④ 切实推进经济林产业迈上新台阶　发展经济林，是维护国家粮食安全、改善人们膳食结构的一条战略途径。我国山区面积大，经济林树种丰富，许多木本粮油、干鲜果品为我国独有，市场前景十分广阔。要扶持名特优新经济林基地建设，以木本粮油、干果为重点，以调整鲜果品种结构和提高产品质量为主攻方向，推进经济林发展由数量型向质量效益型、品牌型、外向型转变。重视野生经济林(灌木)树种保护、改良及开发利用。加强经济林品牌建设，提高市场竞争力；扶持龙头企业的发展和产品深加工，增强对产业发展的带动力。各地要根据自然条件和形成优势产业带的需要，建立具有区域特色的经济林产业基地，形成一个个集生产、加工、销售为一体的经济林产业集群。要打破部门、行业和所有制的界限，共同搭建生产、加工、流通、科研等平台，引导地方形成区域性规模生产，引导企业提高产品质量，引导科研和生产加工的有效联合，切实解决经济林发展中“小生产与大市场”不对称的问题。

⑤ 努力壮大花卉和林木种苗产业　花卉和林木种苗培育已发展成为一个产业，是种植业的重要组成部分。合理利用野生花卉、林木种质资源，通过加强育种、良种繁育、良种生产、科研示范、市场示范等基地的建设，在基地上运用高科技，集中力量进行协作攻关，提高花卉和林木种苗质量，提高生产和销售水平，以此来带动整个花卉和林木种苗产业发展。要通过产业化经营，把生产、加工、运输、销售组成有机整体，产加销一条龙，贸工农一体化，提高综合效益。进一步促进个体与企业联合，切实改变一家一户的生产方式，规模生产，降低生产和经营成本，共同开拓市场和抵抗市场风险。通过产业化经营，努力提高产品出口创汇能力。积极引导企业投资规模化、集约化和专业化的生产基地；企业承建和企业经营。要进一步强化政府职能，建立和健全有关花卉和林木种苗产业方面的政策法规。加强品种资源保护、新品种开发专利、投资税收、进出口贸易、产品价格等工作的研究，提出政策措施。

⑥ 积极发展以种植养殖业、非木质采集业为主的林下产业　林下产业是与老百姓利益密切相关的产业。要充分发挥林下土地资源和环境优势，大力发展林农、林草、林菌、

林药、林禽、林畜等林地立体复合经营，积极推进林下种植养殖业资源共享、循环相生、协调发展，全面提高林地产出率。要积极推广适宜林间种植养殖的新品种、新技术，努力探索适合区域特点的林间种养模式，坚持林下经济因地制宜、突出特色。要积极培育生产大户、专业经济组织和龙头企业，发挥他们的示范和带动作用，推进规模化、基地化、标准化生产，不断提高林下产业的聚集效应，推进林下经济向大规模、深层次发展。要通过产品的精深加工，不断延长产业链，提高产品附加值，以加工业的大发展来带动林下经济的大发展。

⑦ *适当发展野生动植物驯养和繁育利用产业* 在严格保护珍稀濒危野生动植物资源和严格执行有关法规、国际公约的前提下，鼓励野生动植物基因资源保护、种源繁育和基地建设，促进由利用野生资源为主向以利用人工资源为主转变。建立规范的驯养繁殖(培植)及利用管理制度和严格的市场管理制度，对经济利用度大的物种，推行资源论证、拍卖和限额制度。引导、扶持一批野生动植物繁育利用示范产业和产业群。

(2)全面提升以木竹加工为主的林业第二产业

以木竹加工为主的第二产业是发达的林业产业体系的中心环节。要以提高科技含量和附加值为核心，以信息化、机械化、高科技为手段，改造提升第二产业；要运用现代科技、装备和工艺，大力培植一批原料有保障、规模适度、辐射面广、竞争力强的木竹加工龙头企业，充分发挥林业第二产业的牵引作用；要积极培育林业龙头企业，推进林业产业化经营。

① *加快木竹加工业的升级改造* 木竹加工业是指以木材及竹材为原料，通过制材、干燥、改性及重新组合等工艺，生产各种木竹材产品及木竹制品的一系列加工制造业的总称。木竹材产品及制品具有任何人工合成材料无法模拟和替代的特性；是唯一可再生的生物资源，最容易达到可持续利用的目标；具有质量轻、强度高、吸音、绝缘、美观、易于加工、优质纤维含量高等优良特性；另外，木材作为纯天然产品，在其加工过程中能耗低、在使用过程中无污染、在处理过程中易于降解。因此，尽管在科技较为发达、新材料辈出的现在，木材作为建筑及家具用材还是无法完全被替代，并且伴随着全球森林的不断减少，世界各国对森林在国家安全中的作用有了更进一步的认识，对森林保护日益重视，木材尤其是珍贵木材及其产品的贸易，已成为全球环境政治、环境外交的核心内容之一，木材已成为越来越重要的战略物资。

要积极调整木材加工业的产品结构和企业布局，在林区及重点产材地区推进木材加工企业以提高出材率及产品质量为主要内容的技术改造，重点发展定制材和干燥刨光材生产，尽快实现原木就地加工增值；城市木竹加工厂要提高产品档次，加强生产最终产品的技术改造，重点发展高档家具和与之相关的连接件生产。要强化木材保护，提高木材干燥和防腐的比重。不断完善人工木材的改性技术，提高木材的硬度、强度、密度、环保、耐腐、抗虫及阻燃等性能，替代优质木材。努力拓宽竹产品应用领域，缓解木材供需矛盾，满足社会需求。要大力发展各种竹质建筑模板、车厢板、竹地板以及竹工艺品等加工产品，提高竹材的科技含量和附加值。要大力发展以木材和竹藤为原材料的家具生产，在充分发挥现有的先进生产设备作用的基础上，开发木竹材家具生产设备的潜力，加强生产设备应用软件的开发和应用，提高木竹材家具生产的自动化水平，提高生产设备的利用率，不断采用新的加工设备，提高木竹材家具生产工业化水平。

② 努力提升人造板制造业的水平 要大力发展人工速生材、小径材、“三剩物”为原料的人造板，适度发展大径材为原料的人造板，努力推进林板一体化。南方、东北的人造板产业集群，要以企业改制改造为重点，加快建立现代企业制度，扩大产品生产规模，提高产品质量。中东部地区的人造板产业集群，要针对小型民营企业居多的特点，引导和促进企业联合重组、技术改造和设备更新换代，提升人造板企业的素质和效益。

A. 制订好中长期发展规划，实现传统产品的升级改造。根据我国的实际情况和总体布局，制订好中长期发展规划，从宏观上制定相应的政策，优化人造板的产品结构；适度限制胶合板的发展、继续稳步发展非单板类人造板，积极开发结构用人造板，加速中小企业的重新整合，积极引进国外先进的造纸技术，着力提高当地人造板的平均生产能力和技术水平，使人造板工业从单纯地依靠量的扩张转移到依靠科技进步促使产品质量的提高，促使能源、材料消耗的下降，促进清洁、高效率的生产环境的形成。

B. 提高人造板的生产技术水平，实现资源的再利用。充分利用制造业和信息业的先进技术，提高人造板成套设备的制造水平，实现人造板生产过程的自动化和各工序半成品、成品质量的自动检测、自动显示和自动控制，做到产品质量优、原材料及能源消耗低，确保高效、安全、清洁生产。遵循循环经济的原则，开发废旧木材和废弃人造板资源的再利用技术，把人造板资源的再生同城市环境保护与垃圾处理有机地结合起来。

C. 拓宽人造板的应用途径，形成自己的品牌。坚持有所为有所不为的原则，大力开发有自主知识产权的创新技术和产品，形成中国人造板工业的优势与特色，当前应优先开发结构用人造板(如单板层积材、定向结构板等)；复合人造板(如木塑复合、竹木复合、草木复合等)；装饰类人造板(如人造薄木仿真技术、金属非金属材料贴面技术、科技木等)。结合南方地区资源特点，如南方生产的部分优质原材料树种，拓宽人造板的应用途径，吸收国外经验，着重开发在建筑和包装方面的应用，形成有特色和品牌的专用产品。

③ 积极推进木浆造纸业的发展 要以市场为导向，以产权、资本和利益为纽带，通过技术升级、管理升级、产品升级，培育和发展林纸一体化的大公司、大集团，形成集制浆造纸与原料林基地建设于一体的发展新格局。

A. 提高纸浆生产企业的生产技术水平，实现其产品功能多样化。造纸技术的集成化程度不断提高，是世界造纸工业发展的趋势。目前，世界先进国家造纸企业依靠科技创新，调整技术结构，优化科技资源配置，广泛使用信息网络、自动化控制等技术，提高了技术集成化程度，制浆、造纸设备已向大型化、自动化、高效率方向发展。同时，世界纸产品需求已由数量型向质量型转变，纸制品由单一功能向多功能方向发展，低档的书刊纸、包装纸及纸板市场逐渐萎缩，而高质量的胶印新闻纸、彩色书刊纸、高级文化用纸、高档生活用纸、牛皮纸和牛皮箱纸板、涂布纸等已成为需求主流。我国南方地区部分省(自治区)拥有良好的纸浆生产原材料生产林基地，如桉树等纤维长的树种，并结合其较为发达的工业体系和良好的市场经济基础，积极推进造纸企业的生产技术改造，提升其技术的集成化水平，实现产品功能多样化。

B. 扩大纸浆生产企业的经济规模，实行集约化经营。目前，国际造纸产业中企业的平均生产规模达到 $8\times10^4\sim10\times10^4$ t，先进国家已超过 20×10^4 t，规模效益十分明显。2003 年，世界前 50 家最大的造纸公司已占据了全球纸及纸板产量的一半以上。世界先进的造纸工业生产方式已经实现了由资源粗放型，向资源集约型的转变。世界纸业强国如美国、加拿大、芬兰等国，90%以上的企业实现了资源集约化，原料实现自给、生产消耗逐年下降。南方地区的造纸企业可以借助其较好的市场融资环境和地理优势吸纳资金，改变当前生产规模小、生产成本较高的粗放经营现状，扩大企业的生产规模，实行集约化经营。

C. 实现林纸一体化。林纸一体化是当今世界造纸工业普遍采用的发展模式。国际大型制浆造纸企业以多种形式建设速生丰产林基地，并将造林、营林、采伐、制浆、造纸与销售结合起来，形成了良性循环的产业链。世界先进国家造纸工业的木材原料已达 90%，美国、瑞典等国达到 95%以上。我国南方地区林业资源非常丰富，造纸企业可以充分依托当地的林业资源，形成良性循环产业链，实行林纸一体化工程。

④ 提高林化工业精深加工水平　要加快调整林化工业结构，提高林化产品的精深加工水平。先进的林化工业结构应是将原料资源合理地加以多方面利用，获取各类不同产品，做到物尽其用。传统的林化工业仅限于用树木产物，而忽略林下产物，如大量的香料植物、药用植物、食品植物等，并未得到充分重视。南方地区的林化工业必须全盘统筹，充分利用当地林业的资源优势，将资源最大限度的开发好，利用好，换取高的经济效益，使林化工业有实力成为南方地区林业经济发展的"造血机构"，促进当地林业产业的良性循环。积极开辟林化工业新资源(如特种经济树种、林化香料、林化药用和林化天然色素等)，努力提高林化产品的使用价值和附加价值，延长产业链，提高资源的利用率，引进资金和先进技术，进行松脂、造纸胶、栲胶及活性炭等林化产品深加工生产工艺的改造和新产品的开发，实现由松脂初级加工向精深加工、由生产单一产品向生产系列产品的转变；充分利用本地区资源丰富的优势，开发天然林化产品的精深加工产品，树立自己的品牌，把精深加工作为林化企业今后的发展方向，达到提高林化企业核心竞争力的目的。

⑤ 积极发展林业生物质产业　生物质产业是新世纪的朝阳产业，是未来人类文明发展的重要支撑。林业以丰富的物种资源优势，将在这一产业发展中扮演极其重要的角色。要重点扶持林业生物质能源和生物质材料的发展。要充分利用山区、沙区等边际土地和宜林地，大力发展麻疯树、黄连木、油桐、文冠果、光皮树等乡土树种，建设一批林业生物柴油示范基地。要充分利用退耕还林、防沙治沙发展起来的灌木林资源，以及间伐材和主伐剩余物，加工成固体成型高效燃料，供直接燃烧或发电使用。必须加大对生物质能源利用技术的研究，特别是在生物质资源的培育、采伐、收获、运输、能源转化、供给系统等技术问题上开展大量的开发研究工作，尤其是生物质能源利用的汽化、液化技术的提高，实现生物质能源的现代化利用，提高生物质能源利用率。积极发展生物柴油、生物质致密成型燃料、生物质发电和供热、燃料乙醇等生物质能源产品的开发利用技术，引导、扶持一批林业生物质能源开发利用企业，提高生物质能源的产业化水平。逐步形成从原料培育、加工生产、市场销售、科技开发的"林能一体化"格局，以达到提高农村生活水平、改善生态环境、保障国家能源安全的目的。

⑥ 大力发展林源生物制剂产业　我国南方各省区由于气候条件、森林环境资源状况较好，对于形成生物农药、生物肥料及植物生长调节剂等产业具有独特的资源优势。与传统的生物制剂相比较，南方地区生产的林源生物制剂具有“高效、安全、经济”等优势。高效：生物活性高且可靠，选择性高，作用方式独特，内吸性强(即在植物中可均匀分布)，持效期适度，作物耐受性好，抗性产生机率低。安全：对环境而言，对有益生物低毒，易于降解，土壤中移动性低，在食品和饲料中无或无明显残留；对使用者而言，施用剂量低，急性毒性低，积蓄毒性低，包装安全，制剂性能优良，使用方便，长期贮存稳定。经济：花费少，效益高，应用范围广，产品性能独一无二。而这些林源生物制剂恰恰是当前世界发展生态食品所需要的基本原料。因而，大力发展林源生物制剂等新兴产业对于进一步保持南方地区的良好的森林资源及生态系统有着十分重要的意义。要根据南北方人工造林和林分经营管理目标，开发专用生物肥料；重点开发松材线虫病、松毛虫、枯梢病和蛀干性害虫等广谱高效生物农药，加紧对高效高毒毒株的筛选，研究利用生物工程技术重组构建工程菌，提高杀虫生物农药的质量和产量；开发广谱和高效植物生长调节剂，逐步实现林业生产绿色、有机、无公害目标。

⑦ 进一步开拓林业绿色化学品行业　松香、松节油、专用治污活性炭、高性能环保胶黏剂、基于木质素及纤维素的精细化学品等，具有环保性能好，附加值高等特点。银杏、红豆杉、五倍子等特产资源都是我国重要药用资源，其中银杏，又名白果，是现存种子植物中最古老的孑遗植物，其食用和药用较高；红豆杉又称紫杉，也称赤柏松，是世界上公认的濒临灭绝的天然珍稀抗癌植物，素有“植物黄金”之称。五倍子是我国南方地区各省份的重要资源昆虫产物，近年来又开发了许多在物理等其他领域的新用途。对于这些药用价值高、经济效益好的林业绿色化学产品，南方地区可以充分利用其丰富的森林资源优势，并结合自身特点，积极引入资金，加强植物活性提取物及植物源新药的开发，促进紫杉醇、青蒿素、喜树碱、印楝素、石斛碱、银杏黄酮和银杏内脂等特色资源加工产品的规模化生产，以此进一步推动松香及其精深加工产品、专用治污活性炭、高性能环保剂、银杏、红豆杉及五倍子等新兴产业的发展。

⑧ 重视发展林机制造业　改善和加强现代林业产业体系的支撑条件，要特别重视发展林机制造业，为林业产业发展提供现代化装备。林机行业要通过技术引进、技术改造、科技攻关、改善制造工艺，提高林机技术水平；坚持“服务林业，面向社会，走向世界”的发展方向，扩大产品开发领域，提高产品质量，加速产品更新换代。重点做好中幼林抚育配套机械、木片生产成套设备、大型成套人造板生产设备，木材装载机系列产品、速生丰产林综合利用设备、竹材加工利用设备、木材精加工设备开发，做好引进设备的消化吸收和引进生产线零部件的国产化工作。特别是要加大林产品深加工及资源综合利用的设备制造的研发力度。鼓励原始和集成创新，高起点引进林产品深加工核心技术和关键设备，促进引进技术的消化吸收再创新，以提高生产能力、监控检测、自动化控制水平为重点，提高设备装备水平。

(3) 大力发展以生态服务为主的林业第三产业

要以保护森林、湿地和沙漠生态景观，提高生态文化品位为核心，以突出人性化、多样化、功能化的特色，拓展生态文明理念为目标，大力发展以生态服务为主的林业第三产业。

生态旅游是世界旅游业的新趋势，是极具发展潜力的新兴产业。据统计，近年来，全球生态旅游的年增长率高达 30%，美国每年有 20 多亿人次到森林中旅游，是全国人口数量的 7 倍左右。我国现有自然保护区 1 700 多处，森林公园 2 000 多处，国有林场 4 000 多个，是做大做强生态旅游的重要资源。要在不破坏生态功能的前提下，依法推进以森林公园、湿地公园和自然保护区、狩猎场为主的生态旅游产业发展。要加强风景林营造和更新改造，提升景观质量和生态文化内涵，打造特色生态旅游品牌。要加大对生态旅游的规划指导、合理布局和系统开发，打造许许多多各具特色并相互衔接、相互补充、相互带动的生态旅游精品线，形成大大小小的以生态景观为主体、以其他景观为辅助、以“森林人家”为补充的生态旅游圈，满足人们多层次、多样化的休闲娱乐需求。重点是：一要围绕西双版纳、九寨沟、张家界、神农架、武夷山、五指山、长白山等优质森林景观，全面构建森林生态旅游区；二要围绕鄱阳湖、洞庭湖、太湖、千岛湖、三江源、白洋淀、黑龙江大沾河等优质湿地景观，大力打造湿地生态旅游区；三要围绕塔里木河两岸、腾格里沙漠边缘、甘肃酒泉、浑善达克沙地、河北坝上等优质沙漠景观，加快形成沙漠生态旅游区；四要大力拓展“林家乐”、“森林人家”等新型生态休闲服务的内容。“森林人家”是以良好的森林资源环境为背景，以有游憩价值的景观、景点为依托，以林农和大户为经营主体，充分利用林区动植物资源和乡土特色产品，融森林文化与民俗风情为一体的，为城市游客提供价廉物美的吃、住、游、娱、购等旅游要素服务的生态休闲旅游产品。

6.3.5.3 建设繁荣的生态文化体系

人民群众对林业发展的需求是多方面的，在现阶段生态需求成为社会对林业第一需求，此外还包括生态旅游、休闲观光等精神文化需求，木材和非木质林产品等经济需求。坚持林业发展与促进人的全面发展相统一的原则，就要求林业发展必须从社会需求出发，发展生态林业、富民林业和人文林业等多效益林业，不仅建设乡村林业而且发展城市林业，不仅包括山区林业也包括平原林业，不仅发展物质林业，也需要发展生态文化，以不断满足社会和子孙后代对林业的多层次、多功能、全方位的需求。

构建繁荣的生态文化体系的指导思想是：以邓小平理论和“三个代表”重要思想为指导，全面落实科学发展观，紧紧围绕建设中国特色社会主义生态文明，把发扬民族优秀生态文化传统与吸收现代先进生态文明理念结合起来，全面加强生态文化理论研究，深入开展生态文化传播教育，不断丰富生态文化产品，积极发展生态文化产业，着力完善生态文化基础设施，大力倡导人与自然和谐的生态价值观、生产方式和生活方式，为加快现代林业建设，建社会主义和谐社会提供强大的思想保证和精神动力。主要目标是：通过不懈努力，逐步建成相对完善的生态文化基础设施，专群结合的生态文化建设队伍，健全高效的生态文化工作机制，覆盖广泛的传播教育网络，比较发达的生态文化产业，推出一大批具有广泛影响力和示范作用的生态文化作品和生态文化建设示范基地，使全社会不断增强人与自然和谐的生态价值观，逐步形成热爱自然、尊重自然、善待自然的良好风尚，明显提高生态文明素养。

(1) 构建生态文化物质载体

生态文化的建设除了需要提高全民族的生态道德、科学和文化水平，即主体——人的生态文化素质之外，还需要加强客体——物质载体方面的建设。而物质载体不仅包括图书文献信息资料，也包括生态文化示范教育基地建设、生态旅游区建设等。因此，要广泛吸引社会投资，在有代表性的林区、森林公园、自然保护区、湿地、荒漠，建设一批规模适当、独具特色的生态文化博物馆、文化馆、科技馆、标本馆、科普教育和生态教育示范基地；以当地的森林资源为基础，将丰富的植物、动物配置在一起，创建花卉园、竹园、经济作物品种园、果树品种园、乡土植物园、中草药园、抗逆植物园、热带鱼类园、鸟园、动物园等；以当地自然生态系统的景观为基础，创建不同类型的人工景观生态园，如岩石园、热带风光园、沼泽园、水景园等。要对现有的生态文化基础设施进行改造、整合、完善功能，丰富内涵，使生态文化基础设施不断完善，发挥更大的作用。要充分利用现有的公共文化基础设施，积极融入生态文化内容，丰富和完善生态文化教育功能。要在全国授予一批生态文化教育示范基地，树立典型，规范引导，促进生态文化基础设施建设。

(2) 促进生态文化产业发展

生态文化产业是生态文化体系建设的重要支撑，是一项前途光明、市场广阔的朝阳产业。要充分利用各地的自然、人文、社会、经济等条件，积极拓展和努力壮大山水文化、树文化、竹文化、茶文化、花文化、药文化等森林休闲和森林文化产业。在做大做强以上这些物质文化产业的同时，也要努力发展生态文化影视、音乐、书画等精神文化产业，还要充分挖掘生态文化培训、咨询、论坛、传媒、网络等信息文化产业。要鼓励各种投资者投资生态文化产业，提高生态文化产品生产的规模化、专业化和市场化水平。

(3) 加大生态文化传播普及

传播是提高人们认识、改变人们行为的有效途径。要充分利用报纸、杂志、广播、电视等媒体和互联网、手机短信、博客等新兴媒体和方式，全面深入系统地传播生态文化的丰富内涵和科学知识，传播生态文化对人类进步和社会发展的积极作用，传播生态道德、生态伦理、生态哲学、生态美学、生态艺术的重要内容。要特别注重发挥网络传播教育的巨大作用，让先进的生态文化思想在网络传播阵地中占据重要位置。

(4) 加强生态文化基础教育

生态教育是生态文化体系建设的基础。要坚持把生态教育作为全民教育、全程教育、终身教育的重要内容，把增强全民生态意识上升到提高全民素质的战略高度，大力倡导生态伦理和生态道德，提倡先进的生态价值观和生态审美观，唤起全民的生态意识和生态正义，使广大公民自觉地承担更多的生态责任和生态义务，共建共享生态文明建设成果。要突出抓好未成年人的生态道德教育，做到生态道德教育进教材、进课堂、进校园文化、进户外实践，通过启发式、体验式等教育方法，培育青少年良好的生态道德品质和情操。

(5) 提高生态文化体系建设的保障能力

一是要切实加强组织领导，把生态文化体系建设摆上重要位置，与林业生态体系和林业产业体系统筹谋划、共同推进；二是建立稳定的经费保障渠道，形成政府、社会、个人多种资金齐投入、共受益的良好机制；三是制定科学规划，编制《全国生态文化体系建设规划》，明确方针原则、推进步骤、制度保障、工作机制等；四是抓好队伍建设，立足于生态文化体系建设的现实需要和长远发展，重点建设好生态文化团体、经营管理队伍、基层骨干队伍 3 支力量。

(6) 开展生态文化体系建设的理论研究

推进重大课题研究。这是解决生态建设重大现实问题，满足全社会对林业多种需求的必然要求。没有科学研究的创新，传播和教育就是无源之水，无本之木。要深化三个领域的研究，一是围绕国家安全需要，不断研究和宣传林业在生态安全、能源安全、淡水安全、粮食安全、木材安全、气候安全、森林安全、物种安全中的地位和作用；二是围绕经济社会发展，不断研究和宣传林业在构建社会主义和谐社会、建设社会主义新农村、推进城镇化进程、山区综合开发中的地位和作用；三是围绕人民群众身心健康，不断研究林业在提高人们生理健康、心理健康中的不可替代的作用，为提升林业的地位、加强生态建设和保护提供科学依据。

参 考 文 献

K·A·沃科特, 等. 2002. 生态系统——平衡与管理的科学 [M]. 北京: 科学出版社.
布鲁斯·米切尔. 2004. 资源与环境管理 [M]. 蔡运龙, 等, 译. 北京: 商务印书馆.
蔡体久, 等. 2003. 中国森林分类经营现状、问题及对策 [J]. 东北林业大学学报, 31(4): 42-44.
蔡晓明. 2000. 生态系统生态学 [M]. 北京: 科学出版社.
陈根长. 1999. 关于林业分类经营理论研究中的几个热点问题 [J]. 林业资源管理(特刊): 1-4.
陈国明. 1996. 浅议林业分类经营的理论依据 [J]. 林业经济 (5): 7-9.
陈火春. 2001. 再谈森林分类经营 [J]. 林业调查规划 (2): 21-25.
陈霖生, 等. 1999. 森林分类经营区划原则、依据及建议 [J]. 林业资源管理 (特刊): 61-67.
陈谋询. 1993. 论森林资源区域时空差异协同持续发展——森林资源宏观管理的基本原则 [J].林业资源管理 (6): 28-31.
陈谋询. 1999. 正确认识和把握林业分类经营及分类管理模式 [J]. 林业资源管理, (特刊): 83-90.
陈谋询, 等. 2001. 我国 21 世纪森林经理发展趋势分析 [J]. 华东森林经理, 15(2): 1-5.
陈平留, 刘健. 1999. 公益林若干问题的探讨 [J]. 林业资源管理 (特刊): 71-73.
陈平留, 等. 1997. 经济林资产评估中折旧问题的研究 [J]. 福建林学院学报, 17(4): 318-321.
陈雪峰, 等. 1999. 亚太森林采伐规程对我国森林采伐的启示 [J]. 林业资源管理 (6): 27-30.
陈永富, 等. 1999. 分类经营是实现林业可持续发展的根本途径 [J]. 林业资源管理 (特刊): 12-16.
陈钊. 1998. 中国区域发展差异影响因素分析 [D]. 北京: 中国科学院地理科学与资源研究所.
丁思统. 1999. 林业分类经营杂论 [J]. 林业资源管理 (特刊): 25-27.
董乃钧. 1999. 分类经营及其理论与实施 [J]. 林业资源管理 (特刊): 222-224.
董志勇. 1992. 世界林业发展道路 [M]. 北京: 中国林业出版社.
董智勇, 等. 1994. 中国公益林业理论与实践 [M]. 北京: 中国科技出版社.

董智勇，司洪生. 1997. 谈两种森林分类经营观点 [J]. 世界林业研究, 9(5): 66-70.
杜纪山，洪玲霞. 1999. 试论实施森林分类经营的几个问题 [J]. 林业资源管理（特刊）: 225-226.
关毓秀. 1998. 浅谈森林生态系统经营 [C]//森林可持续经营学术研讨会论文集. 北京:
国家林业局. 2003. 森林资源规划设计调查主要技术规定 [M]. 北京：中国林业出版社.
国家林业局植树造林司. 2001. 全国生态公益林建设标准 [S]. 北京：中国标准出版社.
索菲・希格曼，等. 2001. 森林可持续经营手册 [M]. 北京：科学出版社.

第 7 章

森林认证

7.1 森林认证概述

7.1.1 森林认证的起源与发展

森林认证是由非政府环保组织作为促进森林可持续经营的一种市场机制于 20 世纪 90 年代初逐渐兴起和发展起来的，在近 10 年时间中取得了飞速发展。目前在全球最有影响的两大森林认证体系分别是国际体系森林管理委员会(FSC)认证和森林认证认可计划(PEFC)。其中，FSC 认证得到了购买者集团和全球森林与贸易网络的支持，具有较为可靠的市场基础。

(1)国家政策改革

一些国家制定并实施了向森林可持续经营转变的基本政策，着手解决林业上存在的问题，优先发展林业和保护环境。

(2)国际政府间进程

通过国际政府间进程，鼓励和促进国家水平上林业的可持续发展。主要进程有：联合国粮农组织发起了《热带林业行动计划》，后改为更广泛的《国家林业行动计划》，但其影响力却越来越小。国际热带木材组织(ITTO)制定了《ITTO 热带天然林可持续经营指南》(即 ITTO 进程)，并通过了 ITTO2000 年目标，即到 2000 年，所有在国际上贸易的热带木材和木材产品都必须源自可持续经营的热带森林，但此目标没有按时实现。

联合国可持续发展委员会成立了政府间森林问题工作组及后续的政府间森林问题论坛，2000 年联合国经济与社会理事会成立了直接隶属于它的联合国森林论坛。它们为讨论全球林业政策问题提供了一个国际论坛。

(3)非政府组织和其他私营部门的活动

国际非政府组织，特别是环境保护组织，如世界自然基金会、绿色和平组织和地球之友等，对上述活动促进森林良好经营的效果表示一定的怀疑，并和民间团体开始探索新的途径。如 20 世纪 80 年代非政府组织发起的抵制热带木材运动，虽然成效不大，并遭到联合国的反对，但提高了人们改善森林经营的意识。一些私营企业自行制定操作规程并“自行宣布”的持续生产标签虽然可信度差，但使工业部门开始关注社会与环境状况。

森林认证正是由环境非政府组织和民间组织在认识到一些国家在改善森林经营中出现的政策失误，国际政府间组织解决森林问题效果有限，以及林产品贸易不能证明其产品源自何种森林以后，作为促进森林可持续经营的一种市场机制，在20世纪90年代初发起并逐渐发展起来。它力图通过对森林经营活动进行独立的评估，将“绿色消费者”与寻求提高森林经营水平和扩大市场份额，以求获得更高收益的生产商联系在一起。促进森林可持续经营的传统方法(如发展援助、软贷款、技术援助和海外培训等)大多忽视了商业部门，特别是忽视了木材产品的国际贸易。在世界范围内，仅20%的林产品进入国际市场，但贸易对森林的直接影响是很明显的。人们认识到，以森林可持续经营为基础的林产品贸易也能促进环境保护。森林认证的独特之处在于它以市场为基础，并依靠贸易和国际市场来运作。1992年以前，非政府组织就有认证设想，但在联合国环境与发展大会上没有取得进展。环发大会以后，他们开始大力推行这种新的体系。为了监督认证的独立性和公开性，1993年非政府保护组织成立了森林管理委员会(FSC)。1994年FSC通过了原则和标准，开始授权认证机构根据此原则和标准进行森林认证。一些国家和地区也开始了自己的认证进程。从此，森林认证在世界范围内逐渐开展起来。

7.1.2 森林认证的含义和特征

(1)森林认证的含义

森林认证即对森林可持续经营进行认证，是通过独立的第三方对某一森林经营单位或区域的森林进行总体评价，验证其是否符合可持续发展原则和标准的要求，并签发证书的过程。森林认证包括两个基本内容，即森林经营认证(FM)和产销监管链认证(COC)。

森林经营认证是根据所制定的一系列原则、标准和指标，按照规定的和公认的程序对森林经营业绩进行的认证，即对森林经营过程中林木的种植、抚育、更新以及采伐等一系列经营行为进行评估。产销监管链认证是对木材加工企业的各个生产环节，即从商品原木的运输、加工、流通直到最终消费者的整个过程进行的认证；进行产销监管链认证的目的是为了保证林木从森林经营地采伐之后到最终消费者整个过程受到监督，防止商品原木从运输到加工以及流通过程中发生调换行为。森林认证之所以由独立的第三方进行评价，其目的就是为了保证森林认证的公正性和透明性。

森林认证是对森林可持续经营进行的认证，是对森林进行的总体评价，而目前国际上森林认证主要是针对木材产品，没有对整个森林资源进行认证，这就使森林认证在一定程度上具有局限性。森林有广义的森林和狭义的森林，因此森林认证也应该有广义和狭义之分。广义的森林认证主要是指对森林资源进行认证，而狭义的森林认证则主要是针对木材进行认证。

(2)森林认证的特征

① 自愿性　森林认证是森林经营单位或企业在市场机制的驱动下，认识到认证的必

要性后，主动向认证机构申请认证的。森林认证有别于国家制定的法律和法规，它是由与森林经营活动密切相关的利益团体广泛参与的自愿行为，没有人或组织强迫其必须开展森林认证。随着认证的广泛开展，根据各国不同情况，也不能排除有的国家政府将森林认证作为本国推行森林可持续经营的一种强制政策的可能性。

② 参与性　森林认证最初由非政府组织发起，它强调了群众广泛的参与，除了作为认证对象的森林经营单位以外，必须让与森林经营有关的利益方，如相邻的社区、政府部门、消费者、企业、科研单位和宣传媒体等单位参与。只有利益相关者的广泛参与，才能保证森林认证的评估代表了各方的利益，保证森林认证的公开性、透明性、公正性和可靠性，才能调动公众的积极性，主动参与森林认证，才可能推动森林认证在全球范围内的发展。

③ 市场化　森林认证是以市场为基础的。森林经营单位和企业要求开展森林认证的动力主要来源于林产品的销售市场，如果没有市场对认证林产品的需求，森林经营单位和企业不可能要求主动开展认证。随着人们环保意识的提高，越来越多的消费者愿意购买经过认证的林产品，他们通过只购买贴有认证标签的林产品的行动来支持森林的可持续经营。因此，随着时代的进步，与未经认证的产品相比，经过认证的林产品在商业上更具有竞争力，这是促进森林的拥有者和木材加工企业自愿开展森林认证的主要动力。

7.1.3　森林认证的目的及意义

(1) 森林认证的目的

森林认证是在独立第三方评估的基础上，根据制定的一系列标准，按照规定和公认的程序对森林经营质量进行认定并发放证书的程序；是一个对森林进行检验的过程，以检验其是否按照公认的原则和标准进行经营，旨在促进对环境负责、对社会有益和在经济上可行的森林经营活动。其主要目的有 2 个：

① 提高森林经营单位的森林经营水平，促进森林的可持续经营；

② 稳定企业现有产品市场份额，并为进入新市场创造市场准入条件。

除此之外，森林认证还可以实现以下目标：区分产品、促进利益各方的参与、森林服务的商品化、获取财政资助、降低投资风险、加强法律实施等。

(2) 森林认证的意义

1992 年联合国环境与发展大会后，森林可持续经营和林业可持续发展已成为世界各国林业发展的共同目标，许多国际组织、国家和地区都进行了森林可持续经营理论与实践的探索，并相继启动了森林认证。森林认证是通过对森林经营活动的独立评估，以证明森林是否实现了可持续经营。森林认证作为推动森林可持续经营的手段，目前已在全球范围内快速发展。

党的“十七大”报告指出：加强能源资源节约和生态环境保护，增强可持续发展能力……加快形成可持续发展的体制机制。中共中央、国务院《关于加快林业发展的决定》确定林业要走以生态建设为主的可持续发展道路，明确指出“积极开展森林认证工作，尽快与国际接轨”。2007 年国家林业局提出了“以全面推进现代林业建设为主题，以根本转变林业增长方式为主线，以全力构建林业三大体系为目标”的林业工作基本思路，为森林认证工作的开展指明了方向，创造了良好环境。

森林认证作为推动森林可持续经营的具有创新意义的手段和工具，能有效地促进我国森林经营方式由粗放型向可持续方向转变，促进林区经济、社会、环境的协调发展，提高我国林产品的市场竞争力。开展森林认证试点工作，就是要根据我国林业的特点，结合国际森林认证的基本做法和经验，探索我国森林认证体系的制度建设、运行机制和政策措施，完善我国的森林可持续经营标准与指标，为建立我国森林认证体系和森林可持续经营实践探路子、出经验。具体来说有以下几方面的意义：

① *有利于提高森林可持续经营技术和能力，促进森林可持续经营* 中国森林要实现可持续经营，需要在经营技术和管理方式上有很大的转变，相应林业企业的能力也要得到提高。通过认证提高了认证机构的评估能力和森林经营单位长期的造林和森林经营、质量管理技术。它提供了一套切实可行的森林可持续经营标准，供森林经营单位参考与使用。认证进程对公司所有的森林经营活动进行评估，它使得森林处于“健康”状态，对于企业来说本身就是向林业专家学习和提高的过程。按照认证标准进行经营从长期来看能增加木材总产量，提高森林生产力。这对于解决中国当前森林经营水平低下，森林生产力低的问题意义重大。从长远来看，实施森林认证可解决目前的木材的供需矛盾，实现供需平衡。实施森林认证有利于当前我国政策法规的执行，并可与当前的林业政策结合起来。中国目前为实现林业可持续发展采取的一系列的政策和措施，带有政策性和一定的强制性。它的作用是不可替代的。作为一种市场机制，森林认证同国家法规政策相比，具有更大的灵活性，更能发挥企业的积极性和自主性。企业通过认证可以获得经济回报。在此过程中，企业是主动的，自觉地将森林经营活动纳入可持续标准框架之内。同时在制定森林认证标准时，必须遵守国家的法规政策，在实践上可将森林认证与有关法规的执行结合起来。如限额采伐制度，发放采伐许可证，在某种意义上也是一种林业认证。在自愿森林认证体系中它是最低要求。由于有定期检查的程序，它可以从根本上杜绝过度采伐的现象。再如森林认证也可以与国家的分类经营政策以及天然林保护工程结合起来，严格划分生态公益林和商品林，对一般保护区的森林按照可持续经营标准经营，如果能实施认证，对生态林的经营活动进行管理和监督，就可达到既保护森林又适当利用的目的。

② *利于保护环境和生物多样性* 中国政府为保护生物多样性，划定了很多自然保护区和森林公园，制定了《中华人民共和国野生动物保护法》《中华人民共和国野生植物保护条例》，并公布了《国家重点保护野生动物名录》。认证不仅要遵守国家的有关法规，而且对保护一般生物多样性及野生动植物的生境也提出了要求。同时，认证不仅要求森林经营活动在经济上是可持续的，而且要求其符合环境的要求。它确保了森林经营活动不对环境造成破坏，并维持整个森林的生态功能。这有利于保护中国日益恶化的森林生态环境。

③ *森林认证对现有森林具有示范效应* 由于认证的对象首先是具有良好经营体系和经营能力的公司，也就是说其本身就具备相当的经营水平，所以上述潜在作用在认证初期对于经营水平较差的公司不能表现出来或需经过一段时间。但是如果有森林首先被认证，它的影响及示范作用将是巨大的。一方面经过认证的森林肯定符合可持续经营的

标准，同时还规定了持续提高的标准，这无疑会促进认证森林的可持续经营；另一方面，它为其他森林经营单位提供了可供借鉴的森林可持续经营的典范和模板，表明经营良好的企业不必破坏森林资源。由于普遍缺乏可持续经营的技术与概念，其他森林经营单位会仿而效之。同时，它还会引起林业主管部门的重视，加以推广和宣传。这样森林经营单位即使不进行认证，森林认证对森林经营的影响也是巨大的。对于中国现阶段森林经营的发展具有极为重要的现实意义。

④ *开展森林认证是中国林业及林产品与国际接轨的要求*　当前无论是国际市场还是国内市场，消费者的环境意识都在提高，绿色产品广受欢迎。在欧美环境敏感市场，林产品经过认证已成为市场准入的必要条件，所以中国开展森林认证有助于保住和开拓中国林产品特别是家具在欧美环境敏感市场的份额，同时认证为林业企业参与公平竞争创造了良好的外部环境。企业拥有良好的生产、销售循环系统，就可以增强企业自身的可信度与市场竞争力，提高企业形象。采用受到世界承认的森林认证标准对森林进行认证，可以消除各国对林产品贸易的环境保护壁垒，发展对外贸易，对所有贸易伙伴都是有益的。中国已加入 WTO，中国经济与世界将全面接轨，森林认证的开展就显得尤为迫切，面对广阔的国际市场，中国林产品必须满足这些市场的准入条件。

⑤ *开展森林认证将有助于确保各方利益得到尊重和实现*　森林认证强调公正性和广泛参与性，其社会效益主要是确保利益各方的权利得到尊重和实现，它表现在尊重和维护当地居民进入森林采集水果、薪材、建筑材料和药用植物的传统权利，尊重和考虑依靠森林生活的居民的生计问题，以及森林提供的娱乐、文化和其他社会价值等。森林认证提供了一种新的途径，即所有利益方的参与，包括一些弱势团体如林区内的居民、农户、林业工人等，尊重和实现他们的权利，将造林绿化、发展林业与当地经济发展、脱贫致富结合起来，实现利益各方的平等性与共同参与。

⑥ *改善企业森林经营管理，发挥企业的积极性和自主性*　目前，中国许多林业企业陷入经济危困与企业只注重眼前的经济利益、忽视企业的长远发展有很大关系。林业企业、林农或地方政府为实现利润最大化，不顾长远利益，采用资源耗竭式经营，超限额采伐林木，结果是森林资源越采越少。同时，由于森林培育周期长，很多企业不愿长期投入。森林认证通过保证和开拓企业林产品市场，并提供一定的利润回报，鼓励企业开展可持续经营，在一定程度上可以限制企业只顾盲目采伐森林而忽视森林培育和更新的短视行为，发挥了企业的积极性与主动性。当然，激励的程度要视它能为企业带来多大的效益，这将根据认证的成本、产品价格和市场开拓情况而定。同时，通过森林认证，很多原来在森林经营中所忽视的问题将得到企业重视。

⑦ *有利于我国当前林业政策法规的实施*　中国目前为实现林业可持续发展采取的一系列的政策和措施，带有政策性和一定的强制性，对保护中国的森林资源，解决中国的森林问题起到了非常重要的作用，但它们也有一定的局限性。木材的永续利用仅是森林可持续经营的一个重要方面，木材采伐限额的制定和执行缺乏灵活性，它不一定适合于每个森林经营单位的具体情况，在某种程度上也限制了他们的积极性。同时，严格执行森林限额采伐制度，并不意味着森林实现了可持续经营。目前，我国林区还存在超额采伐的现象。在分类经营中，对一般保护区的森林和商品林具体如何经营和管理也尚待

讨论。虽然中国制定了国家和地区级森林可持续经营的标准与指标体系，但并没有落到实处。从整体上来说，森林经营单位对如何实现森林的可持续经营并没有真正的理解，同时我们还缺乏有效的森林可持续经营监督和指导机制。

作为一种市场机制，认证能弥补国家政策在这方面的不足。同国家法规政策相比，森林认证具有更大的灵活性，更能发挥企业的积极性和自主性。它是通过市场的力量，促使森林经营单位向可持续经营转变，自觉地将森林经营活动纳入可持续标准框架之内。通过认证，企业也能获得经济效益。

森林认证的开展还有利于我国法律法规的实施。认证标准的第一要求就是遵守国家的法规和政策，在审核时也必须与相应的法律法规结合起来，包括《森林法》《野生动物保护法》《水土保持法》《森林防火条例》以及《森林病虫害防治条例》等。限额采伐制度，是我国森林资源管理体制的核心，在自愿森林认证体系中它也是最低要求。由于森林认证有定期检查的程序，它可以在一定程度上限制过度采伐和乱砍滥伐的现象。再如，森林认证也可以与国家的分类经营政策以及天然林保护工程结合起来，严格划分生态公益林和产业林，如果能实施森林认证，按照可持续经营标准经营，对生态林的经营活动进行管理和监督，就可达到既保护森林又适当利用的目的。

同时，森林认证也有利于当前正在进行的政策讨论。它虽为市场机制，但如果国家将其作为提高法律实施、促进森林可持续经营的工具，它实际上成为了一种新的政策。它为国家实现林业可持续发展提供了一种新的途径。

⑧ *有利于准确地确定我国林业发展方向* 森林认证过程针对特定的森林经营实践，根据森林认证的标准来评估这些活动的影响，并根据符合标准的程度对评估单位的森林经营状况作出结论。这些结论指出了现有森林经营实践的缺陷，其中一些问题要通过科学研究来解决。森林认证将有助于更准确地确定我国林业科学研究的方向。

7.1.4 森林认证的组成要素和标准

(1) 森林认证的组成要素

一般来说，认证包含标准、认证和认可三大要素（见图 7-1）。标准规定了森林经营者通过认证必须达到的森林经营的要求，它是认证评估的基础。认证是由认证机构验证森林经营单位或企业是否达到认证标准要求的过程。而认可是对认证机构的能力、可靠性和独立性进行认定，以提高第三方认证机构的可信度。如果要为产品作出认证声明，还需建立产品跟踪和标签体系，即产销监管链认证和标签制度。以这几大要素为基础而成立的机构、制定的规则并开展相应的活动就组成一个完整的森林认证体系。森林认证和林产品标签体系的基本要素如图 7-1 所示。

(2) 森林认证的标准

标准是认证的基础，认证是针对标准的评估过程。森林认证的标准主要有 2 种：业绩标准（performance standards）和进程标准（procedure standards or process standards）。

业绩标准规定了森林经营现状和采取的经营措施必须满足认证要求的定性和定量目标或指标，如 FSC 的原则和标准。在应用上，业绩标准具有一定的局限性，即不可能制定出适应于各种森林的详细标准，必须在一般的国际标准框架内制定区域或地方标准。

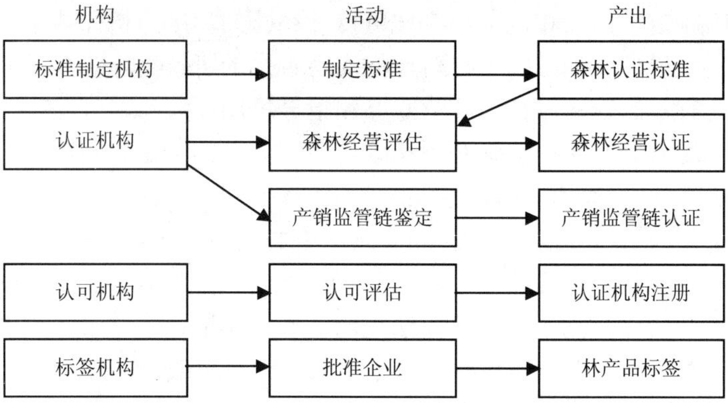

图 7-1　森林认证和林产品标签体系的基本要素

不同区域的业绩标准存在着一定的差别，但通常具有兼容性和平等性。

进程标准又称环境管理体系标准，它规定了管理体系的性质，即利用文件管理系统执行环境政策。除法律规定的环境指标外，这种标准对企业业绩水平并没有作出最低要求。申请认证的森林经营单位必须不断改善环境管理体系、承担政策义务、依照自己制定的目标和指标进行环境影响评估，并解决认证涉及的所有环境问题。ISO14001 标准就是一种环境管理体系标准。

上述 2 种标准在概念上存在明显差别，但在应用上却有一定联系，可以根据实际情况将它们组成一套标准。首先，业绩标准体系包括许多管理体系因素，而环境管理体系的 ISO14001 标准也明确指出森林经营单位必须制定环境业绩标准，因此在许多业绩标准的制定过程中，环境管理体系可以对森林认证体系提供有益的帮助。其次，这 2 种标准都包括了持续提高的原则。在业绩认证体系中，可以通过定期调高业绩标准来不断提高森林经营单位的经营水平。而在管理认证体系中，它要求森林经营单位不断改善经营水平并达到各阶段目标。当前的业绩标准和进程标准之所以分开设定，原因在于这样可以有利于评估结果的审核和统一。

在实践中，2 种方法的结合将更适于对森林经营进行认证。进程标准可以提供框架、时间表和控制机制，而业绩标准则可以提供所要实现的具体目标。有人总结到对单个国家而言，也许最有益的做法就是成立一个有各种股东参与的国家认证工作小组，这样工作组就会考虑森林和贸易问题以及国家的发展机遇，草拟一些符合 FSC 和 ISO 原则的标准和程序，并把这些视为他们的基础工作。如今已有若干个国家采用这种开放式的组合方法，对森林经营进行评估。

7.1.5　森林认证的效益和费用

(1) 森林认证的效益

森林认证的效益主要表现在 3 个方面：环境效益、社会效益和经济效益。

① 环境效益　森林认证的环境效益包括：保护生物多样性及其价值、水资源、土壤、独特而脆弱的生态系统和自然景观等；维持森林的生态功能和生态系统的完整性，促进森林的可持续经营；保护濒危物种及其生境。

② 社会效益 社会效益主要是确保所有利益方的权利得到尊重和实现。认证强调各利益相关方共同参与经营标准的制定。在中国，它表现在尊重和维护当地居民进入森林采集水果、薪材、建筑材料和药用植物的传统权利，尊重和考虑依靠森林生活的居民的生计问题，以及森林提供的娱乐、文化和其他社会价值等。

③ 经济效益 森林认证的经济效益包括：对于参与认证的企业尤为重要的确保木材的长期供应，提高森林生产力，稳定森林经营权；不断加强企业的基础管理和环境管理，保持或增加市场份额，企业生产有差别产品；防止产品溢价；改善与各利益方的关系，加强与管理者的联系，获得森林经营的优先权；提高职员的士气和能力，吸引人才，提高企业产品在国际市场上的竞争能力和信誉，获取更多的财政和技术支持。

(2) 森林认证的费用

① 直接费用 又称固定费用。主要是认证人员对申请认证的森林经营单位进行森林评估和审核的费用和年度审核的费用，其中包括认证人员的工资、差旅费等费用；直接费用通常付给认证机构。

由于各方面的原因，不同认证机构对森林认证的收费标准是不同的。所以，森林经营单位在申请森林认证前，应该进行多方咨询，选择声誉好、收费合理的认证机构开展认证。一般来说，由于受森林经营管理水平、林型、气候条件和生物多样性等方面的影响，热带雨林的认证费用要高于温带林，天然林的认证费用要高于人工林。另外，如果森林经营单位的所在国没有认证机构和认证专家，需要从国外的认证机构聘请认证专家进行认证，也会提高认证费用。

② 间接费用 又称可变费用。它是指申请认证的森林经营单位，为了使经营水平达到森林认证标准所做工作的费用。间接费用可以较少，也可能很高，与其经营状况直接相关。经营状况良好的森林经营单位，其经营水平达到或基本达到认证标准，所用的间接费用较少；而经营状况差的森林经营单位，为使其经营水平达到认证的标准，就必须对现有的森林经营长远规划、森林作业操作规程做大的调整，增加对职工进行能力建设(包括生产技术、操作安全和管理方面的培训)、改善经营状况等方面的投入，因此间接费用就高，而且，经营状况越差的森林经营单位费用就越高，甚至远远高于直接费用。

7.1.6 森林认证的程序

到目前为止，全球已出现了多种多样的森林认证体系，在不同的体系下其认证的程序也不完全一样，但主要步骤是相同的，即申请、检查(或审计)、作出决定和颁发证书。

(1) 森林认证前的准备工作

森林经营单位在申请森林认证之前要进行自我评估，为正式认证做准备。其步骤为：

① 评估森林认证的必要性 森林经营单位(或企业)首先应该确认自己是否有必要开展认证，必须对认证的费用、认证产品的销路、认证的收益等问题进行周密的调查。

② 选择合适的认证证书和认证机构 目前，全球有不同森林认证体系，一些体系适用全球，得到国际社会和市场的认可，如 FSC,而一些体系只能在一定范围应用，如 SFI 只能在北美应用。森林经营单位应该根据消费者或市场对某种认证证书的需求，决定选

择哪种认证体系。

③ 开展内部认证 森林经营单位在正式申请认证之前,应自己对本单位的情况进行初步评估，即内部审核。运用标准对其经营活动进行审核，了解本单位符合认证要求的程度，以确定在现有条件下，能否开展森林认证或开展认证尚需做的准备工作。

④ 改善和完善森林经营管理以实现森林良好的经营 在内部评估之后,森林经营单位应针对其森林经营中存在的问题，采取措施，加以改进，例如制定明确的经营目标，通过与当地居民进行沟通使他们了解其森林经营活动没有损害他们的利益，加强对职工的培训，采取切实可行的可持续经营的步骤，制定森林环境监测计划等。

在上述工作完成之后，森林经营单位就可以正式申请认证。

(2)森林认证的程序

① 申请森林认证 森林经营实体向森林认证机构提出森林认证书面申请。申请书中应该说明森林经营单位的基本情况(名称、权属、地址、规模、资产状况、经营情况等)、林权证、管理体系文件、森林经营方案及其他相关文件、执行森林认证标准和技术规范的声明、经营单位的组织机构、林种、森林类型和主要树种、主要森林经营活动、木材产量、木材加工等。

② 签订森林认证合同 森林认证机构收到森林经营单位申请后，10 个工作日内与森林经营单位联系，说明森林认证程序，认证依据标准和认证收费标准，认证机构和申请人的权利和义务，认证机构处理申诉、投诉和争议的程序，批准、暂停和撤销认证的规定和程序，核实申请书内容，必要时进行面谈和现地考察。共同制定森林认证工作计划和预算，双方法人签订森林认证合同。合同基本内容包括双方权利和义务，基本工作内容和要求、费用及其支付方法、违约处罚等。

森林经营单位要向森林认证机构提供森林经营相关利益者名单，双方进行确定和完善，商定其他事宜。

③ 预评估 按照合同，森林认证机构在规定时间，委派审核员去申请单位进行预评估。

审核员可以根据申请单位的实际情况选择 2/3 以上的指标进行审核，在审核中发现有严重不符合项/不符合项时，应通知申请单位，并及时记录备案。在预评估结束前，把发现的严重不符合项/不符合项及其限期改进时间等通知森林经营单位。双方确定主评估时间。

森林认证机构在预评估结束 15 个工作日内完成预评估报告,并把预评估报告送交申请单位。

④ 主评估 森林认证机构在约定时间,委派审核员去申请单位进行主评估。主评估的第一双方会议上，相互介绍相关人员，主审核员介绍主评估日程计划，申请单位根据主评估日程计划提供相关必要文件、现场和其他条件。

审核员要对所有的指标进行审核，重点是预评估中发现的严重不符合项/不符合项。在审核中发现预评估指出的严重不符合项/不符合项没有实质性改进时，原来的不符合项可升级为严重不符合项，连同本次主评估中发现的严重不符合项/不符合项一并通知申请单位，并及时记录备案。

在主评估的最后一次双方会议上，主审核员要通告主评估经过和发现的严重不符合项/不符合项及其限期改进时间、经营单位的长处和认证建议结论(通过或不通过)；森林经营单位有权对上述内容提出保留意见。

⑤ 同行审查　森林认证机构在主评估结束30个工作日内完成主评估报告，并把主评估报告送交同行专家审查。同行专家在接到主评估报告后，5个工作日完成审查，并提出书面意见，转交中国森林认证委员会。中国森林认证委员会应及时把同行专家意见转告森林认证机构，森林认证机构在收到同行专家意见书后5个工作日对主评估报告做修改和说明。

⑥ 核查和批准　森林认证机构接到同行专家审查意见后10个工作日内进行修改和做出书面说明，提出评估结论，即同意通过或不同意通过森林认证。并在10个工作日内送达申请森林认证单位。同时向中国森林认证委员会提交书面的森林认证简括表(另见报告要求)备案，领取森林认证证书编号。

申请单位收到森林认证主评估报告及其结论后，20个工作日内提出书面意见，并送达认证机构，逾期则视为同意。

⑦ 发放森林认证证书　森林认证机构向获得森林认证的森林经营单位发放森林认证证书、证书使用说明和标签使用管理办法。在证书和标签有效期间，森林经营单位要接受中国森林认证委员会的监督管理。

⑧ 定期年审　年审重点审核前一次审核中发现的严重不符合项/不符合项。在年审中发现上次指出的严重不符合项/不符合项没有实质性改进时，原来的不符合项升级为严重不符合项，连同本次发现的严重不符合项/不符合项一并通知申请单位，并及时记录备案。

在年审结束前，审核员把发现的严重不符合项/不符合项及其限期改进时间等通知森林经营单位。双方确定下一次年审时间和审核员。

森林认证机构在年审后10个工作日完成年审报告，及时送达森林经营单位。

7.1.7　森林认证的模式

(1)独立认证

独立认证是指对独立经营者经营的森林进行认证。这里的森林经营者可以是国家、集体或企业，也可以是私有林主，他们拥有的森林面积各异，从上百万公顷到数公顷不等。由于森林经营者的经营活动是独立的，其森林类型、经营方案和社会状况等条件相对较一致，因此这种模式的优点是开展森林认证较容易。独立认证一般适用于森林面积比较大的森林经营单位。

(2)联合认证

联合认证也称团体认证，即将多个森林经营者拥有的，分散的、相互独立的小片森林联合在一起，组成一个“联合经营实体”来开展认证。联合经营实体可以是个人、组织、公司、协会或其他法律实体，负责组织整个认证进程。国际体系森林认证体系认可计划(PEFC，原名泛欧森林认证体系)本身就是为适应欧洲的小私有林主进行森林认证而设计的，它的特点就是小林主联合起来开展森林认证。目前，另一大国际森林认证体系 FSC 也开展了联合认证。实践证明，联合认证减少了咨询、审查手续的重复性操作，由联合会员共同承担认证费用，大幅度降低了个体成本；同时，那些分散在偏远地区的分散的小林主能够及时获得信息和专家技术服务，还可以相互交流获取认证的经验，全面提高经营水平。在美国和欧洲等以私有林小林主占多数的国家，对联合认证更为青睐。

(3) 资源管理者认证

资源管理者认证是由若干个林主将其拥有的森林委托给资源管理者(可以是一个组织，也可以是个人)经营管理，由资源管理者来负责这些森林的认证。这实际上也是小林主联合起来认证的一种方式，只不过资源管理者拥有经营权。资源管理者必须具有一定的森林经营管理能力，按照森林认证原则与标准来经营森林，使其管理的森林达到良好经营状态，能够通过森林认证。资源管理者认证省去了由小林主成立联合认证协会带来的一系列组织工作，同样达到了简化手续、节省费用的目的。PEFC 和 FSC 都采用了这种类型的认证，在欧洲应用较多。

(4) 区域认证

区域认证的概念是由 PEFC 体系提出的，它可以对一个区域内的全部森林进行认证。区域认证的申请者必须是一个法律实体，并且必须代表在该区域经营了 50%以上森林面积的林主或经营者。申请者负责让所有的参与者满足认证要求，保证认证参与者和认证森林面积的可信性，并实施区域森林认证条例。林主或森林经营者可以在自愿的基础上参加区域认证，具体方式可以是单独签署的承诺协议，也可以服从代表该地区林主的林主协会的多数决定。只有参与区域认证的林主或经营者采伐的木材才能被认为是来自经过认证的森林，并可贴上 PEFC 标志。PEFC 认为，在很多国家区域认证是避免针对小林主的认证歧视的最佳方式。但由于此种模式不能确保区域内所有的森林达到认证标准的要求，很多环保组织认为这种模式不可信。

(5) 其他认证模式

① 小规模低强度经营森林认证项目　为了应对小规模低强度经营森林(small and low intensity managed forests,SLIMF)的现实需要，降低其认证成本，对于经营面积不超过 100～1 000 hm^2(依各国实际情况确定)，以及年采伐率不超过年生长量的 20%且认证期间年采伐量或平均年采伐量不超过 5 000 m^3 的低强度经营森林，FSC 专门提出了 SLIMF 认证项目。该项目简化了认证程序，并可依据专门制定的 SLIMF 认证标准进行审核。仅生产非木质林产品的非人工林也可申请该项目。

② 阶段式认证　这种方法也称作阶梯式认证，是由国际热带木材组织针对较难一次性达到森林认证标准的热带木材生产国而提出来的。这种方式是将认证的最终目标分步、分阶段实现，寻求认证的经营单位或企业通过不断努力提高森林经营水平，在一定期限内分阶段逐步达到认证要求。阶段式认证也可先满足一部分企业对“合法性”的需求。目前，各认证体系还未制定可行的阶段性认证方法。但一些认证机构已经开展了阶段性认证，如美国雨林联盟的 Smart Wood 开展了针对 FSC 认证的“Smart Step”项目，为多家林业企业提供了分阶段认证服务。

7.2 森林认证体系

7.2.1 世界森林认证体系

目前世界上共有两大森林认证体系，即森林管理委员会FSC和国际标准化环境管理体系ISO 14000。

(1)森林管理委员会(FSC)认证体系

① 森林管理委员会(FSC)及其简介 为了监督认证的独立性和公开性，森林管理委员会(Forest Stewardship Council, FSC)于1993年11月成立。该委员会由来自50个国家的环境保护组织、木材贸易协会、政府林业部门、当地居民组织、社会林业团体和木材产品认证机构的代表组成。这是目前较为成熟和完善的森林认证体系。FSC是一个独立的、非营利性的非政府组织，旨在促进对环境负责、对社会有益和在经济上可行的森林经营活动。FSC认证体系得到了国际环保组织的广泛支持，是一种推动森林可持续经营的有效市场手段，在国际上得到了迅速的发展。FSC森林认证体系是国际社会需要的、得到广泛承认的一个高标准的国际体系。FSC的主要任务是评估、授权和监督认证机构，为制定国家和地区认证标准提供指导和服务，通过教育培训和建立国家认证体系，来提高国家认证和森林可持续经营的能力。

到目前为止，FSC发展了38个国家参与，包括14个国家工作组和24个国家联络员。这些国家是阿根廷、比利时、玻利维亚、巴西、保加利亚、喀麦隆、加拿大、智利、哥伦比亚、克罗地亚、捷克、丹麦、厄瓜多尔、爱沙尼亚、芬兰、德国、加纳、匈牙利、爱尔兰、意大利、日本、墨西哥、莫桑比克、荷兰、巴布亚新几内亚、秘鲁、波兰、罗马尼亚、俄罗斯、斯洛伐克、南非、西班牙、瑞典、瑞士、英国、美国、越南和赞比亚。

② FSC体系运作 FSC自身并不直接认证森林，它是标准制定机构和认证授权机构，通过授权认证机构来认证森林。授权包括2个方面：森林经营认证和产销监管链认证。FSC森林认证以业绩标准为基础，是个自愿的过程。经过森林认证和产销监管链认证后，林产品就可以贴上FSC商标和标记。绿色市场需要此类商标来证明林产品来自经营良好的森林，这是FSC认证发展的动力。在某种程度上，WWF/WB联盟、消费者集团等组织促进了市场对该标签的需求。目前，欧洲、北美洲和大洋洲活跃着一大批消费者集团，另外法国、中国香港、爱尔兰、意大利和日本等国家或地区也正致力于建立类似的组织。FSC的资金来源于认可费、会费，以及政府、环境组织和个人的捐赠。

③ FSC原则标准 1994年，FSC通过了全球统一的《FSC原则与标准》，1999年和2000年进行了2次修订。这些原则和标准为认证森林经营提供了框架或一般标准，适用于热带、温带和寒带森林，有些也可应用于人工林和部分人工补植的森林，但需辅以适用于不同国别、区域、地方的更详细标准。已批准的FSC区域/国家标准有玻利维亚、英国、瑞典、加拿大海岸林区、美国密西西比河流域的标准。

认证机构在对森林经营方式进行审核的时候都有自己的一套标准，这些标准均符合FSC的原则和标准框架。为了保证全球不同地区FSC标准的一致性和完整性，任何地区标准都须经过 FSC 董事会的批准。这要求地区标准符合 FSC 标准制定的所有要求，包括标准的内容和制定过程，以保证 FSC 认证的可信性。一旦通过了 FSC 批准，在该标准适用的地理区域或范围内，任何认证机构都须应用此标准开展认证评估。

到目前为止，FSC 已经批准的地区标准包括 9 个国家的 21 个标准：玻利维亚（巴西坚果人工林和低地森林）、巴西、加拿大（海岸林区、大不列颠哥伦比亚地区和温带林区）、哥伦比亚（天然林和人工林）、德国、秘鲁（巴西坚果和亚马孙林区）、瑞典、英国、美国（多石山区、密歇根州中部阔叶林区、东南地区、东北地区、西南地区、太平洋沿海地区、密苏里州活希托河地区和阿巴拉契亚地区）。另外，还有 20 多个国家的 FSC 标准正在制定之中。

④ FSC 认证方法

独立认证：林主聘请 FSC 认可的认证机构对其森林和经营状况进行独立的评估，最适合大型林主。

联合认证：不同的林主将森林联合起来作为一个经营单位寻求认证，并分担认证的费用。它通常由相邻的林主组成的林主协会或合作社负责管理，适合于小型林主。

资源经理者认证：由不同的林主联合聘请专业的咨询员或资源经理人代表他们经营森林，负责认证过程，并共同分担认证的费用。评估采取抽样的方式进行。

⑤ 森林认证的现状　2007 年，获得认证的森林面积接近 $1\,000\times10^4\,hm^2$，累计达到 $9\,400\times10^4\,hm^2$。2008 年，全球 FSC 认证将继续大幅度地增长。参加 FSC 认证国家达到 77 个，森林认证面积较大的国家有俄罗斯、加拿大、瑞典和美国。从各国森林认证情况看，截至 2008 年，FSC 认证林面积超过千万公顷的国家有加拿大（$2\,532.7\times10^4\,hm^2$）、俄罗斯（$1\,748.4\times10^4\,hm^2$）和美国（$1\,031.4\times10^4\,hm^2$）；达到数百万公顷的国家有瑞典（$970.1\times10^4\,hm^2$）、巴西（$541.7\times10^4\,hm^2$）和波兰（$516.1\times10^4\,hm^2$）；超过百万公顷的国家有南非（$170.5\times10^4\,hm^2$）、英国（$162.7\times10^4\,hm^2$）和拉脱维亚（$162.5\times10^4\,hm^2$）。

同时截至 2008 年，全世界取得 FSC 产销监管链认证（COC）的件数已达到 10 613 件，涉及 88 个国家，与 2005 年的 4 328 件（73 个国家）相比，认证件数增加了约 1.5 倍。在此期间，美洲的认证件数增加了 2.4 倍，大洋洲和亚洲增加了 1.9 倍，欧洲增加了 1 倍。从国家来看，认证件数增加较多的国家是美国（1 675 件）、英国（993 件）、日本（476 件）、加拿大（456 件）和德国（365 件）。

(2) ISO14000 环境管理认证体系

① ISO 概述　ISO 是一个国际标准化组织，其成员由来自世界上 100 多个国家的国家标准化团体组成，该组织于 1947 年创立于日内瓦，是一个全球性的非政府组织。其资金来源各异，有政府拨款、私人捐款以及出售各项标准及文件所获的收益等。它的目的是本着促进全球商品及服务贸易的方针，制定和发展自愿性的标准。商品和服务的提供者可以雇佣认证机构根据这些标准对其产品和行为进行审核并加以认证。一些标准也可用来互相审核。代表中国参加 ISO 的国家机构是国家质量监督检验检疫总局。

ISO 的组织机构包括 ISO 的个体成员大会、理事会和各技术委员会及必要时设立技术处等。ISO 组织设主席 1 人、副主席 2 人、司库 1 人及秘书长 1 人。ISO 全体大会由各成员团体指定的代表组成，每年一次的全体大会是 ISO 的最高权力机构。ISO 中央秘书处是理事会、理事会的各委员会及其附属部门的办事机构。理事会下设工作委员会包括：执行委员会、合格评定委员会、消费者政策委员会、发展委员会、情报委员会、ISO 情报网、标准物质委员会、标准化原理委员会、ISO/IEC 联合委员会等。

② ISO14000 环境管理体系标准　ISO14000 系列标准是由国际标准化组织(ISO)第 207 技术委员会(ISO/TC207)组织制订的环境管理体系标准，其标准号从 14001~14100，共 100 个标准号，统称为 ISO14000 系列标准。它是顺应国际环境保护的发展，依据国际经济贸易发展的需要而制定的。之前正式颁布的有 ISO 14001、ISO 14004、ISO14010、ISO 14011、ISO14012、ISO14040 6 个标准，其中 ISO14001 是系列标准的龙头标准，也是唯一可用于第三方认证的标准。

③ ISO 森林认证现状　由于林业企业包括森林经营单位了解 ISO 环境管理体系认证现状的信息不多，也未见有系统收集。一部分木材加工企业和制浆造纸企业参与了认证。由于其认证的是环境管理体系，因此全球范围认证的森林单位经营面积也没有详细的统计数据。

7.2.2　区域森林认证体系

(1)森林认证认可计划体系(PEFC)

① 森林认证认可计划体系(PEFC)简介　森林认证认可计划体系(PEFC)由欧洲私有林场主协会于 1999 年 6 月发起成立，总部设在卢森堡。原名泛欧森林认证体系(Pan European Forest Certification Scheme)，2003 年根据在全球开展森林认证工作的需要，将英文名称改为现名，英文缩写和标签不变，从而由一个区域性森林认证体系发展成为全球性、自愿性森林认证体系。其主要目标是为各国提供认证体系评估和相互认可的全球框架，进而推动认证体系的相互认可。1999 年来自 11 个 PEFC 国家管理机构的代表签署了 PEFC 委员会章程，标志着这一体系的正式启动。

到目前为止，PEFC 共吸纳了来自澳大利亚、奥地利、白俄罗斯、比利时、巴西、加拿大、智利、捷克、丹麦、爱沙尼亚、芬兰、法国、加蓬、德国、爱尔兰、意大利、拉脱维亚、立陶宛、卢森堡、马来西亚、挪威、波兰、葡萄牙、俄罗斯、斯洛伐克、斯洛文尼亚、西班牙、瑞典、瑞士、英国和美国共 31 个国家体系作为会员(每个国家以体系名称或组织名称加入，如澳大利亚是澳大利亚林业标准有限公司)，并批准了澳大利亚、奥地利、比利时、巴西、加拿大、智利、捷克、丹麦、芬兰、法国、德国、意大利、拉脱维亚、挪威、葡萄牙、西班牙、瑞典、瑞士、SFI 和英国 20 个国家认证体系。

PEFC 体系产生的起因是一些欧洲林主协会认为 FSC 不适合中小规模林地的认证，而且认证过程费用也过于昂贵，FSC 体系不能满足他们的需求，而更多的是受非政府组织控制。FSC 认证针对森林经营单位，PEFC 则不同，它可以对整个地区进行认证，该地区内所有的中小林主都可持有认证证书。因此，它受到林场主协会以及林产工业和贸易协会的欢迎和支持。但是，PEFC 也受到那些倾向于 FSC 的环境组织的反对，他们怀疑 PEFC 体系的可信度。WWF 在 2001 年 4 月的一份报告中指出，“PEFC 没有要求对具有高保护价值的森林进行保护，不反对在森林经营中使用杀虫剂和遗传改良的品种。它没有一个综合机制解决社会冲突或认可原住居民的权利，甚至没有统一要求或证实认证森林的经营符合法律。它也不能满足世界贸易组织有关贸易技术壁垒协定中的几项基本要求。”

② PEFC 体系运作　在国家层面，所有利益团体均应参加国家森林认证认可计划体系管理机构，该机构的职责是制定国家森林认证标准，设计国家森林认证体系。这些国家机构对森林认证认可计划体系负责，并选举森林认证认可计划体系管理机构成员。国家森林认证标准和认证体系要提交给森林认证认可计划体系机构，委员会根据森林认证认可计划体系的原则和标准对所提交的国家森林认证标准和认证体系进行严格的评价，最后决定该体系能否通过并授予森林认证认可计划标志。

③ PEFC 原则标准　PEFC 没有制定统一的认证标准，但对国家认证体系的认证标准提出了要求，包括标准制定的过程和内容。

从总体上，PEFC 要求认证标准应包括森林可持续经营的所有有关方面，包括森林的全部功能，即经济、生态和社会功能，还应考虑森林状况，以及与实施森林可持续经营有关的经营或管理体系等要素。

PEFC 认可以《泛欧经营水平指南(PEOLG)》和其他 7 个森林可持续经营进程的标准与指标为基础制定的认证标准。这些标准与指标是由政府提出的，主要用于国家层次上监督并汇报森林状况，并不是为评估森林经营绩效而制定的。因此，目前已获 PEFC 委员会批准的 18 个体系的标准大相径庭。一部分体系，比如瑞典，很明显是以绩效为基础的，而大部分是以体系标准为基础的，并没有明确在颁发证书之前需要达到什么样的最低业绩水平，其中尤以法国的认证体系最为明显。

PEFC 还要求国家标准必须以国际公约和国家法律作为基础。国家森林认证标准和认证森林的经营必须遵守有关法律法规的要求。在国际公约方面，PEFC 的要求非常具体，它列举的公约有国际劳工组织(ILO)核心公约、《生物多样性公约》《联合国气候变化框架公约》《濒危野生动植物物种的国际贸易公约》《生物安全协议》等。

④ PEFC 认证方法　PEFC 认为，根据不歧视、自愿、可信和节约成本的原则和各国的具体情况，可以选择适宜的认证方法或认证单位。PEFC 有 3 种认证方式，即区域认证、联合认证和独立认证。

对以上 3 种方式，PEFC 的总体要求是：无论何种选择，都必须提出申请书、认证面积、所有参与者的文件；所有参与者都必须满足认证要求，并受认证机构监督；所有开展独立认证或参与区域或联合认证的企业都要负责保证其合作方(承包商)的活动和经营满足认证的要求。森林认证体系可以制定针对承包商的标准和承包商参与联合认证或区域认证的条例。在后一种情形下，承包商就是区域认证或联合认证的参与成员。

⑤ PEFC 认证现状　截至 2008 年 2 月 29 日，PEFC 体系在全球的 20 个国家共认证了 20 370.5×10^4 hm^2 森林，向 33 个国家颁发了 3 733 个 COC 证书。

(2) 泛非森林认证体系(PAFC)

2000 年由非洲木材贸易组织 13 个成员国的部长批准的一项建立泛非森林认证体系计划，旨在其成员国内制定并实施森林认证体系，包括标签制度，与 PEFC 形成两大区域认证体系。但由于动力不足等原因，尚未开展森林认证工作。

7.2.3 国家森林认证体系

(1)美国可持续林业倡议(SFI)体系

① 机构及特征

发起：1995年由美国林业和纸业协会(AF&PA)发起。该协会是美国木材和造纸工业的国家级贸易协会，其会员拥有美国绝大部分的工业林。它要求其所有的会员企业都参加SFI计划，也鼓励其他机构参与。

机构：由各利益方组成的可持续林业理事会负责标准制定和认证体系管理。

经费：主要由参与SFI认证的机构提供经费支持。

适用范围：AF&PA在美国和加拿大都有会员，因此它在美国和加拿大两国开展认证，故也被视为北美的区域体系。它在企业和林主层面上开展认证，主要针对大规模的工业林。在与美国林场体系(ATFS)达成相互认可协议以后，现在也通过该体系认证非工业私有林。

特点：开展独立第三方审核，自我评估和第二方评估也被认可。

② 体系发展

认证标准：制定了《SFI标准》，包括6条原则11个目标以及相应的操作指标、核心指标和非核心指标。它侧重于对体系标准和指标的评估，而不是实地绩效，所以基本上是以体系标准为基础的认证。

监测：第一次重审是在初次认证后的3年内进行，以后重审每5年进行1次。要求对在产品上使用SFI标签的公司要进行不定期的"阶段性监测"，事实上这些后期审计往往很粗略。

产销监管链和标签：未采用传统的产销监管链体系作为产品标签的基础，但要求企业具有一个木材供应责任体系，要求所使用的木材的2/3来源于正规渠道(经认证或未经认证的)。

透明度：虽然SFI政策中要求提供通过认证企业的书面认证报告，但至今SFI的网站和认证机构的网站都未公开认证摘要。

③ 认证现状　到目前为止，森林认证面积达0.54×10^8 hm^2，位居世界第4位。

(2)加拿大标准化协会(CSA)

① 机构及特征

发起：由森林工业利益团体发起森林可持续经营体系。

机构：加拿大标准化协会是制定标准和实施认证的自愿会员协会。其下属的林产品工作组负责"CSA 森林可持续经营项目"和"林产品标签项目"(即森林经营认证和产销监管链认证)。

经费：由加拿大林产品协会和加拿大联邦政府提供资助。

适用：要求认证的林地界线明确，对认证面积没有限制。

② 体系发展

认证标准：以《CSA森林可持续经营标准》和《ISO14001标准》为基础制定了CSA标准，共17个标准，由申请的森林经营单位负责制定和提供标准的具体量值、目标、指标和应用对象；制定了合理机制确保公众参与标准制定及当地森林可持续经营的价值和目标的确定。

监督审查：证书有效期3年，每年进行1次年审。

标签或产销监管链机制：具有相关制度，并提供了3种标签方法。

透明度：《CSA标准》可从网上获取，认证机构也被要求公开认证报告和年度复审报告。

③ 认证现状　到目前为止，森林认证面积达 $7\,256\times10^4\,hm^2$，位居世界第3位。已成为PEFC的会员。

(3)美国林场体系(ATFS)

① 机构及特征

发起：由私有林主发起，旨在鼓励私有林主开展可持续经营。建立于1941年，已有50多年历史，是世界上最早的森林认证体系。

机构：由美国森林基金会(AFF)负责体系运作，包括48个州委员会。AFF是成立于1982年的一个非营利的教育和保护组织。

资金：由个人、基金会、政府机构和公司共同资助。

适用：主要认证美国非工业的私有林和家庭林。

② 体系发展

认证标准：2002年制定了新的《ATFS标准和指南》，包括9个标准、15个绩效措施和21个指标，强调可持续性、合法、长期的经营计划和特别地带保护问题。

监督审查：证书有效期5年，无监督审查制度。由经过认可的自愿的林场审核员进行审核。

标签或产销监管链机制：无。

透明度：要求认证机构公开认证报告和年度审计报告。

③ 认证现状　到目前为止，森林认证面积约为 500×10^4 公顷。

(4)马来西亚木材认证委员会(MTCC)体系

① 机构及特征

发起：1998年由马来西亚政府发起的独立第三方认证体系。

机构：马来西亚木材认证委员会是由各利益方代表组成的董事会负责管理的非营利性组织。

资金来源：政府从木材出口税收中给予拨款。

适用范围：在马来西亚各州层次上开展认证。

② 体系发展

认证标准：制定了以《ITTO森林可持续经营标准与指标》为基础的《马来西亚森林经营认证标准、指标、生产和操作标准》(MC&I)来评估森林经营绩效，现正按照《FSC原则与标准》的框架对标准进行修改，以符合FSC的要求。

监督审查：证书有效期5年，每6～12个月进行1次复审。

透明度：认证标准、认证报告都可从网站上获取。

③ 认证现状　到目前为止，森林认证面积为 $473\times10^4\,hm^2$。

(5)印度尼西亚生态标签研究所(LEI)体系

① 机构及特征

发起：由印度尼西亚前环境部长领导的工作组发起。

机构：由印度尼西亚生态标签研究所通过“多利益方进程”发展和实施认证体系。

应用范围：印度尼西亚，应用于天然林、人工林和社区林。

② 体系发展

认证标准：以《FSC 原则与标准》《ITTO 森林可持续经营标准与指标》以及《ISO 14001 环境管理体系标准》为基础制定了 LEI 的标准《商品林可持续经营标准框架》，包括 3 个方面 10 个标准。在此框架下，制定了针对天然林、人工林和社区林的指标，以此评估森林经营绩效。

监督审查：证书有效期 5 年，5 年内至少开展 2～3 次审查。

透明度：认证标准可从网站上获取，认证报告不详。

标签或产销监管链机制：具有产销监管链认证和产品标签机制。

③ 认证现状　到目前为止，森林认证面积为 $105\times10^4 hm^2$。

(6)巴西森林认证体系(CERFLOR)

① 机构及特征

发起：由私有林业组织“巴西造林协会”发起，并得到研究机构和政府部门的支持。

机构：由巴西国家度量、标准化和工业质量委员会(INMETRO)负责体系发展和认可认证机构，巴西技术标准协会(ABNT)负责标准制定。

资金来源：由 ITTO 提供部分资金，其他资金不详。

应用范围：巴西，目前仅应用于人工林，将发展到天然林。

② 体系发展

认证标准：目前只有人工林认证标准，包括 5 项原则 19 个标准和 100 个指标，天然林的标准正在制定之中。

监督审查：证书有效期 5 年，每年接受 1 次复审。

标签或产销监管链机制：已经具有产销监管链和标签机制，但未正式实施。

③ 认证现状　到目前为止，森林认证面积约为 $76\times10^4 hm^2$。2002 年成为 PEFC 委员会会员。

(7)澳大利亚林业标准(AFS)体系

① 机构及特征

发起：由澳大利亚林渔水产部和林产工业部门联合发起。

机构：2003 年 7 月澳大利亚林业标准有限公司成立，负责管理 AFS 体系的发展。

资金来源：由政府、木材和森林工业组织资助。

适用范围：适用于澳大利亚所有的森林类型、经营规模和森林权属，包括联合认证。

② 体系发展

认证标准：以蒙特利尔进程为基础，根据国家林业政策和地区森林协议对蒙特利尔标准进行了区域性解释。

监督审查：证书有效期 3 年，每年进行年审。

标签或产销监管链机制：已制定了标签和产销监管链制度，但尚未实施。

透明度：认证标准可从网上获取，认证报告不能获取。

③ 认证现状　到目前为止，森林认证面积约 $572 \times 10^4 \mathrm{hm}^2$。2003 年成为 PEFC 的成员，2004 年已得到 PEFC 批准，成为 PEFC 认可的国家认证体系。

7.3 中国森林认证概述

7.3.1 中国森林认证进展

(1) 成立机构

2001 年 3 月，国家林业局在林业科技发展中心成立森林认证处；2002 年 8 月，国家林业局加入全国认证认可部级联席会议，森林认证体系正式纳入国家统一的认证认可制度之中；2003 年，成立了由多方利益代表参加的非营利性的中国森林认证委员会(CFCC)，并使用我国特有树种——银杏树的叶子作为标志；2008 年，经批准成立并正式对外发布“全国森林可持续经营与森林认证标准化技术委员会”，标志着我国森林认证体系进一步发展，主要负责中国森林可持续经营和森林认证领域的标准化工作，为中国森林认证体系提供技术支持；2009 年，经认监委批准成立了中林天合认证中心，这是我国国内第一家具有森林认证资质的中介机构；2010 年，成立了森林认证工作领导小组、中国森林认证管理委员会，形成了我国森林认证体系组织架构。

(2) 创建刊物和网站

2001 年，由世界自然基金会(WWF)资助，中国林科院主办了《森林认证通讯》杂志；2006 年，中国林科院、世界自然基金会、雨林联盟共同筹建了专业性和综合性的中国森林认证网(http://www.cfcn.cn)，网站由中国林科院维护；2007 年，CFCC 建立了“中国森林认证委会员”网站(http://www.cfcs.org.cn)，这是我国森林认证的官方网站。

(3) 制定相关标准与规范

2002 年，国家林业局将制定森林认证标准列入林业标准体系；2007 年，国家林业局发布了《中国森林认证　森林经营》(LY/T 1714－2007)和《中国森林认证产销监管链》(LY/T 1715－2007)2 个标准，标志着我国森林认证体系建设以及我国森林可持续经营工作步入了科学、规范发展的新阶段；2008 年 6 月，国家林业局与认监委发布了《国家认证认可监督管理委员会国家林业局关于开展森林认证工作的意见》；2009 年 3 月，根据该意见和《中华人民共和国认证认可条例》等有关规定，我国开始实施《中国森林认证实施规则(试行)》，规范国内的森林认证活动；2010 年，国家林业局发布了《国家林业局关于加快推进森林认证工作的指导意见》，颁布了《森林经营认证审核导则》。

(4) 开展国际合作与交流

森林可持续经营和森林认证是当前国际林业发展的热点之一，除了 FSC 和 PEFC 两个国际认证体系外，还有许多区域性或国家的森林认证体系。几年来，我国在森林认证方面开展了广泛的国际交流，已经建立起与 FSC 和 PEF 两大国际认证体系的良好合作关系，保持了与 SFI 和 ATFS 等的区域性认证体系的交流，加强了与周边国家和发展中国家在森林认证领域的合作。2010 年，我国正式向 PEFC 提交了会员意向申请。

(5) 开展试点

2006年3月，国家林业局首次批准开始在全国开展森林认证试点工作。试点目的包括测试标准、培养人才、积累经验。试点为期2年，第一年以能力建设为主，第二年以模拟认证为主，为后期认证工作奠定基础。2007年1月、12月和2008年12月，分别开展了第二、三、四批的试点，目前全国正在开展的24个试点分布于21个省份。2010年，举办了第一期森林认证审核员培训班，启动了森林经营认证审核试点，标志着以我国标准为基准的认证正式开展。

(6) 开展认证

在试点的基础上，2010年起我国开始了本国森林认证体系的认证实践工作，当前我国拟开展和已开展的森林经营认证的面积逾 $300\times10^4\,hm^2$，其中部分已通过了主评估工作；许多木材经营企业拟开展产销监管链认证。从总体上看，我国体系实践应用仍处于起步阶段。

7.3.2 中国在森林认证开展过程中存在的问题

(1) 木材市场对森林认证的推动作用不明显

市场是森林认证的推动力。但是，目前我国木材及林产品出口量不大，要求认证的林产品的市场就更小，而国内木材市场目前还没有森林认证的需求。因此，除少数有认证林产品需求的外向型企业外，大部分木材企业并不关心森林认证，不了解森林认证，更谈不上会主动要求，并拿出经费来开展森林认证。我国还缺乏木材市场对森林认证的驱动力。因此，至少是在目前，市场对我国森林认证的推动作用不大。

(2) 森林经营单位缺乏开展森林认证的驱动力

目前我国的状况是，木材生产是按国家下达的指标执行砍伐任务，企业生产的木材供不应求。所以对生产木材的森林经营单位来说，他们不愁木材没有销路，木材销售不受木材是否通过森林认证的限制。另外，即使目前有经过森林认证的木材，也缺乏这种木材的销售市场。所以，目前森林经营单位缺乏开展森林认证的驱动力；从另一方面看，我国近些年来一直在倡导森林可持续经营，但是，目前对检验可持续经营的标准是什么？采取什么方式来达到可持续经营等问题并没有解决。在人们对森林认证缺乏认识，政府没有采取有效激励措施，经营者不能切切实实地看到森林认证带来的利益的条件下，森林经营单位不会有主动开展森林认证的积极性。

(3) 森林认证费用高

森林认证费用较高，森林经营单位和大多数企业难以接受。目前，我国刚开始建立自己的森林认证机构，各方面还不够完善，所以开展森林认证必须从国外认证机构聘请认证专家，这样森林认证的直接费用就很高，而且，由于我国目前大多数森林经营单位的森林经营管理水平较低，要达到认证体系规定的原则和标准，即规定的经营水平，必须花较多的人力和物力改善森林经营状况，提高管理者的管理水平，这样，又需花费一定数量的间接费用，而且经营水平越差，所花费用越高。我国大多数森林经营单位经济状况欠佳，经费紧张，在看不到直接经济效益的情况下，他们不可能自觉自愿地付出高额的费用来开展森林认证。我国的木材加工企业也大多存在类似状况。我国第一个开展森林认证的是浙江省昌化林场，他们的认证费用是由需要产品的外商资助的，依靠其本身的经济能力，他们是不愿意进行森林认证的。

(4)消费者购买意愿不足

大多数消费者在短期内还不会自觉自愿地花较多的钱购买认证产品，环保意识与国家的经济发展水平和文化水平有直接的关系。生活水平较低的人群很难首先考虑环境保护。目前，我国公众的环境保护意识还不强，在我国经济发展水平还不高，大多数人的生活还不富裕的条件下，不会有太多的消费者愿意拿出高于非认证产品较多(大约20%)的钱，来购买质量并不一定比非认证产品高的认证林产品，通过这种方式来支持森林的可持续经营。

7.3.3 促进中国森林认证发展的对策建议

(1)加强国际交流与合作，尽早建立与FSC互认的认证体系

中国自身的森林认证才刚刚起步，国内还没有成熟的认证体系。中国林业产业协会正着手建立与我国林业相符合的认证体系，目前已经在认监委获得注册。我国林业产业积极参与国际市场的竞争，因此要加强与国际同行间的交流与合作，尽早与FSC认证体系达成协议，进行有利于我国林产品出口的磋商，争取我国自主森林认证发展的空间，吸收国外成功认证体系的经验，结合我国森林资源丰富，地域广阔，南北东西差异大的林情，制定符合我国当前林业发展水平的认证标准和规则。

(2)强化政府监管，规范森林认证市场

国内认证市场混乱，目前没有一家国外森林认证机构在我国认监委进行注册备案。这主要是因为我国政府没有制定出可行的认证标准和规则来约束认证机构造成的，导致森林认证机构间不公平竞争加剧，与国内从事认证的机构委托-代理关系模糊，影响森林认证在公众中的公信力。因此，政府要加快制定认证标准和规则，明确政府、认证机构和林场、企业之间的权利和责任，规范森林认证市场，为促进我国森林认证市场的发展创造一个公平透明的平台。

(3)深化集体林权制度的改革，加快林业信息化的建设

申请森林认证是一种自愿行为。在FSC经营认证申请表中对经营类型，林产品种类都有细致的要求。深化集体林权制度改革有助于推进有实力的经济实体获得森林的完整产权，规模化经营，优化资源的组合。也有助于吸引民间资本投资林业，从而使森林经营者申请进行森林认证的资金缺口难题得以解决。各森林认证体系普遍要求对木材的来源、养护和经营状况做出详细的登记，以备每年的审查。目前我国林场普遍存在着林业经营档案更新慢，纸质档案居多，内容残缺模糊和保存不完整的现象。要加快森林认证，必须早日实现林业电子化和信息化，及时了解森林经营状况动态，减少申请的障碍。信息化是森林认证发展的重要突破口，对优化林业资源配置，提高经营管理水平、促进林产品流通和提升劳动力素质、推动林业科技进步都具有重要作用。

(4)政府应对获得森林认证的出口企业提供政策支持

林业是朝阳产业，同时也是弱质产业，亟须政策扶持。政府产业政策对提升林业产业实力和出口竞争能力的提高有积极意义。虽然近年来政府对林业产业实施财政补贴、贴息贷款、税收减免等一系列金融措施，但整个产业还未形成一个完整、系统的政策体系。特别是近来严峻的国际宏观经济形势对中国林产品的出口造成了重大的损害，国家及相关部门应该出台相应的应对措施，包括将林业产业特别是获得森林认证的林产品出口企业纳入各级政府产业基金扶持范畴、加大政策性贷款扶持力度、实行更为优惠的税收政策、降低林业收费项目等，来帮助林业产业走出困境。

(5)努力争取森林认证，避免市场过分集中

我国很多林产品出口企业有进行森林认证的强烈愿望，因此要鼓励这些企业早日通过森林认证，更顺畅地参与国际市场竞争。由于利用森林认证对我国林产品设置贸易壁垒的国家主要是美国和欧盟，我国林产品出口企业应该尽量减少采购印尼、俄罗斯等受到重点监控国家的木材，优先寻找能顺利供应美国或欧洲木材商的木材，或直接从加拿大、美国进口木材。此外，减少木材进口渠道或减少树种采购种类。同时还要充分开发南美洲、东南亚和非洲等国际市场，对于存在行业内竞争的国家的市场，要实施产品差异性战略，根据不同目标市场的区域特点与消费者选择偏好，开发出有特色、能实现优势互补的产品，真正实现产业内的良性共存，为我国认证标准和规则的制定争取更多的空间和时间。这不仅有利于企业的发展，也有利于加快森林认证组织制定适合我国森林的认证体系。

(6)充分发挥行业协会的作用

各级林产品行业协会要真正发挥作用，首先要多收集、整理和分析国外FSC认证发展动态、产销信息、质量标准等，为各林产品出口企业提供高价值的信息。其次，多开展国际间的交流与合作，帮助中国企业开拓国际市场；再次，多进行市场调研及法律、政策咨询服务；最后，规范行业行为，对相关企业进行监督、管理。特别是近来面临着国外针对中国林产品贸易壁垒的加剧，相关协会可以起到政府所无法起到的作用，担负起应对反倾销调查与突破贸易壁垒的重任。行业协会发挥了解并熟悉国际贸易相关规则的优势，激励林产品出口企业合理运用世界贸易组织规则这个法律武器维护自身的合法权益。

参 考 文 献

北京林学院. 1983. 森林利用学 [M]. 北京: 中国林业出版社.

《当代中国的林业》编委会. 1985. 当代中国的林业. 北京: 中国社会科学出版社.

陈陆圻. 1991. 森林生态采运学 [M]. 北京: 中国林业出版社.

国家林业局林资发 [1999] 218 号. 1999. 全国重点地区天然林资源保护工程区森林分类区划技术规则.

林业部林业工业局. 1987. 森林采伐更新管理办法及说明 [M]. 北京: 中国林业出版社.

林业部资源和林政管理司. 1996. 林木采伐管理政策法规选编(1949-1995).

林业部造林绿化和森林经营司. 1996. 全国造林技术规程 [S]. 北京: 中国标准出版社.

林业部调查规划院. 1980. 森林调查手册 [M]. 北京: 中国农业出版社.

李宝银. 1999. 森林分类经营技术方法的研究 [J]. 林业资源管理 (特刊): 180-184.

李成文. 1987. 伐区调查设计 [M]. 北京：中国林业出版社.
李世贤. 1988. 森林采伐更新调查设计 [M]. 北京：中国林业出版社.
刘江. 1999. 全国生态环境建设规划 [M]. 北京：中华工商联合出版社.
彭汉斌，杨湛如. 1983. 伐区作业管理 [M]. 北京：中国林业出版社.
史济彦，等. 中国森工采运技术及其发展 [M]. 哈尔滨：东北林业大学出版社.
王永安. 1999. 公益林区划、经营和补偿探讨 [J]. 林业资源管理（特刊）: 49-54.
谢守新. 1999. 我国的采伐管理及其基本制度 [J]. 华东森林经理, 13(4): 1-7.
熊超. 1998. 中国林道网研究 [M]. 北京：中国林业出版社.
孙时轩. 1992. 造林学 [M]. 2 版. 北京：中国林业出版社.
熊大桐，等. 1995. 中国林业科学技术史 [M]. 北京：中国林业出版社.
中华人民共和国森林法. 1998. 北京：中国林业出版社.
中华人民共和国森林法实施条例. 2000. 北京：中国林业出版社.
中华人民共和国林业部. 1994. 国家森林资源连续清查主要技术规定.
中华人民共和国林业部. 1996. 森林资源规划设计调查主要技术规定.
中华人民共和国林业部. 1996. 国有林森林经营方案编制技术原则规定.
中华人民共和国林业部. 1990. 林业专业调查主要技术规定 [M]. 北京：中国林业出版社.
中华人民共和国林业部. 1996. 森林生长量生长率编制技术规定.
周正，等. 1990. 营林工程师手册 [M]. 哈尔滨：黑龙江科学技术出版社.
FAO. 1996. FAO Model Code of Forest Harvesting Practice. Rome, Italy, 85.
FAO. 1996. Forest Codes of Practice. FAO Forestry paper No.133. Rome, Italy, 132.
FIJI Ministry of Forests. 1990. FIJI National Code of Logging Practice (1 st Edition), 58.